光昭太极拳道丛书

功法篇

静出动势之

无极桩功

李光昭 著

华龄出版社
HUALING PRESS

总　序

我的父亲李树田先后师从京城太极拳名家白旭华和徐岱山。白旭华得到杨健侯和杨少侯两代宗师的亲传；徐岱山乃杨少侯、杨澄甫（杨氏太极拳第三代传人）的入室弟子。

在杨氏太极拳这一脉传承体系里，我先后得到两位师父的传授：一位是父亲李树田，另一位是父亲的师兄张策（徐岱山的入室弟子）。现今唯一存世的《杨氏徐门手抄太极拳谱》，就是张策亲手交给我，并由我保存下来的。《杨氏徐门手抄太极拳谱》记载着徐岱山受业于杨少侯门下的时间、地点，并盖有徐岱山的印章。这份不可多得的珍贵史料，说明这一脉的杨氏太极拳属于正宗正门的杨家传承体系。

我在继承杨氏太极拳衣钵、吸收先辈们的拳修精华、结合自身六十余载修为实践的基础上，传承发展了传统太极拳的理法、心法等理论体系及功法体系，形成了具有鲜明特点的"光昭太极拳道"修为体系，这是我从"以拳证道"的角度提出来的反映传统太极拳修为本质特征的新概念。

记得父亲曾讲过，杨健侯传授太极拳的特点是先站桩后练拳。当年，父亲李树田先后拜白旭华和徐岱山为师学习太极拳，都是先学习站桩功，后练拳架。我跟随父亲习拳，也是先从桩功开始。

现在，我对外传授太极拳，一直遵守本传承体系的老规矩，先教桩功，后授拳架。我认为，桩功是基础，是直奔主题的内功修为。桩与拳，分为二，合为一。桩为拳之体，拳为桩之用；桩为拳之主宰，拳为桩之外显；拳静即桩，桩动成拳；桩无拳无用，拳无桩无拳。可以说，在传承、传授传统太极拳的实践中，"光昭太极拳道"沿袭了杨氏太极拳先辈创立的先桩后拳之路，成为这一脉杨氏太极拳传承体系的一大特点。

"光昭太极拳道"忠实地继承杨氏太极拳先辈们传承下来的理法、心法和功法，在传承、传授太极拳的实践中，坚持以明理为主导，将理法讲透彻，将心法讲明白，将功法讲具体，并且突出了理法、心法、功法三法合一。三法合一的特点是以心法统领理法和功法，以理法体现心法、指导功法，以功法贯穿其理法和心法，使理法、心法、功法相互依存、互为一体。

我将自己研修理法、心法和功法的体悟心得，以及近十几年的授课资料整编成书，完善了"光昭太极拳道"之理法体系、心法体系和功法体系。

第一，理法体系。在太极拳领域首次提出了"拳知八纲"理论，对阴、阳、动、静、虚、实、刚、柔等八纲的内涵真义及相互关系做了辩证阐释，高度概括了"一须三要"这一理法纲领。一须：须知阴阳；三要：要明动静、要辨刚柔、要分虚实。我还对十七个拳修核心要素进行了系统化、理论化的解说，使玄妙深奥、晦涩难懂的拳经拳论变得通俗易懂。

理法体系强调以拳证道、以拳修道、拳炼自我、重塑新我为修为目标，以建立太极思维模式为拳修重点，继承发展了太极内功修为理论。

第二，心法体系。由"一个中心、三个基本点""一求三修"等心法纲领构成。

"一个中心、三个基本点"，一个中心：中正安舒；三个基本点：静心凝神、呼吸自然、周身松通。

"一求三修"，一求：处处求中。中即道，道即中，故而求中乃合道之举。三修：反向修义、借假修真、层层修分。

"凡此皆是意"，既体现了内功心法的本质特征，又是内功修习的根本所在。

第三，功法体系。由静桩功、动桩功、太极摸手、太极拳架、太极散手和太极器械等组成。

修习主旨是"一拨三能"。一拨：四两拨千；三能：以静制动、以柔克刚、后发先至。

功法体系的修习路径是先静后动，先桩后拳，先摸手，后散手，再器械，循序渐进，遵道而为。

我们特别强调"明理就是练功""练功先要明理""明理是核心功夫"。

综上所述，"光昭太极拳道"修为体系的特征是以武演文、以拳入道、由拳悟道。拳修的主旨是以拳炼我、改造自我、返璞归真。

"光昭太极拳道"修为体系的特点是始于桩功，先桩后拳。桩即拳，拳即桩，拳桩为一。

"光昭太极拳道"修为体系的特质是创立了独具特色的理法、心法、功法三法合一的实修实证的教学模式。

这套"太极拳道系列丛书"各自独立成册，而理一以贯之，乃太极拳道修为不可多得的宝贵资料。希望将来能为传承传播太极内功、丰富发展太极文化做出应有的贡献。

李光昭

2024年5月26日

前 言

《无极桩功》一书作为本人著述的"光昭太极拳道丛书"其中之一,即将与广大太极拳爱好者见面!

本次出版的《无极桩功》,是在本人长期传授太极内功的基础上,进一步遵循和把握理法、心法、功法三法合一,对无极桩功的具体特点、功法内涵、修炼方法、试手体验等方面进行了更加翔实、具体、完整、系统的阐释。它打破过去"传拳不传桩"之窠臼,建立"传拳先传桩"的太极拳道传承理念,把无极桩功修炼方法完整地奉献给大家,是一本习练无极桩功的工具书。

我所传承的太极拳不是始于拳架,而是始于桩功。修习桩功第一个具体功法就是无极桩功。我所传承的无极桩功,始终遵循着太极阴阳之理,始终坚守着"用意不用力",始终体现着"一个中心、三个基本点"。既有先辈们传承下来的宝贵的东西,也有我几十年来实修桩功的真实体验,特别是对过去功法中所谓的"秘而不宣",其内涵真义也在《无极桩功》中予以披露。

无极桩功是基础功法,需要时时练、天天练、练一

☯ 无极桩功

辈子。既然要练一辈子，那么基础功法一定要分层次和体系。从层次上说，本人在传授中，牢牢把握主旨要求，根据学生的自身条件和修习时间长短，从形、意，松、紧，动、静，虚、实，刚、柔等方面分了不同阶段和层次。从体系上说，无极桩功既是太极桩功的基础，浑圆桩、开合桩、内功八法等均承接无极桩功，又是浑圆桩、动桩功的有机组成和支撑。因此同学们在阅读此书和习练桩功时，一定要分清阶段和层次，把握桩功的主旨和体系，既"不问收获"，在习练过程中体味桩功的主旨和内涵，又要"知止有定"，明确每一个阶段的起点和终点，让自己明白地练，练得明白。希望《无极桩功》的面世，能给广大太极拳爱好者以指导和启迪。让我们共同努力，走进太极拳之门，享受太极拳之乐！

  无极桩功功法是本人对先辈传承功法的理解，也是本人几十年桩功修为的体悟。书稿是本人在不同时期、不同场合讲课的录音录像资料整理而成，在内容遴选、结构编排、文稿编辑等方面，难免有不足、不妥之处。在此，恳请同道一并批评指正。

李光昭

2024年10月

目 录

上篇　无极桩功理法篇

第一章　什么是无极桩功 / 3

无极桩亦称自然桩，在太极拳的内功修炼中，无极桩功被作为最基础、最重要的功法，也被历代太极拳名家作为太极拳修炼的根基。太极拳修炼的目的是要回到无极状态，通过修习无极桩功找回自己生命的原点，找回自然的中定状态。

一、何为无极桩 / 3

二、分阴阳，合太极 / 5

三、练形求意 / 10

第二章　为什么修无极桩功 / 19

在太极桩功修为过程中，须牢牢把握太极桩功"以式修桩、以势成桩、桩动成拳"三大特征，并将"神、意、气、力、形"太极内功修炼的五个重要元素贯穿桩功修习之中，做到神不外溢而聚，意不散乱而专，气不上浮而沉，力不出尖而整，形不破体而灵。

一、桩与拳 / 19

二、以式修桩 / 21

三、以势成桩 / 26

四、桩动成拳 / 28

第三章 无极桩功修为的核心主旨 / 34

　　太极内功从桩功开始就是在认知自己的基础上解决自己的问题，在用平的准则去调整所有的不平。因此，无极桩功是知己之功，是找平之功，是求一之功、合一之功。

一、知己之功 / 34

二、修心之功 / 44

三、合一之功 / 63

第四章 无极桩功修为遵循的心法 / 77

　　我所传承的太极内功心法，是一个中心，即处处求中，这是核心。围绕着这个核心有三个具体的功法，第一个是反向修义，也叫反向求；第二个是借假修真；第三个是层层修分。

一、处处求中 / 78

二、反向修义 / 82

三、借假修真 / 91

四、层层修分 / 95

第五章　无极桩功遵循的修习法要 / 99

"看、听、摸、悟"四种学习方法，不仅在修习桩功中要认真遵循，恰当运用，而且要贯穿拳修的始终。敬、镜、净、静、境，可以说是太极内功修为核心主体的五个内容，它充分表现和体现了太极内功修为的目标、追求和具体的方法。

一、四个方法：看、听、摸、悟 / 99
二、五个阶梯：敬、镜、净、静、境 / 103

第六章　无极桩功的三求 / 115

无极桩功有三个基本要点，我提炼为"三求"。第一求，求的是定；第二求，求的是分；第三求，求的是意。围绕着这"三求"，达到身心真正的改变。

一、求定 / 115
二、求分 / 117
三、求意 / 120

下篇　无极桩功功法篇

第七章　无极桩功的基本要求 / 127

无极桩功要遵循一个中心、三个基本点，让自己的心安静下来、没有杂念，神不外溢、不散乱，松落下来。对身形的基本要求，要做到中正，放松，自然呼吸，自然垂落，两手自然下垂而立，两脚基本平行，平松而落。

一、一个中心、三个基本点 / 127

二、基本身形 / 131

三、桩功的形态就是站 / 132

四、知止的功夫 / 137

五、为什么要站无极桩功 / 143

第八章　落　足 / 158

两脚要平松而落，毫不用力，这是落足意的要求。我们在站桩中从意上体会落足、平松而落的真实滋味和感觉。

一、平松而落 / 158

二、站成一个完整体 / 159

三、站出"中"这一点 / 161

四、合到一个点上去接触 / 164

五、这一点要在意上去求 / 166

第九章　提　顶 / 172

我们在提顶和落足中去把握"粘、黏、连、随"四法落实到神意气形四者之间的内在关系，通过"粘、黏、连、随"把有形的我化有回无、实而虚之，从而达到天地我三合。

一、百会的上提之意 / 173

二、顶是提的结果 / 178

三、从三大关系入手 / 182

四、提顶，实际上提的是中 / 190

五、"粘、黏、连、随"的内涵真义 / 198

第十章　竖　颈 / 216

修为无极桩功的竖颈，要站出的这种滋味是若有若无的，是有无相生、横竖相交，既是竖也是横，是竖中出来的横，是横竖相交的结果，是二合一的。

一、竖是立和直 / 216

二、通过竖求直 / 218

三、虚的直与实的曲合一 / 220

四、顺是竖，逆是横 / 224

五、横平竖直 / 226

第十一章 收 颏 / 234

站无极桩功的时候，我们用膻中穴来体会收和放的滋味。如同放风筝一样，它是一种动态的平衡。我们借助这个位置来体会收颏，体会收放的相对动态平衡，寻求到这个意的真实味道。

一、收的内在之意是聚、拢、藏、敛 / 234

二、在膻中穴上找收之意 / 237

第十二章 叩 齿 / 244

无极桩功所寻求的叩齿，不是让上牙下牙真的去叩合，而是运用道家的叩齿吞津，结合太极内功的修为，在静出动势过程中保持外不动内要动，形静意动，以意叩之、以内叩之，寻求一种叩齿之意。

一、用意气叩合 / 244

二、百会、颈、颏、齿四位合一体 / 246

第十三章 挂 肩 / 248

无极桩功的挂有提和率两意。通过挂让我们的身体形成一个撑起来的完整体。我们都能通过调重而守住中，通过提而挂、率而挂得到中重相合的合一的状态。

一、寻求挂之意 / 248

二、因提而挂 / 258

三、牵的是中，挂的是重 / 264

第十四章　垂肘和塌腕 / 284

我们通过垂肘要找出垂之意的真实味道来。在任何时候，不但肘是要沉垂的，整个人的身心都永远应该是沉垂下来的。

一、通过肘求垂之意 / 284

二、通过腕求塌之意 / 293

第十五章　展　指 / 304

在塌腕修为的过程中，我们在意上分出一个提、一个落，提落合一，最后合出一个说不清的味道。我们在开的同时还要有展之意，还要有向内收之意，这样我们这个身体才能够完整一气，内外合一。展指的展之意需要从梢节寻求，既向外又向内，既伸又屈，随屈就伸，而且无过不及。

一、展在梢，意在转、开、放、舒 / 304

二、屈伸合一 / 307

第十六章　含胸和拔背 / 312

　　含胸和拔背，实际上是一回事。含胸、拔背是密不可分的，含胸必要拔背，拔背一定是含胸。尽管分着讲，叫含胸、拔背，但是要把这两个部分合二为一，每个部位有它所要寻求的意和滋味。

一、含在胸，意在吞中吐 / 312
二、拔背必含胸 / 320

第十七章　空腹和活腰 / 327

　　活腰和空腹是密不可分的分而合的内在关系，是统一成一个状态的。要想活腰一定要空腹，要想空腹一定要活腰，活腰是空腹的结果，空腹是活腰的动力源。

一、空腹在意的真实 / 327
二、活似车轮 / 334

第十八章　坐胯和敛臀 / 344

　　胯和臀，是我们人身体两个很重要的部位，只有通过胯找到了坐之意，才是无极桩功在这个部位所寻求的内涵真义。最后，把向内敛、向下坐的两个意合成一个意，才是我们所求得的既落胯又敛臀为主宰的意。

一、站似坐 / 344

二、敛臀，松落而内收 / 353

第十九章　扣膝和舒踝 / 367

扣膝在站无极桩功过程中，要体会一屈一扣、一曲一直，形是曲的、意是直的，一横一竖，总是两个对立的。舒踝是落足、足下平松而落，和大地相融合的最后一道屏障、最后一个关键。

一、扣膝意在竖屈横扣 / 367

二、舒在开展，意在转换 / 375

第二十章　圆　裆 / 385

圆裆圆出来一个和中相合的重锤，这个重锤就吊在虚空的圆裆的中上。在守住这个圆的中的时候，通过调整重能一直保持住中的相对稳定。十七个部位最后要合到第十八个部位圆裆，它是最终的结果，是无极桩功的一个具体的体现。

一、圆的真义：无凸凹，无断续，无缺陷 / 385

二、调重守中，中重合一 / 389

后记 / 403

上篇 无极桩功理法篇

第一章　什么是无极桩功

一、何为无极桩

何为无极？中国古代哲学认为，无极是形成宇宙万物的本原，以其无形无象、无声无色、无始无终、无边无际、无可指名为本质特征。"无极"一词，最早出现在老子《道德经》第二十八章中："知其白，守其黑，为天下式。为天下式，常德不忒，复归于无极。"老子此处所言"无极"，其含义为"道"，即"无极"是"大道"的别称。

无极桩，是源自道家根据上古时期修炼的思想，在养生的过程中找到的一种桩位，这种桩位能达到天人相应、天人合一的状态。有史料记载："无极者，太极之母也；无极者，阴阳未判之态也。"

无极桩亦称自然桩，在太极拳的内功修炼中，被作为最基础、最重要的功法，也被历代太极拳名家作为太极拳修炼的根基。修习此桩时，身体处于高度放松状态，心与神极为安静，筋骨肌肤极为干净，神形合一，阴阳相调，是一种平衡中和的内在运动。这种无极状态，就是唐代先师李道子在《授秘歌》中所言的"无形无象，全体透空"境界。

如上所述，修习无极桩功，能使人的身体处于最静的、最自然的本原状态。实践证明，人处于自然的本原状态，会产生很神奇的力量。

人的本原状态，就是太极内功所言的中定状态。太极十三势，即掤、捋、挤、按、采、挒、肘、靠、进、退、顾、盼、定。其中的定，就是中定。中定，是人的原点，是起始点，所有的东西都是从这里开始。有了中定，就有了根，既可以前进、后退、左顾、右盼，又能掤、捋、挤、按、采、挒、肘、靠。太极拳与太极操之间最根本的区别，在于是否有中定、守中定。若没有中定或丢了中定，那就不是真正的太极拳，而是太极操。

无极桩功，是通过调整身体找中定、练中定。《中庸》讲："喜怒哀乐之未发，谓之中。"就是说，中定的状态，是喜怒哀乐未发的状态，未发的状态才可以发。如果该高兴就高兴了，该悲哀就悲哀了，喜或悲发出来了，这个状态就不是本原状态了，也不是无极状态了。所以，太极拳修炼的目的是要回到无极状态，就是通过修习无极桩功，找回自己生命的原点，找回自然的中定状态。因为，这个中定状态，才是人体真正的平衡状态。

二、分阴阳，合太极

太极拳的修炼无出"分合"二字，即分阴阳，合太极。分是合的基础，没有分就没有合。分的目的是为了合。分为本，合为用。因为只有分开的东西，才可以合到一起。从太极理法来看，太极拳修炼之前的身体，用一个很形象的比喻，如同冰柜里冻得硬邦邦的肉馅，是分不开的，是死腔的。如果用这肉馅包饺子，首先要将其化开，通过一定的温度让肉馅散开、分开，成为一粒一粒的。如果肉馅如同大冰坨般分不开，那就不能成为包饺子的材料。所以，只有将这肉馅化开、分开了，才能通过搅拌，使散开了的肉馅重新合在一起。通过这一分一合，便使它由硬邦邦的状态转化成可用作包饺子的肉馅。照此理，无极桩功的分，就是化，化是为了通，只有全身各个部位分而通畅了，才能为内修打造完整一气的太极体奠定基础。因此，无极桩功是从分入手，分是无极桩功的基本特点。那么，怎样分呢？

1.分有形和无形

我们每个人，实质上都是由有形和无形两部分组成的。所谓有形，是指有形有象的身体，外有头部、躯干、四肢等，内有心、肝、脾、肺、肾等五脏六腑，这些都是可以看得见摸得着的物体。所谓无形，是指作为一个完整的人，除了有形的身体以外，还有一个无形无象、抽象的、看不见摸不着的部分，称之为神意，或者叫心意，是人的高级思维活动。人，就是由这两部分组成，二者缺一不可，不可分割。但在无极桩功的修习中，却要先将这两者分开，分出有形的身体和无形的神意。

2.分根、中、梢

一棵生长旺盛的大树，一定是由树根、树干、树梢（含树叶）这三部分组成。如果无了树梢，大树就长不茂盛；如果无树干，就不能称其为一棵树；如果无根，大树就会死亡。太极内功的修炼，是将人体的不同部位，分为根节、中节、梢节，即根、中、梢三节。例如，从大的方面分，人体胯以下为根，胯至肩为中，肩以上为梢。若从小的方面分，如人的手臂，其肩的部位为根，肘的部位为中，手的部位为梢。再往细处分，如人的手，其手腕为根，手掌为中，手指为梢。如此等等，无限可分。

3.分三盘、九节、十八个部位

（1）三盘

在中国传统武术中，将人体分为上、中、下三盘。

大家都知道，太极拳是武术，因而，无极桩功依然是将人体从大的方面分为上、中、下三盘。具体分法是：肩以上为上盘，包括肩、肘、腕、手和头部；肩到胯是人体的中段，为中盘；胯以下为下盘，包括胯、双腿及双脚。

（2）九节

南宋著名法医专家宋慈称人的身体是由365块大大小小的骨节组成。从人体生理解剖学来看，人体骨骼最核心的是九大枢纽关节，构成人体完整的骨框架。这九大关节能否灵活运转，决定了人体是否能够灵活地运动。任何一个关节出了问题，都会直接影响人的正常活动。从太极拳的修习而言，九大关节如同九曲珠，九颗珠子都串在一起，成为一个完整体，既分又合。每颗珠子都是活的，各自都能运转自如，毫无滞碍。

那么是哪九大关节呢？人体躯干有三大关节：即颈、脊、腰；人体的上肢有三大关节，即肩、肘、腕；人的下肢有三大关节，即胯、膝、踝。现分述如下：

颈，亦称为颈椎，处于肩以上、头以下部位，也叫颈关节，是我们人身上的一个重要而又薄弱的关节。颈关节，不仅在人体生理上，而且在武术方面，都发挥着非常重要的作用。仅从人的生理角度看，颈部较细，却承载着脑袋的压力，若不注意保护颈关节，在脑袋的长期压力下，会因为分不开而僵滞，从而患上颈椎病。

脊，生理解剖学称为大椎。这根大椎，在人体的躯干上发挥着承上启下的作用。它上连人体上盘，下接人体下盘。如果大椎受伤，会导致人体上下不通而连接困难，严重者可导致瘫痪。其原因是人体所有的神经元都在大椎里面，若受到损伤，就很难再生和恢复。

腰，位于人体的中位，主宰着全身的运动。腰部有命门穴，俗称腰眼，是人的生命之门。从中医学说来看，此部位容易受寒得病；从人体生理角度来说，此处很容易受伤，通常可见抻腰了、闪腰了……所以，腰这个环节很重要。

肩，是上肢的根，如果此根节出了问题，那中节的肘和梢节的腕就都会受到影响。所以，人体的上肢能否灵活运转，其根在肩。

肘，是肩关节与腕关节相连接的一个枢纽环节。肩与手能否相通，肘关节起到了决定作用。现代人容易得两种病，一种病叫"网球肘"，一种病叫"鼠标手"，其病根都是肘关节不通。

腕，手能不能分而合，以及能否充分发挥手的灵巧功能，腕关节起关键作用。

胯，俗称大胯，是人体中最大的骨结构。胯承接中盘与下盘，不论在人体生理结构方面，还是在传统武术中，胯都发挥着十分重要的作用。通常情况下，胯若不能灵活运转，便是人走向衰老的标志。

膝，是人体由胯到足之间的一个重要枢纽关节。膝关节里面的半月板软组织不能再生，若膝关节过度活动，会使半月板越磨越薄，乃至受伤。例如，社会上有不少中老年人，为了锻炼身体又是爬山又是登楼梯，结果膝盖疼痛。因此，要用科学的方法运动，合理地养护膝关节。

踝，俗称脚脖子。踝关节承载着人体全部的重量，该关节能否灵活运转，决定了人能否自如地行动。

（3）十八个部位

无极桩功从人体大的方面来看，分为上、中、下三盘；从人体主要骨关节的构成来看，分出九大关节；而从无极桩功修习需求而言，又分出十八个具体部位。其中九大关节中的八个部位，也在细分的十八个部位之中。分，不仅是认知人体结构的一种方法，而且也是桩功修为的一种形式，其最终目的是形式要服从于内容，即服从于无极桩功修习的需要。具体分出哪十八个部位呢？

上盘分八个部位，即：顶、颈、齿、颏、肩、肘、腕、指。

中盘分四个部位，即：胸、背、腹、腰。

下盘分六个部位，即：胯、臀、膝、裆、踝、足。

三、练形求意

1.阴阳分合，对立统一

无极桩功修为要抓住的核心要素，就是练形求意。我们让形和意两个对立部分能够统合而一。因为本原就是一阴一阳、一内一外，它们不可分，是合二为一的。阴和阳一分开就是阴阳，但是谁也离不开谁，阴不离阳、阳不离阴。分不是说离开，永远离不开，有阴就有阳、有阳必有阴，永远是可分的，但是一定是不能分家的。

分和合两个是对立的状态，但是它们又是统一的。我们要在自己的身上去体会出阴和阳两者既分又合、既合又分。体会分很容易，体会合也容易，体会合中分、分中合就太难了。无极桩功是通过有为的功法在阴中去找阳、在阳中去找阴，分中去体会合、合中要找出分。不同的两个部分能够合二而一，这是一个很高的境界。

很多人修为了多年仍不得其门而入，原因是他们不能把分和合、合和分两个合成一体。它们本体是一，是一个完整体，但是这个完整体里面有两个对立的部分。无极桩功就是要通过具体的功法对本原、本质、本体有一个明确的修为，实修实证的认知，在自己的身心中得到真实的体现和体悟。

2.分内外、心身，互为因果

外为阴，内就为阳；身为阳，心就为阴，这两个是不可分的，但是又是完全对立的、要分清楚的。现在问题是分了就不合、合了就不分，这是我们存在的真实状况。每个人既有心又有身，但是很多人身心是分裂的。我们首先要让这两个分开，同时又在分中能够使之合为一体。

在一动的过程中，两个首先要分，在分的基础上要合，合了以后还是要分，现在是内外两个不合或者不分。内主宰外动，外为被动，内为主动。形要静、意要动。一个要松一个要紧，这个是松的、那个是紧的。一个是柔一个是刚，外面是柔的，里面是刚的。

本来是冻着的，先得要把它化开。化开以后再把它合在一起，合出来"一动无有不动、一静无有不静"。我们要从自身来认识自己的本原，认识阴阳可分的本质，认识本体是分而合一的本体。前人已经提炼和总结出一套有为的修为体系，我们好好去遵循、去发展。

《十三势歌诀》上说，"虚实变转须留意"，也就是，有形的身和无形的心要合而为一的话，就要做到：有形的形实要虚，无形的意要实。虚了实的形，实了虚的意，实的形虚空了，虚的意真实了。总之，形与意，实中虚，虚而实，无出亦虚亦实，虚实合一，形意同体。最终的结果是形与意，一实一虚，分为二，合即一，必然得到一个形意合一的完整体。

有了认知的基础，在修为过程中首先要分、分清。分什么？一内一外、一个身一个心，一分为二。把人先分出一个有形的身，还有一个无形的心。为了分清一个形一个意、一个内一个外，我们把虚的意真实了不太容易。离开了有形的身体，去说那个虚的，就是虚上虚，很难把它变成实。我们从无极桩功开始，就是练形求意，通过有形之身去寻求这个无形之意。

大成拳的鼻祖王芗斋说，内和外、身和心两个的修为是互为因果、互为其根。离开己身，想修这个心，无路可求。求不着，求那个意也找不着。为了要练形、练身、练力量、练速度，你就永远不可能跟你虚的意真实地见面。我们的修为是要通过有形的身的修为去分，分身的过程是为了寻求那个意的真实。

首先分身和心。两分以后，要三分。身三分为上盘、中盘、下盘。事物的本原是二，一个阴一个阳，但是事物的本质是一。任何事物的变化都是因为一个阴一个阳的相冲与相和产生了一种内在的力量。但是一个事物的本体、一个完整体是"三"。"三"才是万物的本体，万物都是源自"三"而产生的。这个"三"好比树的根、中、梢三部分。任何事物都有它的开始和结束，同时还有从开始到结束的变化过程，这样事物从开始经过变化到圆满的结束，才形成了一个完整体。

三分法是人和万物所发生的各种各样变化的具体体现。比如写一篇文章，要有开头、中间、结尾，做人做事跟写文章是一样的。写字也一样，起笔，最后有收笔，在起笔、收笔过程中有运笔。在这个过程中，目标是很明确的，是实的，但变化是曲折的。因此，我们要随屈就伸。

人从有形之身先分，分出了上、中、下三盘，肩以上是上盘，胯到肩是中盘，胯以下是下盘。从上盘来说，又分出根、中、梢，所以永远可分，层层可分，永分无疑，而且越分越细，越分越精。三分法，是你人生中很重要的一把"手术刀"。当你遇上任何难解的问题时，都可以用这个分法去剖析它。在这个过程中还要继续三分，这样你就知道怎么去解决问题了。你无法决定事物是不是复杂，会不会出现各种困难和变化，但是你都可以三分。坚持运用三分法，你就真的能够把握住事物内在的变化。分得越细，你会看得越清楚。

我们分有形的身体，要分得很清楚。在分的过程中是以形求意，练形求的是意。比如分了三盘，又分出来十八个部位。提顶，这个顶其实是身体全身心不可分割的一部分，是一个整体的局部。你不可能把这个顶单独拿出来，因为它是一体的，是不可分的。可是我们要分，最终会发现分的不是形，而是意。

虚领顶劲，提顶，这个地方要有一个虚顶被提之意，我们要想求得意的真实就要先分顶，被提之意就在百会这个顶上去找。百会穴，是十八个部位之一，目的是为了找到提顶之意。无极桩功的修为是练形求意，是从形的分上找出来那个意的真实。

3.通过有形的部位，寻求无形的真意

我们有形的身在分的过程中，分了上、中、下三盘，十八个部位。每个部位都是练形求意，都是由形而求出一种真实的意的感觉。身和心两个相合，合出来一个完整的我，离开了意是不可能的。只有意才是两手抓，一手托着我的身，一手抓住了我的心。无极桩功的修为从根本来说是意的修为，是求意的真实。

太极拳修炼，从无极桩功开始，遵循"层层分"修习心法，先将有形的身体分为三盘九节、十八个部位。在此基础上，由人体分出的十八个部位去由形寻意，最终达到形与意分开、分清。虽然意是虚的，看不见、摸不着，但是，通过无极桩功修炼，的确在每个具体部位上可体会到一种真实的感觉。在现实中，我们往往忽略了自身每个

部位应该是一种什么状态，应该有一种什么样的滋味和感觉。拳修实践证明，若通过有形的部位寻求到无形的意，找到了那种真实的感觉，就能使身体的状态得到调整和改变。所以，无极桩功的这种训练方式叫作由形求意。具体说来，就是通过对身体每个部位的调整，去寻求那种自然状态的滋味和感觉。也可以说，是通过由形求意这种有为的方法，去寻求那种"得意忘形"的状态。无极桩功修炼的结果，是有形的身体弱化了，有形的身体被舍掉、被放下，使本来实体之身变得松、通、虚、无、空；而人内里的精、气、神却由虚变实，无形的东西有了真感和实意。得到了这真感实意，有形的身体就处于一种自然的本原状态。身体处于这种自然的本原状态，就达到了健身防身的目的。

在无极桩功由形寻意的过程中，要始终遵循"一个中心、三个基本点"这一太极内功修习的总法则，即：中正安舒、静心凝神、呼吸自然、周身松通。在此基础上，要认真把握好十八个部位所寻之意的"四个要素"。

（1）悬提沉

通过提顶与落足等具体功法达到所寻之意。全身整体如同悬在空中，在整体向上悬提的同时，又整体向下松落，在提中有落、落中有提之中找到沉的滋味和感觉。

（2）吞吐含

无极桩功的含不仅仅是胸部的含胸之含，而是全身处处都有含。人体任何一个地方有吞必有吐，将吞与吐这两个对立的东西合到一起就是含。如同丹田之理，尽管人体有上、中、下丹田之说，但是，丹田依然是人为的设定。我认为，凡是用一横加一竖交出来的那个点，均可称作丹田。太极拳有一个说法是"周身无处不丹田"。就是说，在人体任何地方画一个十字，就可以是一个丹田。太极拳之所以能随处可发，就是因为人体任何一处都是一个丹田，都存在含之意。"吞吐含"三字之意，关键是"含"。要想体会这吞与吐之意，就要既不吞又不吐，实际上也是既吞又吐。找到了吞与吐的平衡点，就是含。

（3）空而实

全身凡是空的地方都要在意上寻求出空而实的感觉。首先是腹部要空。但这空不是什么都没有，而是要空出一个真实的感觉。腹部是炼精化气的地方，这里空了之后须有充盈的气的感觉，并有温热之感。其次是脚下要空。脚平松而落的时候，涌泉穴要空，如同脚下踏着两个球。再次是颏下要空。颏向内收，如同夹着一个球。还有腋下也要空而实，如同夹着两个热球。裆下也是虚空的，是空而实。胯下如同坐着一个球。如此等等。总之，要遵循拳修"假修真"之心法，在身体相关部位找到那种"空而实"的感觉。

（4）松落坐

通常情况下，无极桩功是站姿，在站立状态下所寻之意是"落坐"，关键在于意。在意上重点解决的问题是使全身松通，毫无僵力，周身松得能落下来，如同坐着的感觉。

以上"四大要素"之间是对立统一的关系，在"松落坐"之中有"悬提沉"，当"吞吐含"之时要"空而实"。"四大要素"同在，这种状态下身体自然形成一个阴阳相通相合的完整体。对初学者来说，要先对"四大要素"有一个初步的了解，然后在下一步具体功法修习中，根据自己的情况一个部位一个部位地去寻意体会。拳修需要细细地品味，不要太急，想着在短时间内就能把十八个部位的意全都找到，那是不现实的。

综上所述，无极桩功的核心内容是由形寻意。为便于初学者在修习无极桩功中把握要领，根据本人拳修的切身体会，将无极桩功由形寻意的具体内容作了一首《无极桩功诀》，如下：

三盘三腔三丹田，
三关三穴虚实牵。
形分十八需求意，
损弃后天回自然。

第二章　为什么修无极桩功

不少太极拳爱好者问：练太极拳为什么要站桩？而且还要从无极桩功开始？答案非常明确：站桩是为了成拳。

要想练成太极拳，就要站好桩。因为桩与拳的关系密不可分，离开桩就没有拳，有拳必有桩，桩与拳是一个整体。桩与拳，一内一外，拳是桩的外用，桩是拳的内主。

为什么太极内功的修习要从无极桩功开始，这是因为太极拳、太极内功，是以太极的阴阳之理为理论基础。也就是说，不管是练拳，还是站桩，一定要明确我们站的是太极。

一、桩与拳

很多人练了半天太极拳，打了拳架，以为这就是拳，只能说它是拳的一种形式、外在的表象。

拳是什么，拳是怎么成的呢？必须要以势成拳。只练拳练不出拳来，拳是结果，就结果去练结果，永远结不出果，所以要搞清楚什么是因、什么是果。

我们要抓因,不必去管那个果。父亲也多次跟我讲,只问耕耘,不问收获,因为所有的果是耕耘以后必然结出的,所以拿着那个果去求果,到老,必将一场空。

最终是要成拳,但是这是结果。拳是因势而成,势是形势、趋势,内在的大势。事物所有的发展、变化、生存、灭亡,都是由内在的势决定的。所以我们要去修习这个势,抓住这个势。

怎么能抓住它呢?我们要从式上去寻找这个势。因为势存在于事物的内部,是看不见摸不着的,我们所能看见、抓到、感悟到、摸得到的是式,这是形式。

式是形的外在表象,势是形的内在主宰。要成拳,光有势不行,还要有式,因为式是它的外在,势存在于事物之内。也就是说,要成拳,我们要把式、势的内和外两个方面统一起来,要合二为一。内外相合、式势相合,合出来的就是桩。所以,桩是成拳唯一的关键,离开了桩就没有拳。

怎么去成桩?是以式、以外去求内,最后以势成桩,以桩成拳。我们要非常清楚式、势、桩、拳四个方面内在的关系。只有这样,你在修为过程中才知道什么是桩,才能够知道修桩就能成拳。因此,要牢牢把握住因,因桩而成拳。

没有桩就没有拳,没有因就不会结这个果。我们要牢牢地把握住因果关系，牢牢地去求因而得这个果。也就是要建立一种思维方式和行为方式，知道如何去抓这个因，最后结果是自然的果。通过修桩最后成拳，建立了一种行为准则，就是做任何事情都应该抓因，只问耕耘，不求结果。

因此，我们在太极桩功修习过程中，必须清楚地认知并牢牢把握太极桩功独特的三个特征：其一，以式修桩；其二，以势成桩；其三，桩动成拳。这三个特征，全面而系统地揭示出太极桩功作为内功修习的基础功法所涵盖的特性和主旨，深刻而具体地展现出太极桩功修习的基本要素和桩功真义。下面我们来详细了解一下三个特征的具体内涵。

二、以式修桩

杨氏太极拳，其太极内功修习，就是始于"以式修桩"。据考证，在传统古法太极拳修习中，历来是以拳架每一单式作为单式桩，只有此式成桩后，方可学练下一式。一式一桩、式式为桩，以习至纯熟。式式成桩后，再把各单式串起来，即可为连贯演练之拳架。故而前人把单式为桩、式式相串、连贯成架的过程称为"串架子"。架子"串"成后，日日磨炼拳架，称之为"盘架子"。

☯ 无极桩功

如杨澄甫在其《太极拳之练习谈》中所言："初学之时，先此数句，朝夕揣摩，而体会之，一式一手，总须仔细推求，举动练习，务求正确。习练既纯，再求二式。"由此可知，太极拳之内功修炼，务须做到：一式一手，一式一桩，以式修桩，以式为桩，桩式合一。

尽管太极桩功修习是以式修桩，一式一桩，式式为桩，但细究桩功之理，却是一以贯之的。依据桩功之理，我所传承的太极桩功，从形态表现形式上可划分为静桩与动桩两大类。所谓静桩，即身体处于静态修桩。静桩分为无极桩和浑圆桩。所谓动桩，即身体处于动态修桩。动桩分为开合桩、开合动功及内功八法等。

太极拳无论何门何派，其拳架盘练时，均始于预备式，即双手自然垂立，端然而恭正。本传承的传统杨氏太极拳，将开步预备式（双足由并立开至与肩同宽）称为无极式。可见，传统杨氏太极拳的太极内功修习，是自无极式开始的，并将无极式修桩称为无极桩功。因此，传统杨氏太极拳桩功修习之静桩，即始于无极式修无极桩。同理，传统杨氏太极拳之拳架，以合太极为收式结束。所谓"收式"，状态同预备式之无极式，依然回归至双手自然垂立，端然而恭正。由此可知：太极拳架始于无极式，复归于无极式。换言之，太极内功起于无极，复归无极。太极桩功之修炼，无极桩将贯穿桩功的始终。

第二章 为什么修无极桩功

记得白旭华师爷曾对我讲："当年，我在旧北平警察厅消防队工作时，健侯师祖是受聘的太极拳术教练，他在给我们传授太极内功时，仅无极桩功就站了半年之久，而且每日从早到晚只站无极桩。"白师爷关于杨健侯传授太极拳术必从站无极桩功开始这一说，我在《太极往事》一书中也得到印证，书中介绍杨氏太极拳传人田兆麟大师时这样记载："田兆麟在北京救火队（即旧北平警察厅消防队）时，杨健侯为救火队拳术教练，见其年轻力壮，勤奋好学，遂多加指点，田兆麟由此从学，并受命叩头拜在杨澄甫门下，赐号'绍轩'，仍由杨健侯代子传授。"书中还写道："杨健侯授拳极其严格，一个拳势未达到标准不肯教下一式。据田兆麟回忆，当初无极式站桩和太极起势，就足足练了半年之久。"当年，白旭华师爷与田兆麟大师同就职于北平警察厅消防队，田兆麟为白师爷所在班的班长，他俩均是受到健侯师祖赏识的学生，并得到健侯师祖的亲授亲传。

由上述可知，太极桩功之静桩修习，是"以式修桩"，且从无极桩功开始入门。无极桩功不仅是太极内功修习过程中极为重要的第一步，而且须贯穿拳修的始终。如果说，太极拳修习的核心是太极内功，那么太极内功修习之核心即为太极桩功；如果说，桩功是太极内功修习之基础功法，那么，无极桩功则是太极内功修习的基础之基础。

　　静桩修习，首要的是无极桩功修习，在此基础上进入浑圆桩功修习阶段。所谓浑圆桩，以式而言，即拳架中的太极起式。太极起式双手由自然垂立而徐徐随落而起，至胸前膻中穴位置呈抱球状，故浑圆桩亦称为"抱球桩"。传统杨氏太极拳将起式中双手臂升至抱球式的过程称为"掤"。进而言之，浑圆桩态即为拳势之"掤"。掤者，捧也。起式时，首要意想胸前置有一太极球（假借之意球），双手恭敬地缓缓捧起身前的"太极球"，徐徐捧至胸前，己身与"太极球"合成浑圆一体，即人与球相合而一，犹如一个内气充盈鼓满的球体。其球外静内动，外显不动而静，内涵一气周流而动。太极桩功，以式修桩，假借捧球以起式修习浑圆桩功。若盘练拳架则一式接一式，式式相连而不同，然胸前双手所捧之球，始终与人相合为一而不变，直至拳架以合太极收式，方将双手所捧的"太极球"由胸前徐徐恭敬放回身前，以复归无极。如拳论"处处掤（捧）"之说，就是告知我们由起式捧起的球在盘架时，始终捧而不失，式虽变但捧球之意不变。所以，前人一语中的地告之曰：拳架式式修桩，式变意不变，式断意相连。

　　太极桩功之抱球桩，为什么亦名为浑圆桩？据说成因有二。其一，源自太极祖师张三丰所论。相传，张三丰有云：意如抱球如卷饼，开裆合胯膝提弓。意顶天，收喉头，尾中正，肛不松，太极浑然一气功。肘如抱球，掌如抓球，腋如夹球，口如含球，腰腹如气球，膝如扣球，足如踩球，周身一体太极浑圆球。关于这段拳之球论，暂且不管它是不是张三丰所言，仅就其内涵真义来看，它从阴阳学说的角度，形象而具体地论述了桩功借球求意，借假修真，以"球"修桩，人球一体，及抱球桩之形与意、人与球的关系。前人据此把抱球桩称之为浑圆一气桩或浑圆桩。其二，据有关史料记载，清朝光绪皇帝的老师翁同龢大学士当年观摩了杨露禅与皇家神技营高手比武。杨露禅无敌而胜，翁同龢给予极高的评价："杨进退神速，虚实莫测，身似猿猴，手如运球，犹太极之浑圆一体也。"自此，"浑圆"一词即用于拳中术语。浑圆之说，成为太极内功修炼抱元守一、一气周流的形象用语。前人有云：太极即一气，浑圆即太极。因此，太极桩功之浑圆桩，亦可称为太极桩。

由此可知，太极桩功以式修桩，静桩之修炼始于无极桩，而后浑圆桩，其实质彰显了无极生太极之理。亦如王宗岳《太极拳论》开篇所云："太极者，无极而生。"因此，修太极，必始于无极。太极内功修炼必遵此理。以式修桩，先修无极桩功，再入浑圆桩功，正是遵阴阳之理、循太极之道的内修真功之通途正道。

三、以势成桩

为什么说以势成桩是太极桩功的重要特征呢？根本原因在于"势"。因为太极桩功修习，其内在本质是通过修习的方式和过程，以期达到成"势"之目的。进而言之，太极内功修习是否有成，唯一判别标准是：以式修桩是否桩中有势。或者说，以式修桩，桩成的关键在于是否出势而势成。简言之，桩成在势。桩与势两者之间是体与用、内与外密不可分的关系，成桩必出势，出势才成桩。而且，两者之间亦是互为因果关系，即：因成桩而生势，因出势而成桩。故而，有势必有桩；反之，无桩定无势。因而可得出如下结论：以势成桩是太极桩功修习极为重要的核心特征！

要深入理解以势成桩这一重要特征之真义内涵，就必须从正确认知太极内功修习所求之势入手。

众所周知，太极拳在以"太极"冠名为"拳"之前，亦名之为太极十三势。我们不禁要问：太极十三势与太极拳两者有何异同？为什么太极十三势更名为太极拳？只有搞清楚这些问题，才能正确理解何为太极内功修为所求之势。细究这两者之间的关系，不难发现，此两者相同处在于均"姓""太极"，不同处在于姓后之"名"，一个谓之"十三势"，一个称之"拳"。由此可得出这样的结论：两者同宗同源，均源自太极，但同姓不同名。

要想搞清楚十三势更名为拳的缘由，就必须搞清楚势与拳的内在关系。要想搞清楚势与拳的内在关系，首先要搞清楚"式"与"势"二者的不同。

何为式？式者，形也。形式、样式之谓也。因此可以说，式即事物之形象、外表、姿态等外在的表现，属于事物有形有象、触之可得、视之可见的外显部分，而势却是事物发展的内在趋向。势为无形无象，触之不得，视之不见，但却真实地存在于事物的内部，并主宰着事物发展变化的方向。事物之势，仅遵道而成，不受任何外在的干扰而自然成之。事物的顺逆成败，均取决于势。自然界没有任何力量可以改变势的独立，也没有任何力量能够阻挡势的发展变化。所谓"势不可挡""势在必行"，其真义是指事物必定要遵照势的指向去发展变化。由上述可知，式与势二者的区别是：所谓式，即事物的外在表象；所谓势，即事物的内涵。式与势于事而言，一个为外显，一个属内涵；一个是事物发展变化的外在形式，一个是事物发展变化的内在主宰。有式必有势，得势必成式。由此推而知之，先人开始冠名太极十三势，是为了突显太极内在主宰之"势"，淡化、弱化外形之"式"。后来，先人在以阴阳之理修习十三势的过程中，发现势不离式，式主宰于势，以式求势，以外修内，内外同修，这样更为合道而得势。式势相合,方为事物之全。阴阳学说之根本,揭示了宇宙万事万物均由阴阳对立的两个方面相互依存而成。只有遵照阴阳之理去认识事物,才能正确认知事物的规律及内与外、虚与实、显与藏等相反相成、正反两面的客观存在,才能准确地把握事物发展的内因与外变规律。当先人认知了式与势和合而全时,生大智慧以全创拳、以全生拳、以拳修全、修全而成拳。故有"拳者,全也"之说。我认为,上述考证,乃为太极十三势与太极拳的异同,亦可视为太极十三势更名为太极拳的根本原因。

综上所述,拳者,以式求势,以势主式,势式合一即为拳。太极内功修习,是由修桩而得功。修桩则是以式修桩,以式修桩其实质是以式求势。得其势而成其桩,成其桩必得其势,得势而得桩。因此,以势成桩,乃是太极桩功修炼的重要特征。

四、桩动成拳

桩动成拳,是从桩的本义阐释其与拳的内在关系。桩是拳的基础和灵魂。可以说,不能成拳的"桩",就是枯木桩,是无生命的死桩。同理,不是由桩而成的"拳",拳中无桩,必定是"瞎"拳,是没有灵魂的盲动之拳。

如前文所述,太极桩功分为静桩与动桩。静桩修习,关键在于能否正确认知何为静态。太极静桩所求之静，其核心是心静身静，即身心俱静。所谓静，通常理解为不动或不变。那么太极静桩所求身心俱静，是否可理解为身与心均不动、不变呢？静态修桩，绝不是把自己修成无生命的一具"尸体"。太极静桩修炼所求身心俱静而不动不变，绝不是常人所理解的静止不动、不变。那么，何为太极静桩修炼所求之静及其静态的真义呢？

太极内功所言之静，其真义是"似静非静"，是外显静而内寓动。太极内功所言之不动，也绝非通常人们所理解的不动，而是动之不动，如如不动，是外不动而内萌动。太极内功所言之不变，是内变外不变。太极内功所示之静及不动不变，如同一颗有生命的种子，种子被放在仓库里，在那里静止不动，人们所看见的就是一颗静而不动的种子。然而，种子内部却蕴含着勃勃生机。这种富有生命活力的生机，尽管人的肉眼不能直接看见，却无时无刻不在勃勃欲动，犹如整装待发的战士，只等一声令下，随时破土而出。种子只要被埋进土里，遇有适宜的水分与温度就一定会迅速生根发芽，乃至成长为参天大树。再如，一座蓄满水的水库，平日水面平静如镜，波光粼粼。可是一旦开闸泄洪，顷刻间一泻千里，雷霆万钧，势不可当。亦如一座活的火山，未发之前静而如常，但火山的内部，却是热岩滚滚，无一刻不动。当火山内部能量积蓄到不发不行时，必然瞬间喷发而出，惊天动地。因此，太极内功之静及不动不变，是静而蓄势、蓄势待发，是以静寓动、静而待命。

静桩之静态，其身形静而不动，尚易理解。那心不动而静，又怎样理解呢？《人身太极解》有云："人之周身，心为一身之主宰。"主宰人身之心，能安居其位，方能统帅一切。故此，人身之万变万有，均听命于心，生发于心。能生发、统领人之万变万有之心，必然合道而同道。如前人所云：心即道。道之心，即虚、静、空、无。那空静虚无之本心，必能生发、统领人之万变万有，此乃是遵道之变，合道之有。太极桩功修炼要"静心凝神"，就是遵照老子所言"虚其心"，进而"致虚极、守静笃，万物并作，吾以观复。夫物芸芸，各复归其根。归根曰静，是谓复命"。可见，人之一心，只有虚极静笃，方能观复而归根，主宰人之身，遵道而为，合道而变。

由上述可知，太极静桩功修为所求是身心俱静，即身不动、心不动。然而，太极拳之拳是要动的。所谓拳，是有形之身要动，要有形有象，有招有式，有始有终，式式不同，招招相变。但是，其变其动，绝非形体本身主动而变，而是在心的主宰下随心而变，听命而动，一动无有不动。因此，拳之动，是不自动、不主动、不乱动、不盲动、不妄动，动而不动。亦如古拳论所云："虽动犹静。"我们可视、可见拳的一切动与变，形虽有动有变，但人之心依然静而不动，守常不变。同时，有变有动之形，做到随心而动，从意而为，本身不主动、不自动。概言之，形之动为不动之动；形之变为变而不变。

综上可知，拳之动变，身与心依然处静的桩态，拳动不失桩。拳是桩之外动，桩为拳之内静。桩与拳，是内与外、体与用、因与果这样一种密不可分、统而合一的关系。故前人有云：静为桩，动成拳。所谓拳，即桩由静生动而成，无桩不成拳。也可以形象地喻为桩为拳之母，拳即桩之子。太极内功修习依照此理，应先修桩后习拳。

太极内功是身心双修，桩功则是身心双修的基础功。太极静桩功虽然是身心俱静而不动，但须做到外静内动，静而生动。所谓内动，即意动而气动。依据此理，太极拳之行拳走架，身形之变动，应为不自动而随动，不主动而被动，其身形之动是被"内气"催而动。亦如《十三势歌诀》云"气遍身躯不稍滞""静中触动动犹静"。因此，形不动，气无不动。形被气催而动。形与气而言，形为相对而静，气为周流而动。那么催形动之内气，是如何周流而动的呢？太极桩功修习关键就是：以意导气，意到气即到。在意不在气，不在气而得气。如《太极拳术十要》文中所言："若不用力而用意，意之所至，气即至焉，如是气血流注，日日贯输，周流全身，无时停滞，久久练习，则得真正内劲。"可见，所谓内动之"气"，是意动的结果。换言之，意不到气不至，意不动气不行。因此，太极桩功修为须谨遵前辈所教诲："凡此皆是意……全身意在蓄精神，不在气，在气则滞。有气者无力，无气者纯钢。"故此，太极内功修习主旨，可一言概之：意的修习。

综上所述：太极内功修习之法，乃一桩一拳。桩与拳是内与外、静与动的关系，拳静即是桩，桩动即成拳。记得当年父亲曾把桩与拳的内在关系，形象而生动地比喻为放电影。过去的电影，是由胶片经放映机快速连续放映在银幕上，出现了各种动态的画面。每一组肉眼所看到的动态画面，都是由一帧帧静态的胶片连续播放而成的动态影像。如果把肉眼所看到银幕上的动态影像比喻为"拳"，则每一帧静态的胶片就可视之为"桩"。如今北京地铁隧道两侧壁上一幅幅静态不动的图画，在地铁高速行驶时，会展现出不同的动态画面。总之，所有肉眼看到的动态画面，均是由不动而静的画面连动而成。且不论这种比喻是否准确，但以此借喻修桩，是有助于深入理解桩与拳的内在关系的。

总而言之，修桩要成拳，成拳必修桩，桩动即成拳。但是，还需要明确的是，太极内功所言之"拳"，并非仅指有形有式的拳架套路，那架势套路充其量只是用来展示或检验桩动成拳的一种外在演绎方式。而真正内功之拳，更应是无形无象，无招无式，不期然而然，不知至而至，举手投足，动即为拳，并有感即应，感而遂通，随心所欲，阶及神明。概而言之，道法自然即为拳。

此乃是：拳无拳，意无意，有意无意是真意，无意无拳是真拳。

毋庸置疑，太极桩功是太极内功修为的基础功法。在太极桩功修为过程中，须牢牢把握太极桩功"以式修桩、以势成桩、桩动成拳"三大特征。通过对太极桩功三大特征的解读和品悟，进而深入地理解和体悟太极桩功的具体功法，并将"神、意、气、力、形"太极内功修炼的五个重要元素贯穿桩功修习之中，做到神不外溢而聚，意不散乱而专，气不上浮而沉，力不出尖而整，形不破体而灵。

只有正确地理解并认真遵循太极桩功的三个特征，并在太极桩功修习过程中贯穿始终，以这三个特征的真义内涵为纲要，规范并主导桩功的修习，才能保证修习过程中少走弯路，始终沿着正确的轨道行进。

第三章　无极桩功修为的核心主旨

一、知己之功

作为一个人，首先要知己。知己，就是要知身、知心。知身好说，谁都知道。知己的核心是知心，过去老话讲"知人知面不知心"，说的就是难在知心上。修为就是要知这个心，知己的关键也是知这个心。要想知心，就要从性、情、意入手去知。先要知性，站桩首要是知性，用知性去真正知自己。

1.回到自己的本性

人之性是本原，是不以人的意志为转移的。是爹妈给你成人，天地给你成性。在你出生之前，你的性就已经定了，你无法选择，所谓"江山易改，本性难移"。

其实人的本性就是一个阴一个阳。阴和阳表示出来人的本性，就是"善恶"二字。到底是"人之初，性本善"，还是"人之初，性本恶"？站在善的角度，是人之初,性本善;站在恶的角度,就是人之初,性本恶。其实真正的本性,既不是善也不是恶,是既有善又有恶。

老子在《道德经》中告诉我们,"天下皆知美之为美,斯恶已;皆知善之为善,斯不善已"。当天下的人都以善为善的时候,他忽略了恶已经同时存在了;当人们看到恶的时候,他不知道其实善已经在恶的对面出现了,也就是说本性是有善就有恶。善是对恶而言的,恶是对善来说的,没有一个就没有另一个,这才是本性。

有的人做事或者处理问题,只知其一不知其二。也就是说,他只看到了他的长,却不知道他的短,其实他的长和他的短同时存在着。本性是二,一个阴一个阳,而且这两个是完全相反的。

我们通过站桩来知性,就是要找到自己的长和短,找到自己对立的两个方面的不同。以善和恶来说人的本性,具体表现出来,首先是有无相生。不做恶事,就是行善。无了恶就剩下善了,得到了这个结果。老子说的有无两者是相生的。

同时他告诉我们,难易相成。把难以解决的问题解决了,得到的结果就是易,就容易了。拿站桩、修为来说,只要老老实实、踏踏实实地遵照着桩功的本意,一层一层地去修,耐得住寂寞,在难中去寻求真正的捷径、真正的快。想急于求成一定是"差之毫厘,谬之千里"。世界上没有随便就能达到的成功。成功可以有大有小，但是基本的规律只有一条，排除万难，走完难走的路，最后达到成功的顶点。

我们在修为过程中，要知性，站桩是站知性，知自己的有无、知自己的长短、知自己的难易。"高下相倾"，高和下这两个要像水一样流动起来，流是自然的结果。我们站桩要站出来高和低、上和下，就会自然而流。我们的意、气、血液，内在所有的循环只遵循一个道，就是由高向低流。站桩，站出来你自己的高和低，会得到一泻千里、自然而下、道法自然的结果。

站出来有无相生、难易相成、长短相行、高下相倾，还要站出前后相随。前和后此两者同出，是一回事。可是我们往往是顾前不顾后，我们在站桩时，眼睛就是看前面，看不见后面。通过无极桩到浑圆桩，我们要看见前也要看见后，看见左也要看见右，看见高也要看见低，看见外也要看见内，最后要看出来的是全方位的、全无定向。全看见了，就没有了前没有了后、没有了左也没有了右，它们相互相生出来。如果办事处事总是知其一不知其二，就不成功，但是只知其二不能合一的话，依然也不能成功。

知其二还要合其一，所以前后是相反相成相生，互为其根的。我们站桩就要把它站出来，前和后是合一的，前后相随。其实所有的事情都归结到前和后，也包含了左和右。

佛祖也告诉我们，回头是岸，就是向后看。站在这里，这是桩，这是前和后，这个前和后是我规定的。其实，没有前和后，站桩要站出来没有前和后。

我们在为人处世的时候就不想转身，不想回头，以为这就是一往无前，其实不是事物本身的问题，是自己错了。我们总把前当前、把后当后、把左当左、把右当右，其实这是前也是后，是后也是前，哪儿还有前后啊。我们由性分出来长短、善恶两个对立的东西，把它们合在一起的时候，合出来一个真正的本性，也就合出来一个内在之全。这样我们就不会被事物的表象迷惑，不会被人误导这是前，那是后。其实我们最后改变的是一个态度、思维，通过性的修为、心的改变，脱胎换骨，重新做人。拳的修为的内涵真义就在这儿！《杨氏太极拳老谱》告诉我们，人人应该都练太极拳，也就是人人都要由桩去成这个拳。没有拳，你就不能做一个真正的人，你看问题、处理问题就总是有偏颇，总是不如意的。关键是转变我们自己的认知，这样才会回到我们的本性。本性告诉我们两个都有，你只看到了一个，看不到另外一个，你就没有真的合到这个性上来。所以我反复强调，这个主旨不清的话，你练了半天，如无源之水、无根之木，没有主宰。

2.和自己对话

无极桩功就是站这个知性,就是通过站桩,知道自己的长在哪儿、短在哪儿,也就是知道自己的阴和阳。无极桩功就是通过知性而知己,因此可以说无极桩功就是知己之功。

知己,实际上你要问问自己的长是什么、短是什么,然后要回答自己的长是什么、短是什么。对自己要有很清楚地认知,这就需要自问自答,不是问别人、旁人,而是问自己长短、虚实。实际上,无极桩功就是要问自己,和自己对话。

我们一生活了几十年,真的能够跟自己对话了吗?你想一想,你在自己这儿找问题、找答案,进行了多少次,有过多少时间。我们现在都是在外求,很少去内求。因为看别人看得很清楚,不但能看见别人的高矮胖瘦,甚至能看到这个人的长处和短处。看别人太容易了,有的人一天都在说三道四,东家长、西家短,都在说别人。有的人看自己的长处看得很清楚,却很难发现自己的不足和短处,因为他向自己里面去看自己的长短,眼睛看不见。就本性来说,人既有长又有短,这个世界上最难的事,就是知己、了解自己。

一个不了解自己的人,他的命运都掌握在别人的手里，掌握在外界。我们要掌握、把握住自己的命运，首先要能了解自己，要知己。只有知道自己的长短，知道自己的多少，才能取长补短，才能让自己趋于完善。这个道理很多人都明白，但是做起来难。特别是要用一种有为的方法，去落实这种知己，即对自己的了解，对自己身心、长短的认知，这是一个很重要的修为。

我们所传承的无极桩功，能够跟自己对话，去问问自己的长在哪儿、短在哪儿，对自己的身心有一个真实的认知。

要让自己的命运把握在自己的手里。首先是知性，知道自己属于什么样的性格、什么样的性质。对于修为来说首要是知自己的性。

在知性的基础上，我们对性要有一种具体的修为方法。无极桩功在对于性、本性的认知基础上去修为什么呢？对于人来说，心是极为虚的，性已经是在心的虚空的基础上有了一个实的表现。我们通过了解自己的性，去把握自己的心。但是这个性依然还是虚的。尽管知道有长有短，但是怎么去改变它、改造它、完善它？我们对性的修为的把握从哪儿入手呢？

从性的表现上看，性表现在实的地方，是从欲来的。性本身能够产生欲望，这种欲望，也就是人们常说的性欲。一说到性欲，人们往往想到的是男女之欲，当然这是其中之一。欲不只是表现在男女之间，还表现在所有的欲望上。有人说把欲望消灭掉，其实这是一种误解。欲望无好无坏。有欲才有望，一个人连欲望都没有了，他就成死人了，就没有了内在的生命力。吃的欲望没有了，喝的欲望没有了，还不跟死人一样吗？人活着就要有欲望，有了欲望，才有前进的目标、追求的动力，所以人的追求是由欲望而产生的。有了欲望、有了追求，你才能去发愤图强，你才能去努力、去付出。因此，我们需要欲望。成事是因为欲望产生前进的动力和目标。

但是，欲望是一把双刃剑。无极桩功是知己之功，是要知自己。在知己的过程中，我们通过有形的身去寻求自己的心，然后把它变成一种真心。这就是我们修为的目的。我们明心见性了，对自己有了真实的了解，知道自己从哪儿来，也知道沿着什么方向去运行自己的生命轨迹，也就是活得明白，明白地活着了。

从桩功开始，我们在一个中心、三个基本点的状态下和自己对话。我们一生中和别人对话非常多了，但是静下来想一想，却没有多少时间和自己对话，问问自己的心在哪儿，问问自己此时此刻的内心是一种什么状况。你是处在一个中和的状态吗？不是的，因为外界变化五彩缤纷，日新月异，世界大潮波涛滚滚，永远是不嫌快地往前奔，你的心也在跟着它起起伏伏。再快还嫌慢，必然造成急功近利，不能真正达到静下心来、心平气和的状态。现代人的病，都是这种心态下所必然出现的。

从根本上来说，无极桩功是把自己调整到一种最佳状态。我们不受外界变化的干扰，让自己达到静心凝神、心平气和的状态，达到阴阳平衡、阴平阳秘的状态，这是生命力旺盛的最好状态。我们站桩，就要站出这个状态来。

3.站出平的状态

在知己的基础上，我们对于这个性以及欲的修为就是要修为到无过不及、恰到好处，既有又无，不多不少。如《太极拳论》所说"随屈就伸"，通过自己内在的调整和认知，在具体的行动过程中就有了一个主宰。我们在行动过程中能够做到不多不少、无过不及，是因为找到了一个合适的状态，尝到了那个滋味。那个滋味是什么呢？多和少能够平衡到一个合适的点上，你就尝到了这个滋味，把握住了这个要领。在具体运用过程中能够用这个味道去衡量是不是既不多也不少，能够达到无过不及的状态。

也就是说，我们通过站无极桩功体会到一个不多不少、不快不慢、不急不缓的平衡状态。所以，无极桩功站什么？《太极拳论》上说"立如平准"，平是平衡，既不多也不少，既不过也无不足，平了。我们所有行住坐卧过程中，不是不过就是不及。我们要以平作为一个准星、准头、准则，去约束和衡量。我们的行为有了这根准绳，过了赶紧纠偏，不足就赶紧补上。掌握了这个原则以后，在你生命的运行轨迹中，碰到过或不及，你就用这个准绳随时能衡量出来。过就赶紧纠偏，不足就赶紧补缺，也就是不断地在调整自我，达到平的状态。

我们所有出现的问题都是失衡、失平。人最佳的健康状态，就是阴平阳秘，阴阳这两个是平衡的。你现在所有的问题，不管是偏阴还是偏阳，身体都是不平的。只有自己找到了平的状态，少许有一些不平的话，病象还没出来的时候，你已经自知了，就可以及时把它消灭在萌芽中。

中医是以阴阳平衡求中、调理平衡的。我们要尽可能不出现不平衡的状态，及时在苗头阶段调整和解决它。最好的药就是我们自己，最好的医生也是我们自己。

我们很难做到这一点的原因是我们不知平是什么滋味。无极桩功就是站出这种平的状态，品尝到那个滋味，这样我们在具体的变化过程中才能真正运用这个平去解决不平。

试手体验

比如，我现在要前进，他会堵住我。为什么他要堵住我？问题不是他堵我，根子不在他，在于我自己不平，我自己偏了，也就是我偏到他这边来了，他才来堵住我。同时，为什么他进来,是因为我偏到他那边去了,他能够顺着我跟着进来。我解决这个问题,不是解决他。他堵不堵我,我进不进得来,根子在我自己平不平。这是关键!所以我要平,不管我想进、想退,都是在平的状态下,不丢不顶,他既挡不住,也进不来。

我不平的话,偏了,他就会这样顶着我;如果我在平的状态下去走,也就是我出去的同时还有一个反的跟着,一个阴一个阳,一个出一个入,这个时候他想堵我,就堵不住了,因为我这个状态是一的状态。我只有回到一的状态,回到现在平的状态,才能解决一切问题。

在我们修为的路上,在我们生活的每时每刻,在我们生命运行中遇上各种各样的阻力,出现各种各样的问题,不要怨天尤人,也不要埋怨对手,根子在自己,在于自己不能把握住平的状态,不能立如平准,不是过就是不足,不是多就是少。多了去不了,少了、缺了,人家就进来了。所以解决问题在于解决自己,你解决外边、解决客观、解决他人,永远也解决不完。客观的变化是你无法掌握的。不管是什么情况,你都要把自己调到平的状态,以这种状态去应对。这种状态是一,是两个对立的统一,是内和外、身和心、虚和实、阴和阳的统一,永远不能分家、不能分裂。有了这个原则,我们面对任何事情都能够进可攻、退可守。当遇上困难的时候，我们充满了信心，知道困难恰恰能够激励我们要去战胜它、解决它，而且一定能够战胜它。当你胜利的时候，也不会被胜利冲昏头脑，知道胜利里面一定隐藏着困难和不顺利的因素，这样才能防微杜渐。

归根结底，通过桩功要解决的是怎么做，怎么去认识这个世界，怎么去认识自己。我们认知所有问题的根子都是怎么解决我的问题。太极内功从桩功开始就是在认知自己的基础上解决自己的问题，在用平的准则去调整所有的不平。

因此，无极桩功是知己之功，是找平之功，是求一之功、合一之功。为什么要站无极桩功，从无极桩功开始，对此要有一个明确的认知。

所有具体的功法，我们都是在明理基础上对理的落实和实修。不要认为这不是功夫，其实明理的功夫是功夫中的功夫，所以我们要牢牢把握住它。

二、修心之功

所谓修功，不是修为拳脚功夫。功夫不体现在拳脚上，当然拳脚会有具体的应用，然而拳脚的应用体现的是我们内心的变化。功在内不在外。什么是内功之内呢？答案只有一个，就是我们自己的内心。离开内心没有内，也就是说，除了内心，其他的都是外。内功指的是修心之功，功在于修心。

我们修心不是凭空去修，因为心是看不见摸不着的，而是通过自己有形的身体来寻求、来修为。怎么去修为它呢？法门就在于桩功。桩就是修心具体的有为之法，桩就是用来修心的一个方法、一个工具、一个筏子。

我们进行桩的修为，从无极开始，由无极到太极，由无极桩到太极桩。在这个过程中，我们要乘坐的筏子就是无极桩功。桩功就是让我们以身修心，由无极向太极迈进的具体的有为方法。

人生命的主宰在内不在外，在心不在身。虽然心是无形的、虚的、摸不着的、抽象的，但是它确实真的主宰着人的生命。

任何事物的内在都会有一个中心、内心，这个内心主宰着这个事物。太极桩功修为的核心主旨是身和心要相合成一个完整的我，有形的身、无形的心要内外合一，身心相合。合成完整的我，关键不在外，不在有形的身体，而在主宰着人一身的内在之心。因此，太极内功，可以说是修心之功。

杨氏太极内功修为，就已告诉我们，你在哪儿可以找到心，通过什么就能把虚的、摸不着的、不可操作的，变成可修为的、可感知的、可把握的。具体来说，无形的心虽无，但是它生出来三个"有"。只要抓住了这三个"有"，就等于把握住了心。

虽然心找不着，但是它所表现出来的三个方面是可以找到的、可以把握的，这三个方面就是性、情、意，即心性、心情、心意。换句话说，只要抓住了性、情、意，我们就找到自己的心了，就能把握住自己的心，就能把看不见、无形无象的、极为抽象的那个心变成一个可抓、可操作、可修为、可感知的具体的心。这也是我所传承的杨氏太极内功很了不起的一个贡献。

自从人类诞生的那天起，就逐渐发现人除了一个有形的身体，还有一颗无形的心，也都认知到心主宰着身体，但最初都找不到自己的心。一代又一代的人，都在孜孜不倦、前赴后继地找自己的心。为了找心，产生了各种各样的宗教。因为心是抽象的、虚的、不具体的，如果不能够把心具体化，找心就是一句空话。但是我们的老祖宗，特别是我所传承的杨氏太极内功，为了找心，他们开创、发明了找心之法，这是很了不起的贡献。太极桩功以桩功来寻找自己的心。事实证明，在修为过程中，通过性、情、意三个方面不断认识到自己具象化的心，把修心变成一种可操作的有为之法从而达到知心、修心、控心、用心，从而实现身心合一。

我们心的表现第一就是性，性是宇宙的本原。宇宙万物，包括我们每个人，都有自己的性。我们人和人之间为什么不同，最大的差距是性的不同。

1.人之性

性的本原性，体现为人性、物性、天性、地性四性归一。人性就是合天性。为什么人性要合天性呢？因为人心就是天心，是天地赋予我们的人之心。这是关键。

（1）人之性就是心的本性

古人早就知道人心与天心之间的关系，我们经常讲要天人合一，怎么才能合呢？就是人心要合天心，人心本来就是天心。《礼运》中专门指出："人以纵生，贵於横生。禽兽树木皆天地所生，而不得天地之心。"禽兽、草木、万物，虽然是天地生，但是天地没有授予它们这个心。"惟人为天地之心"，只有人才有天地之心，"故天地之生此为极贵"，人贵在哪儿？跟万物、禽兽、草木相比，只有天地授予了人之心，所以人为贵。在宇宙万物和芸芸众生中，只有人贵。天、地、人，古人叫三才，主宰着宇宙万物的，能够跟天地相合，就是因为人有天地赋予的心。"天地之心谓之人"，天地赋予了你这个心，你才是人，其他的禽兽、草木都不能成为人，因为天地没有赋予它们这个心。正因为有天地之心谓之人，能和天地相合是人之性。

　　人为什么要修为呢？因为我们有天地赋予的这个无形的心。人心本天心、本天地之心，所以我们的心要和天地之心相合，合为一心。我们修为，就要问人之心是不是合了天心。只有合了天心，我们这个人才能够与天地合，才能够顺天地之势而健康地生存，天地才能够"授我偏独灵"，我们人才有了灵性。

　　人之性就是心的本性，它是不以人的意志为转移的，是先天的。天赋予心的时候，就赋予了人的本性。性是本性，但是作为天地万物之心的人，除了有性之外，他的心可以感应外界各种景象、物体变化。心是要动的、有反应、有感应的。不管是其他的人，还是世间的万物，都会有相应的感应。这种感应在内心一定会有所表现、有所表示、有所反应。对于人来说，内心感应的具体表现是情。

　　作为人来说，性首先分两种，一个男一个女、一个阴一个阳，这个性本身就是不一样的。它们最大的区别就在于性别不一样，"他"属于男性，"她"属于女性。同时我们每个人的本性依然是不一样的，于是就出现了性格不一样、格调不一样、格局不一样。有的人急性子，有的人慢性子。

　　性没有好坏之分，因为天生就是这样。上天给你打造出来一个急性子，就给他打造出一个慢性子。性这个东西是不以人的意志为转移的，它既有遗传因素，有爹妈给的，也有天地之性赋予你的。上天打造你就是这么一个性格的人。同一个爹妈生有五个孩子，五个孩子五种性子，既不都是急性子，也不都是慢性子，既有急性子也有慢性子，也有不急不慢的，这就是本性。本性这个东西是无法选择、无法取舍的，"江山易改，本性难移"，每个人的本性就决定了这个人的品格、做事的风格。

在人性中，最大的区别是善和恶，有善有恶，这是人的本性。有从善的，就有从恶的。从中华民族传统的认知，认为人生下来都是善的，没有恶。"人之初，性本善。""性相近，习相远"，是人后天不断形成了各种各样的习性才有了善恶之分。也就是说，我们要回到本性上去，要从善，要与人为善，要做善事。但是西方世界的认知不是这样的，他们认为人之初性本恶，每个人天生就是恶的，就不是善的。我们认为本善是宽厚、是包容，西方却认为本性是恶的，因此再好的心，说得再好听，必须靠制度、靠法律约束。总之，我们认为人的性、人的本原，是与生俱有的，是我们无法选择、无法取舍的。这个性就是心的表现。

对于性来说，既然本来就有，我们还修为什么呢？我们该什么样就什么样吧，急脾气就急脾气、慢性子就慢性子了。我们对于性要进行修为改造，不是把急脾气变成慢性子，也不是把慢性子变成急脾气。这个性变不了，但是我们可以通过修为去平衡它、改善它。我们尽可能做到用慢来约束急，慢下来就不那么急了；对于慢性子我们用急去催化它，让它别慢上加慢，慢中让它融入急的内容，在慢中能够急起来一些。这就是我们对本性的修为的一个内容。对于性来说，你要让它急中慢、慢中急。经过修为以后才能够得到改善、得到完善。

我们在修为过程中，要把这个性变成一种可操作的、能够把握住的性。太极内功修为的主体是性。对于性来说，我们修为要把握住的核心，第一步就开始进入对性的完善。首先要知性，你对自己得有一个认知，对自己的本性得有一个了解。要清醒地认识到自己的本性是属于什么样的状态。现在的问题是很多时候我们对自己的本性缺乏了解，不了解就没办法对性进行完善，也不能通过修为让自己的性更加平和。因为我们每个人的性，包括万物的性，有阴必有阳，有长必有短，有好则有坏，这是道所决定的。知性，就要知道自己性偏了什么。

万物皆有性，我们在跟万物打交道的时候都是用物的性。中药为什么能治病，因为每一味药都有药性，有的偏寒性、有的偏热性。实际上是要用中药的偏性，比如上火了，牙疼了，就要用泻火的药、用凉性药来平衡所表现出来的体内的热性，这是在用它的性。我们要想用的话，必须得知性，所以很关键的问题是要知这个性。性有急有慢，有长有短，总之一个阴一个阳，也就是每个人的性里面都包括两种对立的成分。你对自己先要有一个深刻的了解，知道自己的长处是什么，短处是什么，偏在什么地方，偏向哪一方面，只有了解以后你才能去平衡它。

（2）修性的关键，是要知这个性

修性的关键，是要知这个性。有一个太极拳前辈，对于性的问题，对于修心和以拳修性，在通过桩功、拳修达到知性而修心方面，有一个很重要的论述。当年我父亲反复跟我讲的，这些年来我一直在桩功修为和拳修的过程中深入理解和把握的，就是这个歌诀。

这个太极拳前辈是宋书铭，他是袁世凯的幕僚、参谋，一直追随着袁世凯，出主意、提建议。关于修心之性，他提供了一个歌诀，据他说，歌诀是从宋朝他的祖先传下来的。当然经后人考证，他是为了提高歌诀的影响力，把它给归到他宋朝的祖先。从歌诀本身的文字形式来看，不像有那么久远，但是这个歌诀对于修心之性来说确确实实非常重要。

宋书铭跟着杨健侯学习太极拳，但是他说自己是从他老祖宗那儿传下来的太极拳。他把太极拳给归纳到三世七式，三世是过去、现在、未来，前生、今生、来生；他把拳归纳了七层、七个阶段。他的拳的演练，叫三世七式，一共有三十七个动作，但是细看起来，都是杨氏太极内在的东西。

这个歌诀的名字叫《四性归元歌》，说的是四性回到了本性上来。歌诀里面提出人性、物性、天性、地性四个性。四性合一，归于本性是合一性，这是歌诀的主体思想。

世人不知己之性，何能得知人之性？物性亦如人之性，至如天地亦此性，我赖天地以存身，天地赖我以致局，若能先求知我性，天地授我偏独灵。

"世人不知己之性"，世上所有的人都不了解自己的本性，经常说你都不知道你姓什么了，其实是说你不知道自己的性，所以知性是非常非常难的。

"何能得知人之性？"就是说人总想去了解别人，去知别人。你连自己的性都不知，怎么知道别人的性呢？你总想知道别人的长短、好坏、优劣，你知道自己的长短了吗？如果不知道自己的长短，你就无法真正了解他人的长短。

"物性亦如人之性"，宇宙万物，所有看得见的万事万物，都有自己的性，万物皆有性。万物的性跟人的性，物性亦如人之性，就是你所关心外面万物的性跟你的性是一样的。

"至如天地亦此性"，至如的"至"，到达。人性和物性就是天地的性。人的性、物的性、天地的性实际上是合一的。真正的本性、人的性就是物的性，就是天地之性。

"我赖天地以存身"，我们每个人不分信仰、民族，都依赖着天地给我们精华、给我们养分来生存，离开了天地给我们的精华，我们就不存在了。所以，人离不开天地。

"天地赖我以致局"，天地离开人，就没有了这种局面、格局，所以人和天地是互相依存、互相依赖的。我们依赖着天地，天地也依赖着我们。

"若能先求知我性"，如果你能够知己性、知我性，别的什么都可以不用管了。人生的第一大事，就是知己、知性、知我性。

"天地授我偏独灵"，当你能够知自己的性的时候，天地都偏你。"偏独灵"，独独赋给你灵之性、灵性。所以我们要开发自己的灵性，其实太极拳的桩功通过知己，最终修为出来灵性。杨健侯说"轻则灵，灵则动，动则变，变则化"，就是在宇宙万物的变化过程中，你如果有了灵性，就能够在万变中应对自如。但是这种灵性是修为来的，是先知求我性，上天和天地偏独你、授予你的，所以修灵性就要先求"知我性"。

王宗岳说："本是舍己从人，多误舍近求远。所谓差之毫厘，谬之千里。"在拳修的过程中，世上的人往往都存在多误，都在舍近求远，都在差之毫厘谬之千里。本来应该是知我性，天地授你偏独灵，可是却离开我，而去求他人、求外物，唯独不把功夫下在如何知我性上，反了、错了。所以圣人看到了芸芸众生执迷不悟，还在错上加错，还在糊涂地活着，他们很着急，想普度众生，想让我们从执迷不悟中清醒，找准自己人生的方向，让我们成为真正的偏独灵的我。

太极拳前人，特别是杨氏太极拳的老祖宗，把这种先求知道我性从而能够达到天地授我偏独灵，变成一种有为的修为方法和体系，即太极桩功。所以，桩功绝不仅是站身体，其实是内修，桩功的本原是知我性，改变我自己，从而和天地相合。我性合了天地之性之后，天地自然就会授你偏独灵，你才真的能够成为有灵性的我。你有了这个灵性，成了一个有灵魂的人，你才能真正主宰自己的灵魂、生命。所以修心之功不是停留在理论上，也不是停留在形式上，而是一定要通过有为的方法，从修心入手，由桩功到知我性，然后进入灵性的状态。

灵性是什么样的状态？就是完全道法自然，该怎么做就怎么做，不以你的判断和意志去决定事物的走势，而是遵循事物内部的趋势，顺势而为，适机而做，其结果是不期然而然、不知之而至。是感而遂通，有感即应，不经过判断，不经过思索，不加我自己的意志自然而为。

我十一二岁的时候，父亲在房间里面练功。当时我也是很淘气，想开玩笑，就从后头过去抱住父亲，结果我一抱，他一回身把我打起来了。房间小，有一张八仙桌子，我的牙磕在桌子上。父亲四十几岁才生的我，他很心疼，抱起来看看我的牙，发现我的牙磕掉了。后来父亲告诉我，他完全是自然的灵性的反应。到最后不能摸他，只要拍他一下，他马上自然反应就出来了，他不去判断、不去想。父亲多次跟我讲，用眼睛看、用脑子想，然后怎么出、怎么做，就晚了。我们就是要这种灵性的反应，这种反应是该出来就出来了，到了这个时候它就得这么出，因为所有的事物的性都是有高有低，逢高不向低走，你非得从低处往高走，那是走不通的。所以当我们没有自己的想法，才真正知我性，这个我性合了天地的自然之性，就能随屈就伸、无过不及，该怎么样就怎么样。当然这是最后运用出来，我们老老实实地从无极桩功开始修为知我性。

宋书铭公布于世的《四性归元歌》，对于我们知性修心确实起到了一个很重要的作用。如果现在我们反了，就赶紧再反过来，回头是岸。你向外求，向外界去找事物的本性，就反了，就差之毫厘、谬之千里了。你要回到自己这儿来，因为我性即物性，物性即天性、即地性。万物皆有阴阳、虚实、长短，从我性就能够知道万物的性，就能够取长补短，通过我性知道天之性、地之性。天之性、地之性是什么？它是人法地，地法天，天法道，道法自然的。什么是自然，就是该做它就做，该善它就善。所以老子说天地无情，因为天地没有用自己的判断去分别各种各样的所作所为，该怎么样它就怎么样，它并没有选择。你只要合了天地之性，天地就给你了，所以它是无情的。我们去求它没有用，我们从自己这儿知我性，我之性即天之性，天地一定会在你的性中授给你这个灵，你就有了这个灵魂。所以不要怨天怨地，不要怨他人，不要怨环境，所有的成败、顺逆，皆在自己。因此，通过内修，修自己，修我的心、修我的性。

无极桩功具体的功法都是为了让你知性。你要分清高低、长短、有无、虚实。在分清的基础上，我们能够把它们统一起来，回到本原的状态，那时候最后求的是大同。我和所有的万物、所有的他人，和天地同道同性。

2.人之情

人是有感情的动物，就是说我们对事物有反应、有感应，这种感应就表现在情上。人的本性相对是定的、不变的，但是人的情是动的、变的，是会随着事物的变化而变化的。同样的事物在不同时间，就会有不同的反应。当你看一部好的作品、读一首诗的时候，昨天读是一种心情，今天再读所出现的内在之情跟昨天是不一样的。

（1）情是动的、变的

同样一种茶，茶没变，所沏茶的水也没变，但是不同时候，你喝出的茶的味道是不一样的，因为心情不一样了。"酒逢知己千杯少，话不投机半句多"，同样是喝酒，碰上了人生的知己，有了共同的语言，就有说不完的话、诉不完的情，这时候喝酒的话千杯都少；可是遇上另外一个不同道的、话不投机的人，即使只说了半句话也会觉得多余。

所以情是变的，人有七情六欲，喜、怒、哀、惧、爱、恶、欲，每个人都会在情上有反应。虽然是七个方面，但总是两两相对，有好的心情就会有不好的心情，有喜悦的心情就会有悲伤的心情。其实情没有好坏之分，我们不可能要一个不要另一个，因为情本身就包含着对立的两个方面。

对于情来说，既然有两个方面，没有好坏之分，那么对自己的情绪要能够有效管理。人的情绪反映了内心，如果不能够管理自己的情绪，我们就无法进入内在平和、静心凝神、平心静气的状态。如果不能管理情绪，情绪失衡会造成内心不平静。如果心不平静，就会造成身体不通。如果长期不能处于平心静气、心气平和的状态，身体就会出现不正常的甚至是病痛的现象、结果。

我们要让自己平心静气，达到静心凝神。所谓静心就是心的不起伏。因为外界总是在变化的，有顺利就有不顺利，有晴朗就会有阴雨，这是不以人的意志为转移的自然现象。我们在外界变化的时候，能否心如止水、平和平静，这是我们修为的核心主旨。

外界的好与坏、起与伏会让我们的心不平静，受到干扰。要排除这种干扰，就要让心保持着平和平静的状态。心是虚的、空的、抽象的、不具体的、无法摸到的，那怎么达到这种修心的最佳状态呢？管理自己的情绪。管理情绪是该喜则喜、该怒则怒，因为这是人内心最正常的反应和流露。我们要做到有喜，可以喜；遇上悲伤，也会自然流露悲伤，但是需要对它进行管理、管控。

我们喜的时候，对于喜悦要有管控，就是喜到恰到好处,喜到无过不及。管控到这种程度,该喜则喜,但是喜的不让它过,这是我们应该做到的,也是能够做到的。遇上悲哀的事,我们一定有悲伤的情绪,要让它发泄出来,不去压抑它。同样对这种情绪也要让它做到无过不及,因为我们是正常人,有喜、有悲、有怒、有乐。我们要有管控情绪的能力,这是关键。

我们要想管控自己的情绪,该发的时候要发,做到无过不及,这是需要修为的,需要我们后天不断的积累。管理情绪,同样需要有具体的有为的修为方法,这个方法就是太极内功修心之功。通过情绪管控自己的内心,这是我们应该做到的,也是能够做到的。

做到了这一点,我们通过情就对自己的心有了把握、有了认知,我们就明白自己的心,就可以安心了。只要抓住了情的管控,心就可以放在那儿了,因此它就可以平了。对于情绪的管控,是太极内功修为的核心主旨和法要。

(2)管控自己的情绪

我们从中正安舒开始进入实修的有为的过程中,来对情绪进行管控。通过达到中正安舒这种状态,我们就能够管控自己的情绪,就能够让自己心平气和、静心凝神,让自己的心真的能够主宰人之一身,真正回归主宰心本位的状态。

关键是中正安舒。我们先要理解"中"这个字。我们通过求这个"中"来管控自己的情绪，因为人在动情的时候，情绪有变化，有的时候是喜、有的时候是悲。我们怎么去管控自己的喜，让它处于无过不及的状态？

我们以自身的感悟，去体会这种无过不及的状态，去品尝这个味道，该喜的时候要喜，该悲的时候要悲，但是对喜和悲要有所节制。《中庸》中说"喜怒哀乐之未发谓之中"，喜怒哀乐没有发的时候就是中，也就是有喜也有怒、有哀也有乐，但是没有发，那个状态就是中。

有一个中的标准，叫发而未发，还没发就是中。"喜怒哀乐之未发谓之中，发而皆中节谓之和"，这个中节谓之和，中和、平和，不多不少，恰到好处。我们从无极桩功开始，就是要找到这种发而未发的状态。这个状态像种子一样，种子没有发芽，但是它里面已经有生命力的萌动，随时可以破土而出，但是它表现出来是静。种子的状态就是中的状态，它里面是动的，但外面是静的，静的里面有一个动，两者之间一个动一个静、一个内一个外，相合保持住的状态就是中，发而未发就是中。

无极桩功的修为，就是要站出这个状态。我们站桩的时候是静的，是不动的，但是内里的生命的本体一定是动。我们不是为了站它的不动，而是要站出一颗种子，站出一种中和的状态。这种状态是在静的时候要站出一个内动来。内和外、动和静这两者之间是相反相成的。

无极桩功之所以要静，是因为内动而静。我们内动同时还要用静来管控内动，它们是相互制约和相互为根的，最后合到中的状态。这个时候，虽然里面有动，但是心是平静的，我们的身是可动而不动的，周身是松通的状态。从这个时候，我们就开始在身心上去体会内心所发出的各种各样的情、感，然后有效地把握和管控它。

我们站无极桩功的时候，要求周身松通。无极桩功对于松的管控，有助于我们管理自己的情绪，有效地把握和掌控自己内心反映出的各种感情。松和紧都是我们内心感而有情的表现，我们就要对它进行管控。

怎么管控呢？首先我们周身要松，一定要彻底的松，松到有形身体的肌肉、筋骨、皮肉之间不残留一丝一毫的僵滞之力。对于无极桩功、太极桩功的要求，不只是松，要彻底的松，但是松不是目的，松是手段。

为什么要松？就是松出一个通来，能够在松中流通起来。在松的过程中松出来一个紧，也就是周身是非常松通的，但是里面有一个能够流动起来的紧。身体松还是不松，关键在于通不通，通了就是真正的松，没通就不是真正的松。这个通不是假象，是一种真实的体内流通的感觉。身体的松，松出一个能流通起来的内在的真实的觉知，那种觉知就是紧。因此，如果松不出一个内在的紧，这个松就不是真正的松，它就是松懈，它是懈了。所以，我们通过松中要松出一个紧来，用紧来管控我们的松，不能让它懈掉。通过修为以紧管控我们的松，真正体悟到松通的滋味，我们就对自己的管控能力有了一个真实的感悟。那个时候，我们不但能以紧来管控我们的松，也能够管控我们的喜，绝不让自己喜极而泣；管控我们的悲，不要过分悲伤。我们内心所反映出来的各种各样的情绪，都可以做到周身松通、以紧来制松，通过有为的真实的实修来感悟，把它上升为一种能够把握、管控自己的有为之法，我们才能真正在各种变化中，该做的时候都要做，但是无过不及、恰到好处。无过不及、恰到好处就是中的状态。中是圆之心，圆之中谓之心，圆的中就是中心。

我们通过管控达到不多不少、无过不及的状态，就是中的状态。我们通过修为达到这种状态，就能够觉知它，就能得中、守中、用中，实际上得中即得心。离开中去修心是一句空话。我们是通过得中、守中而达到对心的把握和掌控。

太极内功的修为是修心之功，但是修心是因求中、得中、守中而达到的结果,这样我们就不去管心了,让心安安静静放在那里。我们要能够抓住中,中是有为的修为方法。因为中有一种能够真感实悟的味道,我们通过无极桩功的修为,就能真实把握和感受中的味道。把握住这种味道,就把握了无形的看不见摸不着的心。通过这种真实的味道,我们得到一个真实的认知。所以,太极内功是非常有效的修心之法。

不管是哪一个门派的修为,哪一种宗教的追求,都是想通过修心来达到天人合一,让自己的人心能够合到天心上,从而能够让自己真正进入以天心为人心、人心即天心的修为境界中来。这个目标是很明确的,方向也非常清楚,但是没有具体有为之法的话,就变成了一种空想和空谈。

我们的老祖宗创生出来这种有为的功法,让我们向着这个目标,真正能够达到佛家所说的明心见性。我们通过桩功的修为,就能明白自己的心是什么情况,就真的能够和自己真性相遇相知,这样我们进入知己的阶段,对自己有了一个真实的了解。

三、合一之功

《易经》说"易有太极,是生两仪"。太极就是阴阳之合,阴和阳合到一起、合到了"一"上。这个阴阳之理，我们去体悟它、把握它，从而能够运用阴和阳，在身体内把握住它的开和合。只有阴和阳对立的两者能够合到一起，我们才合成一个完整的人。

我们人是由阴和阳组成的，宇宙万物无出一个阴一个阳，都是由阴和阳和合而成的，因而有各种各样形态的万物。正如老子说"万物负阴而抱阳，冲气以为和"，就是阴和阳这两个对立的相冲和，就冲和出来各种各样不同的事物。人作为万物中的一员，依然是由阴和阳冲和而成的。

阴和阳在我们每个人的身上又是如何体现的呢？什么是我们的阳，什么是我们的阴？每个人都是由身和心两部分组成的，身和心相合才合出来这个人。也就是说，我们每个人都是由有形的身体和无形的心合成的。我们的身体，每个人都看得见，有高有矮、有胖有瘦，因此，它是有形有象，看得见摸得着的。这个形是实实在在的。同时，我们还有一颗无形的内心，这是不具体的。有形的身体是具象的，无形的心是抽象的，看不见摸不着，视之不见、听之不闻，但它又是真实存在的，并主宰着我们这个人。如果有形的身体叫外的话，那么无形的心就是内，也就是我们每个人由一个外在有形之身和一个内在的无形之心和合而成。

也就是说，有形的身是"有"，无形的心是"无"，有形的身是实的，无形的心是虚的，所以它们是对立的。一个有一个无，一个实一个虚，也就是必须由身和心、有和无、实和虚对立的两部分合二为一，才合出来一个完整的人。我们每个人既有有形的身体，也有无形的心。可是有的人身和心不合，没有合到一上，这是他们存在的问题。

我们现在存在的各种各样的问题，不管是身体的病痛，还是在生活中的不顺利或事业的不成功，甚至家庭的不和睦，等等，其根子就在于我们的身和心不能合一，身和心不通，是二。北京人有一句话，说这个人老犯二，这是一种讽刺的说法，实际是说这个人身心不合。所以，现在就是要把它们合到一起、合到一上。

1.让自己的身心合一

身心怎么不合、怎么就合了？身心这两个是完全不一样的。一个是有一个是无，一个是实一个是虚，但是我们看到所有外在的表象，身体反应出来的所有问题，根子都不在身体，在于心。因此所谓不合，是你的身体不能够由你的心来主宰，或者说你的心主宰不了你的身体，你的身体也不听你心的主宰。是不是听你的心主宰，我们可以检验。

我们在桩态下，先来了解无极桩功的基本身形要求。

无极桩功

两手自然垂立,两手的中指和裤线相合,五指自然微屈,要自然往回收。两脚与两肩同宽,或者是略宽一点儿,两脚平行平松而落,但是两个大蹬趾要在平松的基础上有向内扣合的味道。形上的扣合就成内八字了,也不能够向外撇,但是两个蹬趾向内扣合。垂手而立,这个时候要做到中正安舒。

前面讲了一个中心、三个基本点,即中正安舒,静心凝神、呼吸自然、周身松通。这时候心无杂念,要完全静下来,静到所有的声音都听不见了,所有的念头都统统放下。这个时候呼吸是自然的,不要去控制它,该怎么呼就怎么呼,该怎么吸就怎么吸。周身现在是平松而落,是放松的,是松通的。我们管这个形态叫无极桩态,当然还有各个部位具体形和意的要求。

我们要找到一个完整的我,就要把有形的身、无形的心,实的身体和虚的、无形无象的心合在一起,合的结果是我的身体能听我的心的指挥。《杨氏太极拳老谱》中《人身太极解》中第一句话"人之周身,心为一身之主宰,心者太极也",也就是我们人的心在主宰着我们自己。既然是主宰,我们一切就要听命于心、服从于心的指挥。现在你心里想的,你身体能不能做得到;你的心发出一个指令,你的身体能不能服从你的指令?你往往做不到,是心主宰不了自己的身体。它不听你的。

第三章 无极桩功修为的核心主旨

> **试手体验**

比如，你用这只手来推我那只手，现在我这只手不动，你在自己的心里发出一个指令，用那只手来推，你做得还算不错，它听你的。但是一般的时候，往往不听你的。我用这只手推你的时候，就是用这只手推。现在我的心发出一个指令，用另一只手推，往往一说用另一只手推，一般就理解为拿这只手去推，现在的要求是，我这只手不去接触它，还要用这只手来推。你的身、你的行动能不能服从你的心发出指令的指挥。如果你做不到，它不听你的。你想用这只手推，不接受它，我用这只手作用在你这儿，你作用不上，你的身体不服从你的心。正因为你的身体不服从你的心，你心里想的、你心里所希望的，你的身体做不到。你身体所做出来的，不是你心里面所发出的指令那样，所以这两个身心是割裂的、是不合的。在不知不觉的、长时间的不合的过程中，你的身心就出了问题。具体到你的身体来说，就是不通，不通则痛。我们现在身体所有的问题，都是由于不通，不管是脑梗、心梗，包括癌症，都是堵住了。

我们要解决的问题是打通自己，而打通自己的关键，表现在身体上，根子在心上。所谓内功的修为，就是身为外、心为内，内功是以修心为主的功，但是这个心是虚的。谁都知道有心（此处不是指肉体的心），可谁也找不着，谁也抓不住。其实人和人最大的区别，就在于是否能抓住自己的心，调控自己的心，运用自己的心，去主宰有形身体所有的行住坐卧，所有需要处理的问题。做到这个，你的身、心就合一了。

我们站这个桩，不只是站有形的身体，而是通过有形的身体找到自己无形的心，从而让自己那个无形的心和有形的身体合二而一，站出来一个身心相合的真人，站出一个真正的自己。现在我们世界上的人，能合成真人的太少了。绝大多数的人都是不合的，因为上天在造人的时候，就给了我们这么一个修为的余地和目标，让我们后天通过自己的努力和修为，达到身心合一。

我所传承的太极内功，就是通过有为的方法把这种身和心两者之间的分和合的关系，变成身心合一之功。这个方法就是桩功，我们从无极桩功开始就在修为我们自己的身和心，关键是修心。但是这个心却是无而虚，看不见摸不着，要想修这个心，就得让它"无而有"，你得有抓手，得能找到它、摸到它，你才能认识它、修为它。

2.合到中的状态

我们要管控自己的情绪，让松和紧、喜和怒、悲和哀、多和少该有的时候要有，但是有的不要让它过，要恰到好处。怎么把这两个合到中的状态呢？我们要使松和紧、喜和悲两个对立的发生相和的关系，也就是松中要有紧、紧中要有松。本来松和紧是二，一合以后松和紧就是一了，因为松里面就是紧。松，不是离紧之松；紧，也不是离松之紧；松就是紧、紧就是松。松在紧之外，紧在松之内，它们无非一个内一个外。任何事物的完整体都是一，都是由这样两部分组成。

我们在任何时候都要能够在一上、以一为标准，达到中正的状态。《大学》上说"知止而后有定，定而后能静，静而后能安"，最后要进入一种安舒的境界和状态。安舒是结果，中正是因、体、本，你能够抓住中正，就一定会得到安舒的结果。

"正"是止于一，把两个对立的，一个松一个紧，通过有为的方法，合到一上，在一上把松和紧止住了。以紧去止住松，不让它松过了；以松止住紧，不让它过于紧，紧而僵了，所以就拿住一去止它。无极桩功的修为就是一种止于一的真实的修为的有为之法。

"正"字，就是一下为止、止上为一，合而为正。中国的汉字很了不起，每一个字都体现着中国太极阴阳文化的核心主旨。所以它是由形生意，关键是意合而出的。

止于这个一为正。我们本来是有喜有悲、有紧有松，但是止于一以后，我们所有表现出来的悲或者喜、松或者紧，已经进入有而回无的状态。这种滋味是合二而一以后那个一的味道。我们就是要求得这个味道，正是止于一以后的一种味道。这种味道是合出来的，是向这个地方去止，在这儿就停止。松向这儿停止，紧向这儿停止，这是中，是一。这个一是有，但它也是无，因为松一到这儿以后就没有了，紧一到这儿以后也没有，这个一里面有松有紧，都到这儿了，但是作为它来说既是松又是紧，既不是刚才的那个松也不是刚才那个紧，而是松紧相合而一的一个平衡的状态，这才是我们要找的味道。什么味道？中正的味道。这个味道是可以说的，但是作为味道本身又是说不清楚的，所以事物的真实的本质是无法用语言表述的，只可意会，只可我们去感受它的真实，所以站无极桩功是站的这一种味道。

3. 合出来一个味道

正是太极文化阴阳核心主体创生出来中华民族所特有的文化内涵。中国菜跟西方菜完全是两种文化的结果，它们根本的区别是文化的差异，没有好坏之分，因为本原是文化使然。

中华民族文化就创生了中国的饮食文化，这个文化是分以后合出来的，也叫和文化。和文化是合出来一个说不清却真实存在的，它一定是你能够品味到、感知到，可以把握的一个真实。

比如鱼香肉丝，它的原料分得清楚，有里脊肉丝、笋丝、胡萝卜丝、辣椒丝，一炒以后，合出来一个味道。最后是由酸的、甜的、咸的、辣的、麻的，五味往一起一合，合出来一味。原来里面一定有咸、甜、酸、辣、麻，但是合起来以后，不只是酸、甜、咸、辣、麻，合出说不清的味道。恰恰这个味道说不清，就假借这个鱼，叫它鱼香肉丝。你吃出了鱼香的味儿，但是这盘菜里面一点儿鱼都没有。所以这盘菜合起来以后，合到了一上，一个味儿，止于一了。它是一味，这一味是说不清的味，我们就叫它鱼香肉丝。

"知止后有定"，定在哪儿呢？一定，定是一。"一定"这个词，只有有了一才有了定，合到一上就是定。你要想安定下来，就必须得找到这个一。中国语言文字中，比比皆是都在体现着文化的基本内涵。我们不是研究语言和文字的，而是用自己的身体去说话，去体悟这个字的内涵，体悟事物真实的本质，也就是我们在定中去找到这个一。

无极桩功是修体之功、修心之功、求中之功，也是合一之功。我们内有一个无形的心，外有有形的身体，这就是内外，这就是有。不是不要这个有，而是如何把所有这些有合到一盘菜上，合出来一个味道。这个味儿你尝到了没有、合出来了没有？有的人没有合出来这个味道，也活了一辈子，但是他永远理解不了、进入不了合到这个一上以后的境界和味道。如果只是追求活着的话，就可以不用修为了。但如果要明白地活着，活出比较高的境界，体悟到常人所无法品味到的人生味道，我们只有去亲力亲为、实修实证，用自己的身心在分而合中才能够品味到。

  这个味道是无价的，是无价之宝，是老子所说的难得之货，因为只有在中正安舒的状态下，你才真正能够得到这个结果。如果去体悟一下人生运行轨迹中这个品味意境的话，我们就在无极桩功修为过程中，进入这个修为的境界中来。可以说，通过有为功法的修为，我们遵循这个主旨，一步一步地实修实证，一定找到这个一、定住这个一。定于这个一，就一定能够品味到这个味道极其美妙，任何美味都无法与合出来的这个说不清的味道相提并论。这种高境界的、可贵的味道是用钱买不来的，真的让你变成一种真实的内心的感悟。

  学员A：我觉得追求这个平的状态，不是去追求知识，而是应付外界所有可能加之于自己身上的一些压力，或者是一些攻击，这样一个反求诸己的境界是蛮高的。反求诸己，不是说怎么治病，而是求怎么样不生病，我希望在以后的课程中能够更加进一步地学习。谢谢！

李光昭：谢谢你谈的体会，非常好！其实我们通过学习，不是去解决怎么对付别人，而是解决我们自己的问题，如何去完善我们自己，能够了解和掌握我们自己，从而把握住我们自己的命运。

学员B：在站桩的时候，我们常常想全身放松，可能就会越来越流露出懈的状态。您说要用紧来管控松，我在很努力很用心地要把身体放松，怎么用紧来管控这个松呢？因为没有一个真正的标准，完全靠自己的感觉，我觉得这个很难做到，请问老师这个怎么做到？

李光昭：目前的状况下，你做不到松出来一个紧，用这个紧来管控松，这是很正常的。因为你刚刚开始，现在还没有进入具体修为的功法中，只是对它的一个认知和理解，确实一下子做不到。要一步一步经过具体有为的修为方法，你才能够真正感觉到什么是真正的松，如何用紧来管控松，让它松而不懈，而且能够松出来里面的紧。如果不能用松管控紧的话，这个紧就变成了僵。我们进入松而不懈、紧而不僵，是要进行修为的。我们已经认知、抓住了要修为的理了，不是那个松也不是那个紧，下一步就是练如何用紧来管控松，如何在松中松出一个紧，当然这有具体的方法。

我们动用情来管控我们的动，就要用两个对立的方面，用松来管控紧、用紧来管控松。性情代表我们的心，人的性情，有本性，还有真情，这两个是要合起来的。如何能够把松和紧，让它无过不及呢？我们所有修为的目标是修心，是管控情绪，是达到中正安舒的结果。我们修为具体要把握的核心是意，凡此皆是意，也就是从无极桩功开始，我们所有的功法都是用意去修为。意就是有为之法，就是渡我们到彼岸的那条船。我们通过慢慢修为，最终一定能够找到松和紧两者之间相互制约、相互管控的关系，达到一个无过不及、中正安舒的最佳状态。我们只要这样修为下去，一定能够达到这个结果。

学员C：您说每天要站30分钟，我用您的方法站，几个关节有意想感觉，有时站到20多分钟，突然就觉得要睡觉，脑子里有空空的感觉，一下又回来了，我不知道这是正常的，还是一种站桩的感觉？

李光昭：你说的也是很多人通过一段时间的站桩，能够进入的这么一种真实的状态，这个并不奇怪。这种状态是一种必然的状态，因为你在站的过程中，永远是一种动态的状态。你在站的过程中很难避免。因为我就是要松，虽然是用紧去约束这个松，让它不懈的时候还是有些懈，很难达到最佳的无过不及的状态，这个状态是动态的。中是变化的，是一种动态平衡的结果。你在这个过程中，要不断地去调整它，当松到要懈的时候，马上就要用紧往回调它。这不是一个问题，而是一个过程。在反复动态调整过程中，就会越来越趋于平衡的状态，你需要在这个过程中不断地去探求最佳的最合适的状态。不断地用中去调它，精度会越来越高。

学员D：这个性每个人都是一样的，它都是跟天性连在一起的，但是每个人的情会不一样，它跟人的差异有关，而且还跟时间和场景有关，我们通过站桩要练的是对于我们情的控制？是这样理解吗？

李光昭：性，你刚才理解得很对，是本性。我们的心、本心，心就是天心，因为天地赋予我们这个心。天心是该怎么样就怎么样，老子说天地无情，就是它没有自己的好恶。老子告诉我们，"天下皆知美之为美，斯恶已；皆知善之为善，斯不善已"。当你说到善的时候，那个恶、不善就同时存在着。它该刮风的时候就刮风，该下雨的时候就要下雨，它是根据自己的运行规律，而不是根据你的要求去做事，所以这是天。我们人一样，人之性是天之性，人之心是天之心，我们要做到该怎么样的时候就怎么样。该善的时候，我们就要与人为善；该恶的时候，我们一定不能够姑息养奸，不能让自己成为东郭先生。有善又有恶,这才是我们真正的本性。

我们会流露出真情,内心的真实反应,这种情往往又会随着外界的变化而变化。我们通过情绪的管控真正能够达到平心、平静的状态。我们对于性的认知,对于情的管控,有具体的功法实修实证,就能达到修心的目的。

学员E:请问一下《四性归元歌》的最后一句是什么?

李光昭:"天地授我偏独灵。"围绕着知性,性、情、意三个方面进行明理的解答,我们怎么才能去知性,须有一步一步修为的具体的方法。在修为过程中,会进一步明理,在明理的过程中会进一步通过有为的方法去修为,在身上得到真感实悟。

站桩的具体要求是:每天早晚站,不低于30分钟。其实无极桩功随时可站,但不是每次都要站30分钟。

注意:早晨站无极桩功,背向东,就是背朝阳,让阳能够徐徐进入身体里面来,补充现在的阳气。傍晚站,在太阳要落山的时候去站,就要面朝阳。我们现在要和它去相合,从这个角度上,要把握的一个是时间,一个是方向。

刚开始站,不要管十八个部位,就按照你现在的站法,该怎么站就怎么站,在学习过程中不断去知规矩、守规矩。

第四章　无极桩功修为遵循的心法

作为太极内功来说一定有内功心法，离开内功心法就不是真正的内功，或者是太极内功。太极内功之内是指内心，外为身，内为心。外指的是有形的身体，有形身体的内和外都是外，只有一个内，就是心。

内功修的就是内，是具体的修内之功，内是心，也就是修心之功。如果离开了修心的心法，就无法进入真正的内功的修为。要想进入太极内功修为，必须要牢牢把握住内功心法的主旨。

我所传承的杨氏太极内功心法，是非常独特又行之有效的核心法则。修心，就要有修心的根本大法，我们叫内功心法。心法本身不从属任何门派，但是每个门派必须有这个大法，又有独具特色的能指导修为的具体心法。我给大家传授的太极内功心法，是在内功大法的基础上通过几代人的修为，在传承过程中提炼和总结出来的非常了不起的、独特的内功心法。这个内功心法在过去绝对是不传之秘，现在我要把它揭示于人，让更多人认知它、理解它、遵循它，以便能够通过功法的具体修为把理法、心法、功法三法合一，进入真正太极内功修为的门径中来。

一、处处求中

太极内功心法是"一求三修"。一求是处处求中。太极内功修为的核心就是求中。你的功夫体现在你能不能够求中、守中、得中、用中。一个人的能力就体现在"中"字上，中华文化的核心和灵魂、底蕴离不开这个"中"字。我们运用各种方法去理解"中"的真正含义，能够去知中，去求中，能够得到中，还要运用这个中。

宇宙万物之所以能够生存、发展和变化，其内部都有一个阴一个阳相反相成、相互为根、相互变转。事物的变化就在于阴和阳，阴和阳的变化遵守着一个相对不变的法则。你掌握了这个法则，就能掌握阴和阳内在的变化，让这两者之间发生各种各样的相互作用。

具体到人的身体上来说，人的身心，阴阳二气是一气周流的，也是遵守着这个法则的。我们遵守这个法则，就能静心凝神、呼吸自然、周身松通，从而达到中正安舒的境界。离开了这个主旨、法则，不是过，就是不及，我们就会出现各种各样的病痛。这个法则就是"中"。

阴平阳秘，阴和阳这两个要平，处在中的状态下，我们就得到了中正安舒、周身健康，所以从根本来说，就是一个"中"字。

所有的变化其根源都是阴阳对立的两个部分相互作用的结果，如果遵守中，你就无往而不胜，就进可攻、退可守。面对困难的时候，你就能够转危为安，顺利向着目标一步一步地迈进。如果失去了这个中，你就会遭受挫折，甚至失败。

求中，不只是太极内功修为的核心法要，也是我们人生运行过程中要遵守的核心主旨。我们是通过太极内功把握住中的核心主旨，同时运用这个主旨调整事物内在的阴阳相互变转，保持住中的状态，在生命运行过程中取得圆满的结果。

所有修为的核心主旨，就是求中。把握住了中，你就把握住了修为的核心主旨，你就知道围绕主旨进行具体的修为。太极内功的核心主旨就是处处求中。处处求中怎么在具体的修为中体现呢？

尽管分了一个阴一个阳，但是它们互为其根，谁也离不开谁，它们要相互变转、相互统一。分了还要合到中的状态，无过不及的状态，立如平准的状态，这个状态是最佳的状态。

松通，是松里面通出来一个紧，那个紧不是僵、不是用力的紧，而是松出来里面有弹性的、有韧性的紧。松和紧两个是对立的，松和紧同时出来了，如果能合到最合适的状态，就是中的状态，松紧出中以后就出弹性了。

中是一个理论的核心主旨，但不是一句空话。我们在松中求出紧来，紧在松之内，松通出来这个紧。紧在松内通，就是求中的具体结果，它就出来弹性了。

比如有一根琴弦，它的两个端点是对立的，谁也离不开谁，分了左右。如果左边叫阴的话，右边就叫阳。它们又是一根琴弦，谁也离不开谁，被固定在琴上的时候，我们调它的两端，调到一个最合适的状态，本来松的琴弦变紧了。这根琴弦，松中出了紧以后，它出来了弹性。你再一拨，拨出音律了。

我们求中，就是在两个对立的方面去调阴和阳，去寻求最合适的状态，那个状态就是中。因为出来中的状态，你就可以在琴弦上弹出美妙的音律来。中的状态是无过不及，恰到好处，调这根琴弦就是求中。

大多数人的身体像是一根硬棍、钢棍，没有弹性可言，弹不出美妙的音律来。所以首先身体要松开，然后调出紧来。阴和阳具体到有形的身体来说，体现在上和下、左和右、前和后，等等。凡是两个相反的都需要调，松了以后要去调，最后调出来一个紧。我们把身体调出似可以拨出美妙音律的琴弦，就出来了弹性。

"相字十六诀"都是两两对立的，松和紧、柔和刚、慢和快、小和大等都是一个阴一个阳。我们把它先分出来两个对立的，有上有下、有前有后、有大有小，然后去调它们的松紧、刚柔、虚实，向"中"上调。最终把我们自己的身和心调得沉稳、弹韧、匀整、灵变，这八个字都是中的具体体现。中国文化就是中的文化，就是太极阴阳而求中的文化。沉稳、弹韧、匀整、灵变是阴阳相合、正反合一。松可以是阴，紧可以是阳，紧也可以是阴，松也可以是阳，但是松和紧总是对立的，是正反两个方面，有松就有紧，有刚就有柔，有虚就有实，这些都是阴阳具体的体现。它们合出中的状态，就无正无反。刚柔合出来韧（韧性），松紧合出来弹（弹性）。无论是韧，还是弹，都没有与之对应的反义。它是中的体现，既是正又是反；它是正反相合而中的具体表现，因此它无正无反。

因此，"沉稳、弹韧、匀整、灵变"八个字体现的是中，这八个字就是我们处处求中的具体体现。我们要在这八个字上做足文章，把求中这一核心主旨，落实到我们的修为中。我们要做到老子所说的"多言数穷，不如守中"，要做到太极内功要求的"得中用中妙用无穷"。我们不要停留在理论之上，而是要修为出沉稳、弹韧、匀整、灵变。如果你面对复杂变化能沉住气，沉稳下来，就能静心凝神；如果面对各种复杂变化状态能灵活地、韧性地去处理，你就可以做到进可攻退可守；如果你面对任何的包围、曲折、困难，还能保持住自己匀整如一的状态，你就是独立的；如果你面对各种复杂变化依然能灵性随机而变，你就是一个了不起的、具有处理任何问题能力的人。

这八个字让我们改变自己的身心，进入老子所说的"多言数穷，不如守中"。得中用中，进入人生的妙用无穷的最高境界中来。

二、反向修义

在处处求中核心主旨下，我们要牢牢把握住三个具体修为的方法。离开了这三个方法，太极内功的修为就变成一句空话，就变成了太极操，就变成身体形式化的训练。

我所传承的太极内功心法，是一个中心，即处处求中，这是核心。围绕着这个核心有三个具体的功法：第一个就是反向修义，也叫反向求；第二个是借假修真；第三个是层层修分。

为什么要遵循反向求这个内功心法呢？其实很关键的问题，就是把握和理解这个"反"字。我们在修为过程中，自始至终就是反着找、反着修、反着求。求一个跟现在的我完全不一样的、完全相反的我，不是在我的基础上怎么去强化它，而是跟现在的我完全相反。也就是说，要

第四章　无极桩功修为遵循的心法

脱胎换骨，重新做人，这是太极内功修为的主旨目标。我们修为的目标就是要彻底地把这个我打碎，重新塑造出一个全新的、跟现在截然不同的、相反的我。

王宗岳说"本是舍己"，本来是要把这个我彻底舍掉的，但是我们舍不掉，不想把它舍去，还拿住它不放。这是我们存在的问题。

从站桩开始，一个主旨就是要把我舍掉，舍掉现在的我。我由两个部分组成的：一个是有形的身体，一个是无形的心。我们要舍掉这个我，不仅要把有形的身体有而回无，舍有归无，现在的心也要舍、要无，要虚其心，因为身体充满了僵滞，心里充满了各种各样不应该有的欲望、想法。要想脱胎换骨，就得让我不但把有形之身，还要把无形之心，都彻底地舍去。脱胎换骨、重新做人，不是修修补补，不是去增加，而是彻底地无了，就是把现在的我一层层损，一层层无掉、虚掉，如老子所说"损之又损，以至于无为"。必须让既有的我有而回无，彻底舍掉，让它无所为。

通过无了我以后，舍了我，反向求、反修真义，求出来一个跟这个完全相反的我。这是我们修为很重要的一个要求，离开这个主旨，就不是太极内功的修为了。

在桩功修为过程中，我们时时处处都不离开反向求、反修真义这个心法的把握和运用。轻和重是完全相反的两种状态。从认知上，轻就是轻、重就是重，因为我们看到了轻的状态和重的状态是两回事。

而现在我们通过内功的修为，要进入一个新的状态，这个新的状态是轻和重回到无。常人的习惯是有轻有重，现在我们要进入无轻无重，也就是说，轻和重是相反的，合到一起以后，合出来一个轻重合一的状态。这个轻重合一既有轻又有重，但是它们既不是轻也不是重，而是一种轻重相合后的状态。这个状态是无轻也无重相合的状态。其实我们求的是一种难以用语言来表述的状态，但是它是真实的，因为它既是轻又是重，既不是轻也不是重，是说不清的状态。这种状态和我们常态的习惯完全不同。

比如做菜，酸是酸、甜是甜，这两个完全不一样，它们是对立的。把它们合起来以后，又有酸又有甜，合出来一种既不是酸也不是甜的新的味道。这个味道没办法说清，但是它确确实实里面既有酸又有甜。既不是酸也不是甜的一种新的味道，你可以意会、可以品尝到、可以吃到它的真实味道，但是你说不出来。

所有的事物都有正反两个方面，都由两个对立的东西组成。真正说不清的味道，一定是由两个对立的完全相反的东西相合出来的味道，这种相反的合出来的东西存在于事物的内部。轻和重两个相反相成，谁也不能离开谁。张三丰《太极拳经》上说"一举动周身俱要轻灵",我们站桩就是要周身松通以后,能够完全轻灵成一个完整如一似孙悟空般的轻灵。其实我们要反向求,真正的轻灵是在重中出来的轻,所以要反着来。

我们要求得轻灵,就要让自己的身体完全松通,松出来一个厚重的沉。脚下是大地、地球,地球对于人都有引力作用、重力作用,作用在我们每个人的身上都是真实存在的。我们本身这个重,是地球对于我们的重力作用,是自然的,是受到地球引力作用的必然结果,是不以人的意志为转移的,它是我们的根。重为根,我们脚下的根就在于大地,就在于地球对于我们的重力作用。我们要轻灵,就要反向求,反着找。下是地球的重力,是垂直向下的,我们反着来,从上找,只要从上面把自己提起来,脚下就轻灵了。也就是一提一落,一轻一重,总之要反着去求。

从表象看,我是提这个杯子,其实我是把杯子的重给提起来了,重是向下落的。向下落的重,我向上把它提起来,它就轻了。其实轻是我提着这个重,把重提起来了。要想得到轻,就要从提重来寻求、来反向求得。

在修为过程中,我们要牢牢把握住反向修义这个心法。我们一生中运用和把握的重要法则,总是在两个中相反地去求。

☯ 无极桩功

老子说"将欲取之，必固与之"，你想要得到就要先付出，要想取得，一定要先给予。付出和得到，给予和取得，这两个是相反的，但是谁也离不开谁，你总是要反向去求它。所以在生活或者事业中，我们抓住了付出、给予，才能得到结果。这个世界没有随随便便的成功，也没有不付出就能得到的结果。因此，要反着去看、去找，因为事物的本质永远存在一正一反两个对立的方面。我们眼睛所看到的，所能感知到的，往往只是事物的表面、表象。要想知道另外一面，就从这一面去反着找，这才是事物的完整和全部。事物的完整的状态，在你看得见的表象的这一面，一定还存在着跟它相反的另外一面。只有这样，我们才能把握住事物的真实。

归根结底，我们要通过舍掉这个我得到另外一个不一样的我，也就是相反的我。只要一相反，那个我就真实地出来了，我们就能求出那个真我。想找到那个真我，我们就跟这个我反着找。不是离开这个我去找另外一个我，另外一个我就是这个我的相反。我们所有的修为都贯穿了反向求，反向求出来的才是我们要找到的、要求得的真实，所以要跟它反着来。

从无极桩功开始，我们不断地跟这个我告别，反着找。它有形，就让它无形；它自己做动作，就让它自己不再动。也就是要把有形的身体、实的身体给虚掉。实的身

第四章 无极桩功修为遵循的心法

体虚掉了，由实而转虚的那个我，才是我们反着求出来的那个状态，才是那个真实的我。

常人的习惯总是要用身体做任何事情。我们现在要反着找，就是现在我不再用这个身体自己的变化，我会得到一个相反状态的我。如果不再用这个身体的话，这个身体就虚掉了。我们要通过修为得到一个真实可用的身体，但是修为以后的身体跟我们原来的身体是完全相反的。原来的身体是它自己动，现在我们让它自己不动。当它自己不动以后，它能该怎么动就怎么动的时候，那个时候的身体才是一个真实的、有用的、可为的身体。通过把原来的身体舍掉以后，舍出来一个像拳论上所说的"勿自伸缩"，自己不动，处在静而被动的状态，没有自己的主张，没有自己的主动，这个身体才是随意而为、随势而动、随机而变的真正有为的身体。这个身体才是自然的、松通的，才是真正我们要找的有为的身体。

我们从桩功开始，就要把所有对于这个身体本身的自动、有为，有而回无，由动而静。春风一吹柳树枝动起来了，柳树枝随风摇曳摆动，摆动得非常自然，是因为它自己不动，是被风吹动。我们的身体要做到像柳树枝一样，自己虽然不动，静静在那里悬挂着，但是风一来就随风该怎么摆就怎么摆、该怎么动就怎么动。

从无极桩功开始到浑圆桩功，我们要牢牢把握住反向求这个太极心法。有形的身体是实的，我们要想让它虚掉，就要弱化它。我们不是修为有形的身体的力量、速度、反应，而是练得它不反应、练它自己的不作为，让它能够自自然然地在这里听命。要把这个身体实而虚、有而无，关键就是要忘掉这个有形的身体。我们并不是消灭它。有而回无，并不是它真的看不见了、摸不着了、不存在了，你肉眼依然能看得见它，感觉得到它还存在，但是你所看到、所摸到的这个我，已经不是你原来所看到的、摸到的那个有形的我了。

虽然身体有形，我们站桩，要站出来好像它没有了一样，这就是忘的状态。我们让这个身体通过反向求达到忘形的结果。反向求，要想让这个身体实的虚了，就必须把虚的那部分真实了，从实中去求它的虚、变成虚。我们要把实的虚了，那个虚的部分就要实了。要想忘掉这个形，我们就要把虚的这部分实了，把看不见摸不着的变成一种真实的感觉。有形的身反着求，就是把有形的身忘形。还有无形的心，它看不见摸不着，我们找不着心，就去找心的代表。意，心的声音，上音下心。人是一种具有高级智慧的灵性生物，有思想、有头脑，无形的心产生了意象、意想、意念、意思、意见等，产生了意。这个意就是我们内心的代表，它看不见摸不着，是虚的。虚的意要把它虚出真实的感觉来，也就是得到一个意的真实。这个形，忘形而虚，我们要得到这个意，得意而实，所以反向求很具体。形要虚、要忘，虚的意要实、要得，一个忘一个得，一个实一个虚，总是反向去寻求，找到它真实的存在。通过太极内功的心法修为，我们让有形的身体虽有而回无，无形的心意无而真有。得到意的真实以后，这个意才真的能够主宰我们那个实而虚之以后的形。这是在修为中要牢牢把握住、运用好的。

内功修为的核心主旨，要忘形而得意。得意忘形这四个字在日常生活中是一个贬义词，我们也是反其意而动。太极内功修为，恰恰就是要得意忘形。得意忘形的真实含义是我们通过具体的修为忘掉有形的身体。要想忘掉它，就得有一个意的真实。通过忘掉，舍弃它、舍掉它，能够求出一个真实的另外的我。只有把它给忘掉了，我们身体才真的能中正安舒，静心凝神、呼吸自然，周身才彻底的松通。所以我们要在"忘"字上去做文章、下功夫。

太极内功，特别是桩功的修为，就是要让我们的身、心得到彻底的改变。这种改变让身体能真的达到自然松通的状态，在这种状态下百病皆无。太极桩功对身体恢复到正常状态，对疾病的康复都有非常好的作用。

近些年来，有一些学生得了重病，甚至是不治之症，但是通过修为以后，身体稳定了、恢复了。当初很多的医生预警，他们的生命已经到了有限的程度，但是他们该怎么活还怎么活着，结果活得很健康。太极内桩功的好处，能让你忘掉病痛，因为你把有形的身体都忘掉了，做到身心皆忘，你就进入另外一个境界中去，身体真的能够松通。因为忘而达到完全自然的状态，这是人本原的状态，在这个状态下能恢复到自然本原的健康状态，你就因忘而得到健康的身体。

很多人得了一些病，总是忘不掉它。这个时候，你要相信身体在本原自然的状态下，能达到平衡的状态，内在的阴平阳秘的状态会得到正常的恢复。你要通过自己内在的调整，使身体恢复到本原自然的健康的状态。把病痛忘掉，忘掉有形身体的存在，我们进入这种境界中来，彻底改造、改变现在的状况。老子告诉我们，身体之所以有大患，是因为有这个身体。当身体没有了，你忘掉了，好像它不存在了，老子讲"吾有何患"。太极内功反向求的法则，就是要忘掉它，舍弃掉它，让生命进入崭新的另一个状态。这个忘确实很难，所有的困惑、问题、苦难、痛苦，都是因为我们忘不掉所造成的，你忘掉了就没有了。你心拿住不放，身上拿着不放，造成身心的僵滞，久而久之就是病，所以我们要忘掉。所有的事情，是不以你的意志为转移的，不是因为你想改变，它就能够按照你的意志去办。太阳升起来了，就一定会落下。太阳落下，月亮就要升起。今天过去了，一定是明天。你拿住它不放，这只能给你造成僵滞。你反着求、忘掉它。要想忘掉，你就反着找，要去得这个意。这是太极内功心法的核心原则。

三、借假修真

太极内功的修为就是要跟这个我反着来，反着来就是要把有形的身体忘掉，无形的意真实起来。但是我们遵循着反向求进行内功的修为，是不是就能让自己有形的身体实的虚了、无形的意虚的实了，真的能够做到忘形而得意吗？要想达到这个结果，我们还要牢牢把握住借假修真这个修为心法，也就是我们要把假的、没有的、虚的修到真实，修出真义来。

假借、借假，是太极内功修为，特别是桩功修为的心法法则。掌握了这个方法，就能很快进入内功修为的核心体系；离开了这个方法，就无法得门而入。很多人练功多年依然在门外徘徊，不能得门而入，就是因为他们没有把握住这个核心的修为方法，没有掌握内功修为的法门。借假修真是太极内功心法的一个核心法门。我们要把虚的修实了，就得要假借。

大成拳大师王芗斋说，借假修真是他在站桩中一个很重要的要求。站桩要把无的站出有来，把假的要站出真

◐ 无极桩功

来，这是核心要求。我们在站桩的时候，要把它给站没有了，有形的身体要实而虚之，要忘掉它。我们要站出一个真实的意，这是关键。把意站出来，有形的身体才能有而回无，无形的虚的空间，才能虚而真实、无而真有。怎么才能真有呢？假想，靠假借。王芗斋说，我们一站以后这个地方不是无，而是有，不但有，如入险境，我们站的空间处于非常危险的境地，豺狼虎豹把我们围起来了。我真实地感觉到危险和危机的存在，站出来一种危机感，站出在险境中能从容面对、应对的真实的状态。当你身陷豺狼虎豹等动物的包围之中，你有真实的感觉，把它站真实了，你就可以从容应对、脱离险境。如果你胆怯、害怕了，你就会受到周围这些豺狼虎豹的侵害。这个时候既能让自己静心凝神，又能呼吸自然、周身松通，这样你才能够做出来各种自然的反应。要站出这种真实的状态。

我们站桩，把周围的无站出有，无而生出有、假而成真。假修真义，借假修出来真实的感觉。那时候的身体处在一种能自然反应的、从容面对各种局面的真实的状态，这种状态是要修炼出来的。这种状态怎么修呢？假修真，我们不是真修真，不是真的把自己放在有豺狼虎豹的状态中去，而是在没有这个状态时要修出来一个真有，也就是平时无敌似有敌，没有的时候我们修出来一种真有。我们站桩的时候要站出这么一种状态来，这种状态是假修真的状态，是借假而求出的真实的感觉。

要把自己给站松通，重而出轻、落而有提，一上一下，我们要把身形忘掉。无极桩功中有一个重要的修为方法，就是想象百会上有一只大手提着我，就是把这只手求真实了。当这只手真实地提着我的时候，我的身体是松通的，被它提着，我忘掉它了。但是这只手是假的、是没有的，我们要修出来一个真实，修出来一只假而真有的手。

日常生活中，总是把真和假两者对立起来，总认为假的就是假的，真的才是真的，这是常人的思维习惯。但是它停留在表象上，因为我们看到的表象的假是假的，我们看到的真其实也是表象的真。

我们要修为出一种不是眼睛所看到的真和假，而是要看到在无的本原里内在的两者之间存在的真实。其实真实的东西往往是被我们在假中求出来的。艺术就是假而真、无而有、虚而实那种意境的东西。艺术的真实，是在无中求出来的。

齐白石画虾，不是写实，而是写意。他用墨几笔就把虾画出来、点出来，是死的、是假的。但是这个假，假出来了真实的生命力，才真的是艺术，是假出来的真实，才是真正的真，才是极为可贵的内在的真实，他把它内在的生命的活力假而求真地画出来了。这幅假的虾画，能够赋予活的生命，你一看画面中的虾，在水中游起来了，是有生命力的，它是活的。齐白石画的一只"假"虾价值非凡，因为它是艺术的真实。

我们要通过桩功的修为，进入一种艺术的境界，去品味生命中那种说不清的内涵的真实，这才是我们要求得的真实的意境。这个意境是在反向求的基础上，通过借假修真而修出来的真实的、说不清的品味和意境。桩功的修为绝不是就形修形、就实修实、就真求真，恰恰是相反相成的，是在假中去寻求它的真实。这种假是假借，就是意上的真实。假修真、反向求，都是太极内功修为核心的心法。

除了在桩功反向求、假修真以外，我们也一样可以把它融合在生活中。比如早晨起来刷牙，总是习惯挤完牙膏，拿着牙刷漱口刷牙。你可以从这个小的动作反向求，之前习惯用牙刷刷牙，现在反着来，用牙来刷牙刷。牙刷不动，你未必能做到，很不习惯，真的让你反着来以后不一样了。实际上手里面没有牙刷的时候，可以从正反两个方面来体会它，正向来说，没有牙刷，要修出来像有牙刷一样的感觉，无而生出有、假而修出真，真的有牙刷在和牙相互刷的那种作用，由正向再假修真，求它的反向求，用牙和牙刷去作用，久而久之，就真的感觉到了。

我的一个学生患了颈椎病，经过反着找以后，颈椎病好了。由于你总是习惯于正向的东西，久而久之僵化了，失去弹性了，必须要反着走，你会得到另外一个跟它完全不同的结果。比如拿梳子梳头，梳子动头不动，现在梳子不动头动，这都是反着求。

太极内功心法一求三修，就是处处求中，要反修真义、借假修真、层层修分。在具体的功法修为中，离不开心法的作用。离开了心法，这个功法就成了无源之水，成了单纯的形体动作。我们运用心法主宰功法的修为。

四、层层修分

宇宙万物无时无刻不在发生着变化，不管怎么变，它内部一定是阴阳的分合。王宗岳说"动之则分"。动的本质是分，宇宙万物变动的原因和本原是分。但是分的过程中它们还要合，合还要分。宇宙万物之所以发生着各种各样的变动、变转、变化，是因为它内里存在着阴阳之分。只有分清楚对立的两个部分，我们才能透过事物的表象抓住事物内在的本质、本原，才能真正认识事物真实的内在的本原状况。

所有的事物一定有一个外面的表现，还有一个内里的主宰决定着事物生存发展的各种变化。我们看得见事物表现出来的表象，但是事物生存发展变化的内在主宰，我们是看不见的。我们要掌握事物真实的状况，就要分清表和里。所有表现出来的表象，是内在变化表现出来的一种现象。我们根据表面现象去分析、认知内在的变化，所以要分出来表和里。

中医八纲，阴阳、虚实、表里、寒热，也是要分清楚的。只有分清楚它以后，我们不会误以为表面所表现出来的状况是真实的，同时透过表象能够直达内里、核心。

太极内功也一样要分。人由两部分组成，一个是有形之身，另一个是无形之心。《人身太极解》中说，"心为一身之主宰"。人一身之主宰是我们的心，身体上外在所表现出来的所有状况都是内在主宰所决定的，也就是内心所决定的。我们要认识自己，就一定要分，分出来有形的身、无形的心。

有形的身，看得见摸得着，而且能感觉到，它的反应都能把握住。但是身体所产生的变化、状态，只是一个表象，其根本原因在于内心的状况。我们不是在表象上做文章，而是要抓住主宰它的内里的本原的部分，要从根上去解决。中医学，以治本为主，不是治标。痒、痛的根本原因是由于内在的主宰。

要理解分，一定是不离分，时时分、处处分、层层分、永远分……因为分以后才可能有变化，动力就在于分，所以分是宇宙万物本原的状态。因为事物所有的本原是不断分、层层分，永远要分，所以要不断认知分，还要一层一层去分。

世界上的万物都是永远可分的。身本身又分出来表和里、内和外，皮为表、肉为里，肉为表、骨就为里，所以它要层层分。无形之心是意，分出来一个意，外为形、内为意，实的为形、虚的为意。意又分出来身内意和身外意。身外意还要层层分，依然还有内和外，一层一层的，其大无外。

一层一层分，永远可分，这才是事物真实的本原的状态。太极图就代表宇宙万物存在的本原状态，是一个阴一个阳、一个黑一个白相对立的两个部分。黑中有白的眼睛，白中又分出黑的眼睛。阴里面又分了，阴中有阳，阳里面又分了，阳里有阴。黑鱼中的白眼，白眼白中依然还有黑，黑中依然要有白。其实白眼一放大是太极图，黑眼一放大依然也是太极图。分才是所有生存变化发展的动力。只有分出高和低，高下相倾才会产生力量。

世界上永远有富就有贫、有贫就有富，因为分出来了，贫的向富去努力，他才能变富。分了以后还要合，富裕起来的人要帮助贫穷的人，让他们也去致富，社会的生产关系就由分而合向着完美的状态前进了。

包括我们的生命，只有层层去分，在分中又产生分而合的变化，我们的生命力才旺盛，才产生灵变灵动的主宰作用。层层分是太极内功修为的核心法则。

老子"功成而弗居"这句话,也是太极内功所修为的始终如一。开始和结束永远是此两者同出的,结束了就是新的开始,新的开始就是前一阶段的结束,下一阶段的结束又是一个新阶段的开始。只有这样才真的能够永分无疑,能够永远滚滚向前。成功是阶段性的,我们要永远向着更高的目标去努力、去进军。层层修分是我们要把握住的一个心法,我们时时处处要运用层层修分让身心得到实证实修。

第五章　无极桩功遵循的修习法要

只有遵循了修习法要，我们才能够不断深入改变自己的身心，才能够重塑一个真正得道的、健康的、完整的我，才能够把握生命运行的轨迹，甚至可以说能活好每一天，能明白地活着。

一、四个方法：看、听、摸、悟

进入太极内功具体的实修实证阶段，我们要牢牢把握住"看、听、摸、悟"四个具体的方法。

"看、听、摸、悟"四个学习方法，不仅在修习桩功中要认真遵循，恰当运用，而且要贯穿拳修的始终。因为太极内功的修习是从内入手的，它是通过自己的有形之体，去体会内里的那个看不见的部分。那个部分如果称作阴和虚的话，那么，太极拳的内功修习就是以虚为主，以空为大，以内为重。既然虚、空、内是无法用肉眼看见的，那么怎样才能感觉到它的变化呢？方法就是"看、听、摸、悟"。

"看、听、摸、悟"四个字是我所传承的太极内功修为独具特色的四个重要的修为方法,是前人通过多年反复修炼实践,不断提炼和总结出来的四大有为之法。"看、听、摸、悟",是太极桩功修为的入门之法。

中医遵照"望闻问切"的方法,才能对病人有全面的了解和认知,才能把握病人内在的变化,才能对症下药。太极内功的修为同样要把握住"看、听、摸、悟"四大法则,这四种学习方法,如同中医看病的"望闻问切"一样,是程序化的、不可或缺的。

"看、听、摸、悟"这四个方法,是眼看、耳听、手摸、心悟。"看",是用眼睛看,只有用眼睛我们才能看到事物外在的形状、颜色、状态。"听",要靠耳朵来听,不管是潺潺流水之声,还是下雨打雷的轰鸣,离开耳朵都听不到,就对声音没有正确的反应。"摸",靠有形的身体,特别是要靠手,通过手摸对事物表面的状况、形状有真实的认知。"悟",是入心、心里明白。

但是太极内功的修为,绝不仅仅停留在用眼看、用耳听、用手摸、用心悟。因为眼看、耳听、手摸、心悟不用修为,是人之本能。事物的本质,是在内里的变化,不在外面的表象。

我们要深入了解事物内在的本质,靠眼睛看不见,靠耳朵听不见,靠手摸也摸不到。如果单纯是眼看、耳听、手摸没有产生心里的觉知的话,你并不知道事物的全貌和真实,因为你所看到的、听到的、摸到的都是表面的状态在你内心所产生的真实反应。

我们表面所看到的,往往跟内在的真实又是完全相反的。表面的真实并不是事物本原的真实。如果我们仅仅依靠自己的眼睛看、耳朵听、手摸,就会被假象所蒙蔽,我们对它们所产生出来的感应往往是背道而驰的,往往是眼睛欺骗了自己的心。要去认识事物的真实,透过表象直达事物的内里,把握事物内在变化的本质,我们就要靠另外一套系统。人有两套系统:一套是有形的感官系统,就是外在的眼睛、耳朵、鼻子、嘴、手等组成的系统,这套系统对所有外在事物的表现有反应和感知。另一套是无形之心的内系统,这套系统也是一套完整体系的系统,不是谁都能够把握和运用。要想开发和调动内系统,必须经过修为,它才能真的为你所知、为你所用。

我们不仅有有形的"看、听、摸、悟"外系统,还有无形的"看、听、摸、悟"的内系统。太极桩功归根结底就是要开发内在的"看、听、摸、悟"系统。有了这套系统,我们才能看眼睛看不见的内在变化,听耳朵听不到的内在声音,触摸到手所摸不到的感觉,才能由表及里,直达事物的内在。我们通过"看、听、摸、悟"这四法来运用、开发这套系统。

☯ 无极桩功

我们从无极桩功开始，就是要把这套系统开发出来。如果外在系统"看、听、摸、悟"靠的是外在有形的身体、感官的话，那么内在系统"看、听、摸、悟"是靠内在的神、意、气。通过神意气去看眼睛看不见的内在反应，去听耳朵听不见的内在变化，触摸感知内在的动作变化转换的真实，我们才能把握到事物内在的真相。"看、听、摸、悟"其实是两套系统，我们通过外在感官的"看、听、摸、悟"这套系统，同时运用内在的神、意、气去"看、听、摸、悟"直达事物内在的本原，就能把握住事物完整的真实，既看到外，也拿住了内。

在运用"看、听、摸、悟"来开发内在系统过程中，我们是向内修，而不是向外求。也就是说，我们不是在看外在事物的表象，而是先看眼睛所看不见的内在的真实。我们在跟自己对话的过程中，真实感知到心里所发出的声音的状态，这个心之音就是意。太极内功的修为，在"看、听、摸、悟"的过程中，实际上是跟自己对话，是内观自己的内在主宰。我们把握住了内在主宰的状况，也就是神意气的内在运行，就能决定外在有形之身的状况，才能真正把握住生命核心完整的主旨，掌握生命运行的全部。"看、听、摸、悟"这两套系统，是一内一外，我们要以内主外，由外入内，在本能的基础上修为出内在的神意气，来调整整个生命运行轨迹的内在原动力。

太极内功修为，是在一个中心、三个基本点，一求三修内功心法的基础上，运用"看、听、摸、悟"的内功四法，把内外两套系统合而为一。这样我们在具体的功法修为中，就能沿着正确的方向把握住身心相合、内外相合、完整如一的自我状态。

《太极拳论》说："由着熟而渐悟懂劲，由懂劲而阶及神明。"太极内功修为的最高境界是阶及神明，这个境界是我们追求的最高阶段、顶峰。运用具体的修为方法一层层、一步步向着神明的境界进军，这是我们所有修为的目标、方向。其实人们最终都在向着同一个顶点进军，只不过他们的方法、路径不同。

二、五个阶梯：敬、镜、净、静、境

中华民族文化的核心受到道家、儒家、佛家文化的重要影响。道家文化是中华民族文化最本原的本土文化，体现方式之一是太极阴阳学说。儒释道三教归一，都是在追求一个境界。

《杨氏太极拳老谱》中的《口授张三丰老师之言》开篇讲"三教归一之理"，杨氏太极是以道为核心，充分尊重和运用儒家、佛家所阐释的对于事物的认知和与之相应的修为法门。儒家、佛家、道家三家在归一，在追求一个境界，这个境界是人生的最高境界。

儒家讲的是敬，佛家强调的是净，道家提倡和主张的是静。儒家的敬、佛家的净、道家的静，虽然是三个不同的敬、净、静，但是直达一个境界顶点。太极内功修为既有儒家的敬，又要有佛家的净，同时还要有道家的静，最后才能到达这个境界。

太极拳、太极内功源自道家的主体思想，是中华文化核心集大成所产生的一种修为的有为法门。它是在道家主体思想下融合儒家、佛家的内涵真义，统合成的一个完整的体系。这是我所传承的太极内功体系核心的主体特征。

如何把儒家的敬、佛家的净、道家的静统合在一起，我们就要找出一条过河的船、筏子。不是理论上的理解，而是实修实证，通过具体的可操作的有为之法，我们才能够真正到达这个境。

太极内功修为的核心是把这个筏子修出来，这个筏子就是镜。只有找到这面镜子，你才有可能让自己更真实地干净起来，才能真正让自己归静。这面镜子，把敬、净、静统合到最高的境界中来。关键问题是在理解敬、净、静的基础上去修为镜。这个镜就是具体的有为之法。我们以镜为筏，通过敬、净、静渡到最高的顶点上去。

敬、镜、净、静、境，可以说是太极内功修为核心主体的五个内容，它充分表现和体现了太极内功修为的目标、追求和具体的方法。关键是找到镜。同时我们要对敬、镜、净、静、境有一个明确的认知和理解。

1. 敬

（1）敬重

敬，从儒家的角度是敬重。通过敬，让我们产生一种敬重的内在情怀。只有学会敬重他人、敬重父母、敬重朋友、敬重天地，我们才能够品尝到人生的百味。我们要怀着一颗敬重之心，因敬而动，因敬而尊，有了敬才会动、才会尊。懂得敬重、尊敬他人的人，才是高尚的、有品德的人，同时也是值得别人敬重的人。人和人之间，首先要敬重而尊。能不能敬重而尊，是为人处世的重要法则。

（2）敬畏

在敬重的基础上，我们产生敬畏，由敬而产生畏。这个畏不是胆怯、不是害怕，而是小心，处事的时候要有一种敬畏、收敛。只有有了敬畏，小心谨慎行事，才能知道什么事不该做、什么事该做，才能有所为、有所不为，而不是为所欲为。

孔子说："君子有三畏。"一个有道德的人一定能够做到"三畏"：一畏天命。就是要敬畏天地之命，因为是天地给了我们万物，给了我们生命，给了我们所有的生存和发展，因此我们要尊天命而为，而不是为所欲为，无所顾忌，违背了天命必受惩罚。二畏大人。大人是有道德的人、有品德的人、尊天命的人。因为这些人是敬天命的，因此我们要敬重他、敬畏他、向他看齐，来规范我们自己的言行和举止。三畏圣人之言。圣人是合天地之道的人，圣人所说的话、圣人的告诫，都是尊天地之道，所以我们要对圣人所说的话由内心产生敬畏而信之情感。也就是说，要遵循圣人之言规范我们自己、完善我们自己。所以为人处世要怀有这种敬畏之心。

（3）敬事

《论语》中说："敬事而信。"当我们对所有发生的事物怀着敬的心的时候，我们会很谨慎地去从事，不会盲目。对于任何事情都能够谨慎而处的人是有修养的人，是值得信赖、信任的人，不是毛毛糙糙、顾头不顾尾的人。曾国藩说："凡事当存谨慎俭朴之见。"任何事情都要用谨慎俭朴这种处事的方法去对待，才能立于不败之地，才能把事情做好。以敬事的心态去谨慎面对，才能遵从事物发展内部运行的规律而随势而为、随机而动。一个谨慎处事的人，不是畏畏缩缩，也不是小人得志必变猖狂的人。

2. 净

佛家讲空净。要在虚中不加一毫丝，要干净，特别是要洁净，就是要让自己全体透空，玲珑剔透，没有一点杂质。当你洁净、纯净到这种状态的时候，才真正进入神明的境界。

贪心或畏惧等欲念占据你的内心，让你的心里面不干净。内心的不干净就造成你身体的问题，所以要从内心干净入手。佛家讲放下，把放不下的东西要全部舍弃，全都要放下。老子说"损之又损"，也是把所有拿着不放的，都应该舍弃掉。只有达到这种干净的程度，才真的能够空了。佛家讲"真空生妙有"，正因为空，空出来一个真实的美妙的东西，空出来一个美妙的真实。到底净不净，自己不知道、看不见，我们就需要一面镜子，照一照自己，才知道是净还是不净，到底净到什么程度。

3. 静

道家讲静，老子说"归根曰静"，就是回到最本原的状态。宇宙万物本原的状态就是静，静才是根本的状态。归根才回到你生命的本原状态。

内心充满了私欲，总是自以为是，这样去为人处世，就一定不能进入最高的境界中来。只有通过这个镜子才能够让自己洁净而进入到静笃。镜子在虚空处，不在有形的身体上。镜子反映出来的那个人、那个我，是虚的我。你在镜子里面所看到的你，是真实的你，但它是虚的。这个我是实的，是镜子外面的。你要找到这面镜子，就要在虚空处求真实，也就是从无极桩功开始要把无形的身体实而虚掉，虚出来一个无形的内在的镜子，那面镜子体现在神、意、气三个方面。有了神、意、气，你就把握住了那面镜子。运用神、意、气，你才能了解到内在的真实状况。把握住"敬、镜、净、静、境"，才是人生的最高境界。这个境界是神明的境界，到了这个境界，你就回到了事物本原，事物所有的变化都源于它，也最后要归于它。

我们遵从一个中心、三个基本点的修为法则，恪守着一求三修内功心法，运用"看、听、摸、悟"的方法，沿着"敬、镜、净、静、境"的阶梯，达到人生最高境界的追求目标。这也是太极桩功修为的核心主体，主旨要求。

学员A：我们一直在讲人之一身心为主宰，虽然我们修为的目的最后是希望让身可以去听从心，是不是反过来我们的心也要去听身的感受。比如去听自己现在身体的状况是怎么样，去感觉一下自己身体有没有不中、有偏差的地方，我想请问一下老师，反过来是不是也有这个意思？

李光昭：作为我们每一个人来说，一个就是有形的身，叫阳；一个是内在的无形的心，是阴；现在这两个要合到中上。合到中上以后，心能够主宰身。不是说离开中让你的心去主宰身，也就是说你的心想要怎么样，你的身体就能怎么样，这不是我们修为的主旨。我们恰恰要解决的是，从心法去处处求中，现在不中的问题，不是身的问题，而是心没处在中的位置上。你有偏心，不是偏这边就是偏那边，所以现在是心要求中。但是阴和阳这两个对立起来，合到一个点上，合出来沉稳、弹韧、匀整、灵变。合到这个状态，一衡量你的心就不符合中的状态。不符合中的状态，心还要指挥身体，身体就不会自然而然地服从你的心，更别说你的心没有能够处在中的状态。通过修为以后，你的心首先知道调到中的状态。让身服从心的指挥、服从心的主宰，身心就合到了中的状态，这是身心相合。

心不中的原因是，你自己心的想法。求中的心，就是没有分别心。而我心是有分别心，有感情色彩，有自己的喜好，但是本心来说是无，那才是中，好和坏合在一起就无好无坏，那个心是天地之心。我们运用功法以后首先把心调到中的状态，中的状态是中空、中无，这时不是强化你的想法，而是要消除你的想法，让心回无以后，那个心才是本心，才是求中的心。这个心再去指挥身体，让身体能服从这个心，就符合了天地之间宇宙万物运行的本原规律，符合了阴阳相平衡而处中的最佳状态。

我们在心上去求中，也就是中最后表现在身体上，沉了、稳了、有弹性了、有韧性了，但是这是结果，那个中就是中心，就是你的心。你的心就是要中，没有分别心了，摒弃现在我之心，回到本心上来，本心就是中心、求中的心。我们求这个中是在心上去求，运用具体的心法去求，可是又要在身体中去表现它。心不是处在中上，还在分别心的偏倚上，没有合到中上，身体是有反应的，也就是你身体不通，松和紧不能合出弹性的中来。这个表现在身体上，你的心还是有分别心，这个分别心指挥着你的身体，你的身体一定是不中的，是出不来弹性的。我们是身心同修，以身修心，但是主旨是心，心的解决是放弃以我为主、放弃你现在的心。我们最终的修为要做一个"大手术"，把现在这个心给变了，变成一个无分别心的心，用那个心去指挥身体，就会得到一个中的结果，就能达到沉稳、弹韧、匀整、灵变。

学员B：您在讲借假修真的时候，为什么不想象是真实的一个环境，而是一个很危险的环境？

李光昭：在借假修真中不是只能借一种危险的境界，

而不能借非常平和的境界。其实在平和中能居安思危，在面对危险时就能从容面对，这是我们修为的目标。因为我们很多时候是处在复杂的困难的逆境中，如何转危为安是我们修为的关键。假修真以后，在逆境中能从容自然面对，冲破重重的险阻，一往直前，这样的人不但能转危为安，还能在顺境中防止危险的出现，他在顺境、逆境中，保持始终如一，立于不败之地。我们在反向求、假修真的时候就在不顺、危险中去寻求，来修为从容面对的能力，并不是只在假想中修为。

学员C：我以前在读书，读到借假修真这部分的时候，突然发现旁边到处充满风险，自己会变得很警觉，要开始去做一些可能的反应，身体反而是有点放松，不晓得这样的体会合不合乎这个道理？

李光昭：其实借假修真，是我们在无中去修出一个有。没有在战场上拼杀过的人，基本上一上战场就会变得恐惧。我们一辈子可能都没有上过真的战场，唯一的办法就是借假修真，也就是借假、假借。这种状态的转变是需要修为的，是需要不断改变的。比如站桩的时候，前面有一个力气很大的对手，你怎么才能让自己进入始终如一、不丢不顶、完整松通的状态，把它真实起来。这种真实对于你自己的身心会有一种真实的反应。你能够从容面对这种真实的反应的时候，你就有了一种能力，真是有一天遇上一个对手，你就能回到你当时没有他的时候是怎样面对的，你能左右的就是通过借假修真修出来有他或者没有他，都能把自己调到完整如一、自然而为的状态，这是关键。

其实在一开始借假修真的时候，这些反应都是必然的过程。恰恰是因为这些必然的过程的存在，我们才要一层一层地修、一层一层地损、一层一层地去解决，不是一下子就能够真实起来了。尽管面对这样的危险境地，但是你都能够从容面对、静心凝神、呼吸自然、周身松通，这是修为很高的境界。

学员D：您在讲到敬畏的时候，说畏不是怕，是小心、收敛，是知道什么该做、什么不该做，这个对我有很大的触动，给我带来很大的启发。因为我有时候做事情很难把握一个度，不晓得怎么样才比较好，无过不及。请问如何把握这个度去求中，就是不会太超过，也不会不够？

李光昭：你能把它运用到你的为人处世、生活生命中去，这一点非常难能可贵。其实我们修为，就是要把它融入自己的生命和生活里面，让它起到引领的作用。

畏，是畏惧、胆小、软弱、怕事，遇上任何事情都畏惧、恐惧。"敬畏"这个词加上敬以后是对畏抱以敬的心态，这个畏不是害怕，不是把你变成胆小怕事的人，而是让你对事情的把握要有一个原则、一种边界，你对这个边界要敬重。太极内功求的不前不后、不丢不顶、无过不及，是你要敬畏的法则。当你敬重这个法则，在处理任何事情的时候，你既不会胆大妄为，也不会胆小怕事。有了敬畏，你总能够把握住无过不及的度。

这个度的把握，实际上是要经过修为的。因为每个事物在发展变化过程中都有自己的状况，是各不相同的。首先任何事物都有一个度的要求，都有一个无过不及的原则。这个原则是要经过实践和修为的，它不是条理化的东西，而是一种能力、一种认知。当你把握住内在的认知的时候，你就会尝到这个味道。就跟你做菜一样，最后品的是一种味道，不咸也不淡，恰到好处。在修为过程中，首先要把握好这个度。在内外合一、虚实变转过程中，掌握最恰当的度的情况下，你就品尝到了度是什么味道。这个味道一尝了以后，你用这把尺子去处理任何事情就能做到无过不及，所以关键是通过桩功修为，在自己的身心中、在虚实中、在变转过程中把握住最恰当的状况。它们合一了，不多不少了，求中了，到了最恰当的合适位置了。

中的状态是过和不过两个对立的东西合在一起了。合在一起，就是求中的状态，无过不及了，也是空的状态。

你用中的滋味去衡量和把握，一定会达到无过不及的结果。通过具体的修为，一步一步地去品尝到这个滋味，把握住中，把握无过不及的尺度，从自己这儿求，从自己这儿找，这是修为的主旨要求。

第六章　无极桩功的三求

从明理的角度，无极桩功有三个基本要点，我提炼为"三求"。第一求，求的是定；第二求，求的是分；第三求，求的是意。你要明无极桩功之理，就要围绕着这"三求"，达到身心的真正的改变。这"三求"也是无极桩功明理核心的三个要素。

一、求定

无极桩功的修为实际上是要求出中定来。不只是无极桩功，所有太极内功修为核心的内涵真义，都是求中、求中定。运用无极桩功求中定，就是站出自己的位置来。站到了中定的位置上，求的就是中定。

无极桩功一个重要修为的内容，就是站位。站位，必须站在中定的位置上。只有在中定的位置上，你才能产生各种各样位置的变化。中定是最基本的位置、最核心的位置。

很多人一生中，不管是事业、家庭，总是不尽如人意，根本原因就在于他们没有找准自己的人生位置。每个人的先天条件、本性、本心各有不同，但是都有一个共同对位置的要求，就是一定要站在中定的位置上。当然每个人中定的位置不一定一样，但是一定要遵守中定的法则和基本内涵。很多人活得糊涂、不明白，就是不知道自己应该站在什么样的位置上，自己在中定的位置上是什么样的状态，他们一生中都没有找准中定的状态。关键问题，第一个就是站位，无极桩功就是要求从站位开始，找准自己的位置。你应该站在自己的中定位，去真实体会站在中定的位置上是什么状态，离开中定又是一种什么样的滋味。你虽然每天都要动，但只有在不动的状态下才能找到中定位置的滋味。下一步就是动起来以后，守住中定的位置相对动态的不变，就需要在动的过程中，找到与不动状态的中定的滋味同样的感悟。在应对万变的过程中，只要在身体上、心里面真感实悟到了中定的位置的滋味，你就能在变化中不断调整回原始的中定的本原状态。

　　站在什么样的位置才是中定呢？《杨氏太极拳老谱》第一篇《八门五步》指出了中定的位置。进、退、顾、盼、定，对应金、木、水、火、土，也就是要站在土位上。只有站到这个位置上，你才可能向前迈步、向后撤退，向左向右，才能全方位在动态中变化自如，依然是守住中定这个相对不变的状态。守中定，是人生一个成功的法宝，因为宇宙万物没有一刻停止变化。

这个变化是本原，是必然，是不以人的意志为转移的。如何在万变中始终如一地守住独立守神、独立不改的中定，是修为的关键。我们不是去修为那些万变，而是要在万变中有一个相对不变的我，以不变的我去应对万变。只有保持平和的状态，才能从容地面对、应付各种复杂的变化。无极桩功修为就是要站出来守中的本原的状态。能守中，才能把握人生的法宝。

老子说"多言数穷，不如守中"。事物变化万千，看得眼花心乱，应接不暇，但是我们不被它所迷惑，能在乱中保持清醒，保持不变的自我的独立守神的状态。

无极桩功的修为，是通过有为的拳法修出来人生根本本原的能力，这才是我们人生要寻求的大智慧。保持住如如不动、独立不改、独立守神的看似愚钝的我，可以说是真正的大智慧。无极桩功修为就是通过有为的功法修为出人生大智慧。

二、求分

无极桩功的基本特点是求分。从道的角度去认识，万事万物内在的真实即完全对立的两个部分同时存在，同时它们发生着相互变转。正因为内部有两股力量，才产生各种表象的变化，所以它的本质是内变。用阴阳来表示对立和统一，才是事物的本质和本原。我们透过现象直接认清本原，就必须要分清阴阳。

分出来一个阴一个阳，是事物的本原、本质。事物一定都存在着阴阳内在的基本关系，它是不以你的意志为转移的，这是客观存在的真实。所有的变化都是内在的阴阳之变，我们只有分清楚、认清楚它，同时把握住它们相生相变、相互为根的基本关系，才能把握住生命运行每一阶段的变化。也就是说，你要掌握自己的命运，要把握住自己的人生，只有一条道，从分清自己的阴阳开始。只有从分清这一点入手，才真的把握住生命运行的轨迹，把握住生命运行的本质的真义。

无极桩功分阴阳，"阴阳"两字是一种概括的理论性的哲学概念。我们要通过无极桩功的修为在身体中相对应地找出来阴阳真实存在的内涵真义。只有围绕阴阳的具体内容去修为，我们才能对阴阳有明确、真实的认知和把握。

阴和阳在人身上具体的表现就是一个虚一个实，再具体来说，就是一个内一个外、一个表一个里，表面的看得见，内里的看不见。如果表现出来的表征划到阳的范围，那么内里的本原的状态，就可以算是阴。我们把阴和阳分出来虚实、表里，虚和实、表和里相生相变，互相为根，

第六章 无极桩功的三求

产生相互作用，一定能表现出来它的症状。这种真实的症状就是中医寒热两种状态。

我们透过寒和热就能分清楚内和外、虚和实。当然虚有寒、实也有寒；虚有热、实也有热；有虚火有实火，继续还要分，总之是层层可分。这种分才是认清事物内在本质的一把手术刀。你拿到了这把手术刀去分，就分出一个阴一个阳，还要去分清楚它们内在的真实的关系。

抓住无极桩功这个特点去修为，其实是修为了一把分阴阳的手术刀。拿住这把手术刀，去剖析所有的事物，特别是剖析自己的身心状态的时候，你才真的能够分清楚自己，透过表象直达本质，找出阴和阳两者之间根本的真实状态和内在关系。通过运用具体的修为功法修为，把阴阳向平去调。你能调自己的阴阳，就能把握自己生命的内涵真义，管理自己的身心健康，主宰自己的命运。你能够随时随地去剖析内在的阴阳变化，能够随时随地认清、把握自己阴阳变化的苗头，能够及时地去调平它，这是关键。我们分的是事物的本体。我们求分，不是分别人，我们是内求，通过无极桩功和自己对话，是分清自己阴阳的变化。无极桩功的特点是求分，分自己、分我。

三、求意

无极桩功修为的核心主旨是"意"。修为的过程就是求意的过程,我们不是修有形的身体,而是修看不见摸不着但真实主宰着形的内在的意。

宇宙的万事万物都分有一个阴一个阳,这是宇宙万物的本原规律。事物的本原是道,道是一个阴一个阳。一个阴一个阳是两种对立的力量,正是因为这两种对立的力量,才产生了万变的事物。

老子说"万物负阴而抱阳,冲气以为和""道生一,一生二,二生三,三生万物"。宇宙万物所产生的变化的本原规律,就是源于道,一个负阴、一个抱阳,而且它们是冲和的关系。万物都不离开道,阴和阳虽然在万物中发生着各种变化,但人作为万物之灵、作为本原来说,依然也是符合阴阳变化之道的。因此要认识宇宙万物本原之道,不必去远求,只需要在自己的身心中去认知它的真实,去把握它的真实面貌,掌握它内在变化的运动规律,进而认识到宇宙万物阴阳相生相变的内在关系。

我们的修为主旨,就是修自己,分自己的阴阳。阴和阳对于每个人的体现非常明确，一个是看得见的有形之身，一个是看不见的无形之心。看得见的有形之身非常真实，这一部分就叫作实。这是先天自然之能，我们能用语言文字把它表述出来，但这只是事物的一部分。还有一部分是看不见摸不着的，隐藏在事物的内在，但主宰着你自己的外在变化，这一部分叫作虚。

虚是无法用语言来形容的。那种真实的感觉，很难具体、准确地表达出来，但却是真实存在的，只是你自己独之自乐、独之自明的，别人无法体会到你的内在的感觉。

外在有形的，是看得见摸得着的，内在真实的主宰是混沌的、说不清的。只有把握内和外这两个部分，才能掌握事物完整的全貌。如果既能把握住有形之身真实的状况，又能把握和体味到内在无形的主宰，并把这两者统一到你的意的把握中，你才真正完整地掌握了自我。

当你无法把握自己内在无形的主宰，就不能真正把握自己人生的完整性。外在出现的所有问题，往往都源于内在的主宰。要想解决外在的问题，就必须从自己内在的主宰入手去找准它。

把握有形的实体很容易，这是人的先天自然之能；但是把握自己内在主宰的无形之心，只有靠修为，内修。把握无形之心，不用外求，你必须自己做主。

无极桩功是把握自己内心的具体修为方法之一。我们通过具体的功法，修为自己内心，从而以心主宰自己的身，达到身心内外合一，进而把握自己人生核心的主旨和自己的命运。

其实每个人都应该听到自己心的声音，但是很多人却听不到，是因为心没有真的静下来。"意"，是心上的音，是修为的法门、核心主旨。只有通过修意，你才能听到自己的心所发出的声音，把握自己心的真实状态。你能通过意反求自己心的状态。

只要让心静下来，心放下，就能聆听到自己内心美妙的音律，那时候发出来的是和谐的、融合的内在之音。因此，无极桩功，就是让自己静下来，静心凝神。不是为了静而静，而是静下来以后，你不用耳朵听、不用眼睛看，也能真切感知到自己内心随时随地发出的音律，就真的感受到它的真实。通过它内在的真实，你就能感知到自己心的状态。当心上的声音非常和谐、平和、完美时，你才能心平气和，才能心如止水，无视外界波涛汹涌的变化，也能够把自己调整到独立守神、独立不改的完整的自我的状态。

现在很多人把"自我"理解为自以为是的我。真正的自我是能够打通自己内心状态的，应该是心平气和、静心凝神的。现在的人迷失自我、失去自我、打通不了自我，是因为他的心随着事物的起起伏伏，无法把自己调整到心平气和的最佳的生命本原状态。我们修为的核心主旨是修心，就是让自己的心不管放在那儿，都胜似闲庭信步，不管外界如何复杂万变，都心静如水、心平气和。

下篇 无极桩功功法篇

第七章　无极桩功的基本要求

无极桩功基本的身形要求其实很简单，总的来说就是站着。当然有一个基本的前提要求，就是要遵循着一个中心、三个基本点。保持中正安舒，让自己的心安静下来、没有杂念，让自己的神不外溢、不散乱，自然地呼吸，身体之中没有一丝僵滞的地方，全部要松通下来，把自己放到脚下的大地上，松落下来。

一、一个中心、三个基本点

1.一个中心

一个中心是中正安舒。保持中正安舒，第一要站得中正，不能里倒歪斜、前仰后合、前挺后撅。这是一个基本要求。第二要站得安舒，也就是要站得舒服，站得非常安静、和顺，这是另一个基本要求。也就是说，在站的过程中，我们要站得中正安舒，围绕着这个中心来站桩。

"中正安舒"四个字说起来很容易，但是它是人生的一个高境界。我们一生中如果能够达到中正安舒的话，生命的运行轨迹可以说画了一个圆满的结局。

在实际生活中，特别是遇上各种困难，面对各种对手，我们很难遵从中正安舒这个法则。

2. 三个基本点

这三个基本点是我们修为过程中要把握住的最基本的三个要素。

对于心神来说，我们要把握"静、凝"两个字，心要静、神要凝。对于呼吸来说，我们的要求是"自然"，在任何情况下，都应该保持住自然呼吸。对于周身的要求是"松通"。心和神达到静和凝，呼吸达到自然，我们有形的身体才能达到周身松通。

（1）静心凝神

能不能达到中正安舒，关键在于静心凝神。静心是一个很重要的人的修为，心能不能静就决定着你自己整个身心的状况。很多问题的根源就在于心静不下来，可心又是我们的主宰。《人身太极解》讲"心为一身之主宰"，既然它是主宰，它还随着外界各种事物的起起伏伏，总是不能安静下来。要想达到中正安舒，就要静心凝神。

静心凝神是我们的一个追求，我们永远向它去趋近，因为它永远是我们前进的方向、目标。正因为我们是人，不是佛，正因为做不到静心凝神，造成了我们很多很多的问题，我们才要向着静心凝神，用有为的方法去修为它、去向它趋近。我们每通过修为趋近一步，就向着静心凝神又靠近了一步。

我们是人，就有标准，有真善美，有好与坏，有对与错，就有想法、有追求、有欲望。没有欲望就没有追求，没有奋斗的动力，但是我们在有欲望的基础上又要做到静心凝神，这是很难的修为过程。

（2）呼吸自然

第二个基本点是呼吸自然，也就是自然呼吸。自然的呼吸就是该呼的时候就呼，该吸的时候就吸，以中正安舒、静心凝神为核心主旨，并不是以动作去要求怎么呼、怎么吸。不要去固定地练呼和吸与动作的出和入，去固定地配合，因为固定以后的呼吸就固定死了，就不是自然的呼吸。我们的要求是呼吸和动作两个不同而合，常人的呼吸总是受有形身体的快慢、动作影响，我们恰恰通过修为，要让呼吸不受任何的干扰，这才叫自然呼吸。

我们通过桩功的修为进入自然而为的境界中来，呼吸会深、细、匀、长，而且是独立不改的，不受任何外界的影响。它是独立的、自然的，因为它是本原的。最本原的呼吸是独立不改，不受任何动作和外界的干扰。

（3）周身松通

第三个是周身松通，这是指有形的身体。

周是开始和结束，只有圆才有周。周身，包括上下、左右、前后、内外八个面，上下、左右、前后、内外，身心合而一周。

松是因、通是果，练松不是目的。很多人松垮、松懈了，因为他把松当成主旨。其实松只是一个过河的船，彼岸是要到达通。不松不行，不松就没有通这个结果。如果不是松的通，就是松懈，松的什么都没有了。我们要运用松，最后要达到通。是不是真松？是用通不通来检验的。很多人练了几十年的太极拳、太极内功，一直在练松，但是他没有体会到真松。

是不是真松，就看是不是懈、是不是通，不通不是真松，懈了也不是真松。能够通，意遍周身，气遍四梢。

有形的身体通了，意气相合以后里面会通出一个劲来。通不通、空不空，关键就是意气相合能不能够通出内气、内力，通出一个劲。

通出阴阳相济，方为懂劲。通出来精气神十足的使不完的生命的能量，我们管它叫内劲。松了以后，没有松出能够出去的东西，这个叫懈。只有松通以后，通出来一个内劲，这才是真正的通。实际上我们是用松通出一个劲，松不是目的，通是我们要用的一个具体的目标。如果非常松，有一种内在的旺盛的内劲、十足的精气神、生命旺盛的能量，你就在这一松一通中，在体内产生一种无穷的力量。当你遇上外界各种的阻力和困难，你靠的就是这股精神的力量、内在的内劲，无坚不摧。也正是因为这个内劲，能够打通我们的身心，通则不痛，各种病痛自然消失。所以我们要牢牢把握住这个核心。

二、基本身形

无极桩功对于有形之身要求做到，自然垂手而立。两手要自然下垂，两脚基本上与肩同宽，平松而落，蹬趾内合。站的时候两脚略宽一点儿也没有问题，但是一定要以肩为标准来调整它。同时两脚，不要外八字，也不要内八字。双膝自然微屈，膝尖内扣。

对身形的基本要求，要做到中正，放松，自然呼吸、自然垂落，两手自然下垂而站，两脚基本平行，平松而落。

只要按照基本要求去站、去体会，你通过半年具体功法的学习，就会感觉到站出来的味道是一层一层深入的。

学习无极桩功功法，首先是明理，在明理的基础上，遵循着功法的具体要求，一步一步习练。无极桩功是太极桩功第一个重要的基础功法，也是核心的基础功法。太极桩功的修为，就是从无极桩功开始。无极桩功的所有要求将伴随着所有功法修习过程的全部，也就是修炼自始至终以无极桩功为基础核心，时时处处不离无极桩。无极桩功是内功基础的基础，是贯穿始终的。浑圆桩、开合桩，都不会离开无极桩功所有的具体要求。

三、桩功的形态就是站

太极桩功，包括无极桩功，都以站姿来站桩，因此基础的形态是站。站是人最基本的形态，坐、卧、跑、跳等，都是在站的基础上形态的变化。离开了站，剩下这些变化就都失去了它的基础。猿进化成人，就是从直立起来开始的，人站起来了。人之所以成人，就是直立起来了，直立起来以后，手解放了。双手从前后爪的状态下解放出来，能劳动了，手越来越灵巧，能够劳动创造也就进化成人。因此能够直立、站起来，就是人最基本的形态。

从婴儿开始，人由躺到坐、到爬、到站、到走，必须经过这个过程才能长大。长大以后，就站起来了、直立行走了。我们都能站着，干吗要站桩？

虽然我们都直立站起来了，但从太极的角度去衡量，绝大多数人都没有站对，都不会站，都没有站出符合阴阳相合并在动中保持住平衡的最合适的状态。有进就有退，这是太极思维的核心理念，也是根本的规律。人在进化的同时也在退化，退化以后会产生各种各样的问题和病痛。我们需要去调整和解决它，去认真地对待它，而不是听之任之。

随着进化、退化带来了各种病痛，这是直立起来以后造成的。人本来是四脚落地的，人的身体和大地是相平衡的、平行的。在这个平行过程中有形的身体受到大地引力的独立作用，因此它的整个运行是顺大地的作用而为。在与大地平行的时候，脊椎每节与每节都会独立叠加着与大地发挥作用。直立前，所有气血的供应、周流是和大地平行进行的，和大地的重力是不相对抗的，心脏是顺着大地的重力作用相合而工作的。身体直立以后，头、胸部、心脏、肺部受到地球引力的作用，心脏的供血就要和大地的重力相抵相抗，要用更大的力量去平衡大地的重力作用，向上才能供给身体运行的所有血液的需要。

直立以后所带来的这些问题，单纯依靠药物、外界的手段，并不能真的从根本上解决。为解决问题，古圣先贤运用大的智慧，特别是运用太极阴阳学说创生出了太极桩功有为的功法，其中重要的始于无极桩功。

无极桩功，一方面让我们在站的过程中身心要合成一个完整体，同时要通过站去解决由直立进化以后所带来的各种问题。太极基本桩功的形态就是站。

站桩还有一个重要原因，就是人作为宇宙万物之灵，相较于宇宙万物是独立的，是不倚不靠的。因此我们要让自己得到彻底的解放，回到本原的大自由大自在的状态。我们对任何外界虽然都是去相融相合，但是我们不倚不靠，唯独靠你自己。你要把握住自己的命运和天地之道去相合，同时还要让自己独立；要让自己独立，就得彻底解放。让自己做到不倚不靠，才是"独立不改的"，像道一样。因为道本身是道法自然的，是本原规律，它们是合道的，是永恒的。

我们也应该像天地一样，让自己成为独立不改的我。不受任何外界的影响和干扰，才能随着外界的变化，把握住变化之机，才真正能够调整自己，顺势而为。我们要重新打造出一个独立不改的我。独立不改是符合天地之道规律的。道法自然才是独立的。我们常常做不到独立不改，经常是不该做的时候去做，在这一点上，我们不是独立不改的，不是遵道而为的，不是合道的，而是以自己的爱好、兴趣，以自以为是的心态去为人处事。所以我们要回到自己的本原状态，回到那个独立不改的我。这个我才是合道的，才能够顺天顺地合道而为、顺势而动。

《黄帝内经》说的"肌肉若一"，就是整个人要能够真的去支配自己所有的行为，才是独立的。支配自己的所有行为，就是需要动的时候全身一动，无有不动，全身像一团火，一动齐动；需要不动的时候，我们的身体是服从命令听指挥的。需要动的时候，就能随机而动；需要静的时候，那部分就能够静而待命。但是身体做不到这一点，不听我们的，需要这样做的时候，做不出来了。因此身体是需要解决的，是需要调整的，是需要重新打造的。

我们从无极桩功开始，就要打造出这样一个身体来。之所以做不到独立守神、独立不改，有一个原因：身心两个方面不能同时做到。把这两方面解决了，我们才真的让自己形成彻底的自由之身、独立的我。我们从无极桩功开始就要解放自己的身心，用有为的功法去进行身心双修，使自己成为独立守神、独立不改的真我。

从太极内功的角度，用桩功的功理、功法去剖析存在的问题会发现，身体不受支配，不是有形的身体的问题。表现在有形的身体上，其根本还是在无形的心。所以我们从无极桩功开始身心双修，以修心为核心、为主宰。

我们不可能离开自己的有形身体就修心而修心，而是需要从有形的身体上去解决内心所存在的问题，因为身心是同修的。心理的问题在身体上都有具体的展示和表现，我们现在要解放自己的身，反回头来要看一看，身体是不是真的彻底解放了。

我们脚下和大地相依赖的关系，就使得我们有了依靠。有了对大地的依靠以后，就不是一个独立不改的我，就不是大自在、大自由的我。我们通过具体的修为来调整和解决这种对大地的依靠、依赖的状态，从而使自己获得真正的解放。

人的解放大概要分两个阶段：第一，解放了双手。双手的解放，我们就自由了，就产生了智慧，产生了发展、繁衍。人类能够生存发展到今天，获得巨大的成就，就是从双手的解放开始。手不再有任何依赖，才灵巧地创造了各种各样的工作和劳动，才产生和丰富了头脑的智慧。第二，解放自己的脚。双脚能够解放以后，人类的进化和发展将又获得一次新的大的飞跃。无极桩功就是要从解放自己的双脚开始。

四、知止的功夫

站桩功，让自己能够静下来、定下来、安下来。其中重要的前提是"知止"，你要知道让自己该停的时候要停下来。其实，一个人最大的管理能力是知止。我们忙忙碌碌，不知止，也不知道怎么去止，因此止不住。

当今是忙忙碌碌的社会，是急功近利的社会，是多快都嫌慢的社会，我们跑着都追不上社会发展的大潮流。如果不能清晰地面对社会发展的趋势，让自己知止而静下来，我们很可能在波涛汹涌的洪水中被淹没了。这个时候我们应该要清醒。我们无法去改变社会发展的大潮和整个趋势，我们唯一能做到的是如何在顺应这个趋势的过程中独身自好。

也就是说，既能够在发展大潮中去寻求发展的机会，又能够管控自己生命的脚步，该停止的时候就要停止，该歇息的时候要歇下来，这是我们要做到的，也是能做到的。

人生最大的财富，是能健康地活着。离开了健康生命的运行，一切财富都等于零。最大的能力不是开创一个多大的事业，而是能够在这个过程中静下来，品味其中那种真义内涵的美妙味道。

无极桩功的主旨就是让自己知止，管控自己脚步和生命运行的轨迹。我们不去外求，不去看外边有多快多慢，而是让自己保持一种平稳的状态。我们从无极桩功开始，就是要知止。

第一，止念。就是要静心凝神。我们的脑子充满了各种各样的事情，各种各样的问题，需要去面对、思索、解决。各种各样的念头丛生，一刻不停地静不下来。站无极桩功要清空自己的念头，让自己的大脑有休息、安静、清空的时光。止念就是在修习无极桩功过程中，一念不起，全都放下。我们通过修为的功法，让自己真的能够静下来，让自己的念头止住、放下、损掉。

只有当你在损的过程中，止住了念头，损掉一层你就轻松一层，就感觉到清空以后的轻松。如果当你掌握一种方法、功法，能够让自己该空的时候什么都不想，非常非常轻灵，这个能力是非常可贵的。在当今社会中为了生存、为了生活、为了家庭和事业，你总是要向前冲，但是冲的过程中还能让自己瞬间在调控下得到轻松愉悦，这对于人来说是一个非常宝贵的能力。不经过修为是没有的，很多人是做不到的。

生活需要忙，但如果只是忙的话，就把人给忙死了。

我们要有一种和它相反的能力去平衡它，这个能力就在于止。第一个止是止念，清空自己内心各种各样的念头。念头没有好坏之分，问题不在于哪个好、哪个坏，而在于你拿住不放，它充斥着你的头脑，给你造成了极大的压力和负担。

第二，止语。站无极桩功的时候，不允许说话、交头接耳，千万不要一边站桩，一边还喋喋不休，念念有词。因为说话不能让自己静下来，任何话都会产生内在的干扰。要想静心凝神，不但止念，还要止语。说话是人类特有的表达意愿的一种工具。我们每天要教导自己的孩子，应该做什么不应该做什么，如何去争取将来人生的成功。特别是女同胞，希望丈夫能够健康、事业顺利，总是要叮嘱很多的事情。我们长的嘴就是说话给别人听的，我们在说话的时候，实际上是对别人说。这个不需要学习，是先天自然之能，嘴长在每个人的脸上，就是对别人来讲话的。

恐怕有许多人一生中都很少，甚至都没有跟自己对过话。跟自己的对话是不需要用嘴巴的，因为是跟自己的内心对话，是意念的交流，是自己意念在内里的真实反应。我们要和自己对话，要去探知自己内心的真实。只有关闭了对外的窗口，才能打开对内的窗口。先关上语言对外的窗口（止语），关的同时还要把内在的门打开，也就是对内跟自己对话和交流。

第三，止动。站着不动、不说话，静心凝神、没有杂念，把所有的事情全放下，特别是有形的身体，立身中正而不动，这个本身就是一种功夫和修为。我们很少能够十几分钟站着一动不动，让自己静下来，止住自己有形身体的盲动和乱动。我们很少能够体会到，身体处在静而不动状态时的感觉、滋味。我们要给自己创造这么一个条件，去自我品味不动时候的状态。止动，让自己定下来，不再盲动。能让自己的身心定，这是非常了不起的状态，这是大修为，也是人生一大能力。在忙忙碌碌过程中，能够让自己定下来是不容易的事。只有定下来，才能让自己真正入静。定、静，说起来很容易，但是做起来非常难。宇宙万物的本原是动的，无时无刻不在变动的过程中。

在宇宙万物的变化过程中，真实情况是不定，是不可复制的，过去了就过去了。每一秒都是不可复制的，这是真实。宇宙万物中，没有一个不变的完全相同的事物。同一棵树，长了无数片叶子，每一片叶子都是不同的。人造的树，是假的，它可以重复，但是真树每棵都是不一样的，这才是真实。

"书圣"王羲之的《兰亭序》，是他在酒后灵感大发，拿起笔一挥而就写下的。书写的过程中涂涂抹抹，但是造就了一篇伟大的杰作。王羲之完全是毫无约束、最自然、最本原地把自己的书法技法发挥出来，完全是内在真实的体现。这种内在的体现是不可复制的，是唯一的。这才是道法自然的。现在世上流行的都是复制品、仿制品，那是假的。宇宙万物的本原是变动不居、周流一气的，总是在变化的过程中。这是它的本原。

宇宙万物尽管是变动不居的，这是它的真实，但是宇宙的永恒是定、静的。天地能够永恒地存在，就是因为在变动不居中，它们有了独立不改的状态。天地无情、天地不老，根源就在这儿。

要品味到在变动不居中趋于天地之道那种本原的状态，我们就得像天地一样，能够定静下来，该怎么样就怎么样。天地是不受外界干扰的，它是独立不改的、独立守神的。

天若有情天亦老。如果天地因为你一磕头它就能晴朗，那它就像人一样了，它的生命就是有限的了。因为它是无限的、永恒的，所以它不动心、不动情。

人生活在宇宙万物变动不居的环境下，有情、有意，要动。我们以天地这种本原的永恒的状态来调整和改变自己的内心，从而改变自己的整个人生的状态，这是可以修习的，也是可以做到的。

无极桩功的功法就是让你知止而后有定，定而后能静，静而后能安。从脚下平松而落开始，通过止念、止

无极桩功

语、止动，达到安静、安定的状态。

我们让自己静下来、安下来，不是不去处理问题，不随着外界事物变化去调整自己。随着我们静下来、安下来了，我们得到了一种真的动。不经过知止而后定，定而后能静、静而后能安这个过程，我们常人所有的动都是有问题的动，都是盲动、乱动，都是毫无效率、毫无意义的动，都是不该动的动。圣贤之人心也动、身也动，但是他能做到该动的时候动，不该动的时候不动，该大动的时候大动，该小动的时候就小动，"动急能急应，动缓则缓随"，而且在动的过程中不多不少、无过不及，动到最恰当合适的状态。我们虽然是普通人、常人，也是可以通过修为朝这个目标进军，让自己趋近于圣贤之动。无极桩功的功法修为主旨，不是为了站一个有形的身体，而是要站出来这种定而有静、静而能安的结果。安而后有虑，有想法、有反应了，也出现念了。内心对事物的本原本质、内在的发展趋势有了真实的认知、考虑，这种考虑所得出来的动是真动，所出现的念是真念。我们静止不动，定在这儿，是为了得到真念、真动。只有通过知止以后才能够有定、有静、有安，才能够真正有虑，虑而后才能真的有所得，这是真得。

五、为什么要站无极桩功

站无极桩功,不是把一个有形的身体站出外形来。首先我们必须弄清楚两个要素,一是为什么站无极桩功,即修为的主旨;二是站什么。无极桩功是要站位,要找准自己的位置,即站在中定位。所谓中定位不是画一个圆圈,站在圆圈中心不动,而是站出一种中定的意念和味道。站出这种味道,是为了在发生各种各样变化的时候,依然还犹如不动。也就是我们还像站在中定位上的味道一样。形态变了,位置变了,对象变了,一切变中唯独有一个不变,就是中定的味道。这是我们要守住中定、守中的关键。在动中,变起来以后,我们要保持中定不变的状态。

我们想要在随时随地的变化中,在遇上各种各样的干扰破坏下,还能守住中定,就必须在静态的时候,能够细心、真实地品味到中定的味道。拿住、品尝到这个味道,我们就有了一个遵循的法则,它不再是一个理论上的说法,而是在真实的感悟中保持住了这么一种真实的状态和味道。不管在任何环境下,任何时候你都可以用这个味道、标准去检验自己是不是守住了中定,这是关键。

我们站桩,就是站出这个味道。比如炒一盘菜,要有各种调料,每种调料都有各自的味道,酸甜苦辣咸等,

无极桩功

最后合出来一盘菜，一种味道，里面酸甜麻辣咸五味合一味，这一味只可意会、无法言传。这个味道尝了以后好像是鱼香的味道，而菜里面没有鱼，它是肉丝，是鱼香味的肉丝，所以叫鱼香肉丝，这是很真实的。你走遍任何餐馆去吃鱼香肉丝，你品尝的都是这个味道。你要能尝出来它们的不同，首先对正宗鱼香肉丝的味道得有清楚的把握和了解，也就是你掌握了它的味道的标准，便对这个味道心知肚明、意领神会。

无极桩功所谓中定站的就是这个味道。这个味道说不清楚，是可意会的。我站出来的状态、滋味，是我自己品尝的味道，我也很想真实地向你表达出来，但是很难用语言说出来。我也只能假借鱼香来表述它，似乎是引领你去理解，也就是告诉你站桩得这样去站，遵守规则，经过日日灌输、久久练习，最后能够品尝出来你的鱼香肉丝的味道。只有品尝到了自己的那个味道，你才心知肚明，这才站出来了。你一定能够品尝出你自己的味道。你要知道应该用什么样的原料，用什么样的火候，然后你反复炒，炒了以后尝、尝了以后炒，从我这儿对比着炒出来一盘鱼香肉丝。随时能炒出独具特色也符合鱼香肉丝味道的一盘菜，你就把握了这盘菜的精髓。

怎么站、站什么，这是我们要把握的。无极桩功站位，就是站出这个味道，站出这个点。我们本身是分着的，有这么多分着的点，最后通过无极桩功要找到一个点。要想找到这个点，我们得分，然后把它们向一起合，合到一个最合适的状态，就是我们要站出的那个点。

你在站的时候，脚下有两个点，一左一右，是分着的。无极桩功，要站出一个点来。站在这个点上，虽然分了两个点，在站的时候我们的意念既不在左也不在右，而是把它合到一个点上，合到这个中位。这个位、这个点，就是我们要找的中定。我们要站出这个点，就是在站的时候，意念把这两个点往一起合，合到一上。

你要把这两个点合到一，首先全身要松，不能用力，然后用意把全松的两个部分向一起相吸相系，合到一点上。这是我们站无极桩功要去把握的。

实际上是通过把这两个点站出一个点，我们两脚不用力，把意守在这一点上，在这一点上真实地产生一个滋味。也就不再是左右脚，而是这一点，把我这个人撑起来，使得左右两脚彻底放松、虚空而得到解放。无极桩功实际上就是要解放自己的两脚，因为两脚只要一开就是两个点，两个点就互相掣肘，不灵活。

王宗岳在《太极拳论》上说："每见数年纯功，不能自化者，率皆自为人制，双重之病未悟耳"，左脚、右脚两个点就是双重。要解决双重问题，就要让它们虚空、松通，不用力，但是要用意把两点合到一个点上。一点为单，也就是单重，就一个重。这一个重就重在中定上，合到一个点上。所以解决双重的唯一办法，就是王宗岳说的"欲避此病，须知阴阳"，分了一个阴一个阳。"阴阳相济方为懂劲"，济是阴阳两个合在一起，合一了，无了阴无了阳，合到了一个点。现在我们有左有右，最后要站出来无左无右，左右合到一。

我们站的时候要站出中定的这一个点，站出一个味道。左和右两个脚都已经虚空了，但是要站出一个真实的感觉，站出来一点支撑。这时无极桩功就符合了我们所要站的原则。因此，我们必须要把握住为什么要站和站什么。站点，站出中定这个点，它是一种滋味。因为它在两脚之间的虚空处，我们要站出来有，无而生出有来。它是虚的，要站出一个真实的感觉。这需要我们一步一步、一层一层在站桩中去体会。通过桩功的功法，我们每天都去站，时时去做，慢慢体会到真实的感觉，脚下松通虚空了，好像脚没有了一样，但是有一点在支撑着。这一点跟大地相融相合，合到一点上，那就是中定的一点。

站无极桩功，站什么？站的是点；怎么站？知止——止念、止语、止动，止出来一个定、静、安。也就是说在站的过程中，我们站这个点，双足要平松而落，放松，意念要守中，要在中定的位置上找出单重的滋味和感觉来。

用我们自己的意念,用意不用力,全部的身体毫不用力。我们要用一个意把两足之间的那个点站出来,站出一个中定的滋味。

学员A:老师讲到三止:止念、止语、止动,无极桩功还要求止以后和自己对话,而我们总是和别人对话,与我们身外去交流和对话,我们总是向外求,那么如何做到?

李光昭:实际上三个关系中,最基础的关系就是我和自己的关系。可是我们往往忽略、不重视我和自己的关系。天地是一个大宇宙,人身是一个小宇宙。天地大宇宙的品质、内涵,在人身的小宇宙中都有相应的对应,所以我们不必远求,从自己这儿认识。要了解宇宙万物本原的规律,就需要我们对自己有所了解。《走架打手行工要言》中说:"一动势,先问自己。"我们要跟自己交流对话,就要问自己,问自己与天地内在之间的阴阳关系的内涵真义。我们要和自己交流对话,就得通过三止(止念、止语、止动),关掉我们对外交流的这套系统。在站桩初期,一定要关掉这套系统,这样才有助于和自己的交流和对话。也就是和自己内视内观,才能进行对话交流。

对外,我们用眼睛看、用嘴巴发出声音;对内,我们是用自己的意念和自己交流对话。这三止(止念、止语、止动)是关掉我们对外交流的系统,先把它暂时屏蔽起来。我们向内求、向内观，才能和自己进行交流。

和自己的对话，是从念头交流开始的。所以止的念是对外的念头。我们都要止住对外界事物所产生的念头，我们要开启和自己交流的念头。用和自己交流的念头进行对话，前提要关掉对外的念头。因为和自己交流对话，念头只是针对自己，是一念。我们以和自己交流的一念来屏蔽对外所有的万念，也就是让自己的念头集中。向自己的内心集中，这个念头是心念，念在心里面。"念"字，上面一个"今"字、底下一个"心"字，就是此时此刻你的心所发出来的动念即是念头。是和自己的念头交流，用自己的念头和自己对话，是向内向我的念头。而三止是止住对外的这套系统。

止语是把自己的嘴巴关上，把自己的耳朵关上，视而不见、听而不闻、有口不言，反回头来跟自己进行对话。这个对话就不是发出声音的对话，而是用内意、意念向自己去寻求内在的真感实悟。

止动也一样，止住自己的身不再乱动，止住自己外在的有形的身体不去做各种各样的自主运动。把它止住，是为了让内动起来。止动，不是止住什么都不动，而是止住了外在有形身体的外动，生出来内在的无形的意气的内动。所以，止念以后，不是什么念都不应该有；止语以后，不是跟自己没有对话交流了；止动以后，不是外也不动、内也不动，关键是止住所有对外的这套系统，打开那套内系统。我们每个人都有两套系统，外系统、内系统。本来我们内外是合一的，由于后天的习惯，我们只使用外系统来引领我们去行为处事，内系统越来越不为我们所用。太极内功修为就是要打开自己内在的那套系统。无极桩功从三止（止念、止语、止动）开始，就是为了打开我们内在的那套系统。在内系统中我们会用念、用意的语言和自己进行交流。不在形体的外动，却是从内里激发出意气旺盛的运动。

学员B：我在站的时候，觉得身体有些摇摆，好像重心有点不稳定，然后嘴里分泌唾液，有时候想打哈欠、流眼泪，是不是我的呼吸不对，还是哪里不对才有这样的现象？

李光昭：在站的过程中，出现了流眼泪、打哈欠，手麻、手胀，浑身不舒服等现象，不要担心，这是正常现象。这说明你是在改变原来的行为习惯和思维习惯。因为你原来没有这样站的时候，已经很习惯了，你现在要建立新的习惯，等于是对原来习惯的一个反动。你的身心已经很适应原来的状态，现在要改变它，你反而不适应。你必须经过改变、不适应、再改变，最后才适应这么一个过程。这是一种很正常的现象，不要担心。比如你没有吸烟习惯的时候，你对吸烟很不适应。久而久之当你吸烟以后，形成了这个习惯，对这个习惯有了依赖，现在让你戒烟，突然间让你不抽烟，症状就出来了，有的是流眼泪，有的是身体难受，这说明一个习惯的形成和一个习惯的改变，在自己的身体中都会有各种各样的反应，这个反应是正常的。其实我们要解决的正是这些不正常的现象。我们恰恰是要通过不断修为逐渐去解决它，这些症状自然而然就会消失。随着症状的消失，也就说明你已经建立起无极桩功新的习惯。现在出现这个情况，不要太在意，是很正常的，完全可以理解。

要想在站的过程中建立一个新的习惯，就要循序渐进，不要被所出现的问题限制住，还是要继续站，要坚定不移地建立起新的习惯，这是需要一个过程的。如果出现的症状反应太强烈，就停下来，让症状缓和一下，然后继续站。在站的过程中，能坚持就坚持，如果感觉特别不舒服了，就停下来。其实每个人都会有症状，越敏感的人出现的症状就会越显著，而且不同的人出现的症状不同。在具体功法修为过程中，要循序渐进，一层一层地去体悟它，最终会建立一个崭新的思维习惯和行为习惯。

学员C：我们平常要求自然呼吸是鼻吸鼻呼，但是有的运动要求鼻吸口呼，到底是鼻吸鼻呼，还是鼻吸口呼？

李光昭：呼吸是人生命中的必然现象，谁也脱离不开，呼吸停止，生命就结束了，这是不容置疑的。但是呼吸有两种状态，一种是常人的常态呼吸。常态呼吸，是自然之本能，不需要后天的改造。人生下来就会呼吸，不需要人去教怎么呼怎么吸。我们在常人呼吸的基础上，经过太极内功修为，进入太极内功的呼吸。太极内功的呼吸，我们管它叫作自然呼吸。自然呼吸就是该怎么吸就怎么吸、该怎么呼就怎么呼，需要怎么吸就怎么吸，需要怎么呼就怎么呼。这个呼吸是自然的，是遵循着客观需要而进行的呼吸过程。之所以是自然呼吸，就是因为它不受外界的干扰，不因外界环境的变化破坏自己，该怎么呼就怎么呼、该怎么吸就怎么吸。外界环境是随时随地发生变化的，我们的呼吸就要做到能够适应外界环境的变化去完成呼吸，达到自然呼吸的结果。这个结果是不因外界环境而改变，不受外在变化的干扰。这个自然呼吸的标准，是要做到中正安舒、心平气和。

突然外界环境变化了、外在的干扰加剧了，我们的呼吸就不自然了，就不能做到该怎么呼就怎么呼、该怎么吸就怎么吸，保持不住心平气和的状态。那个时候，呼吸开始急促，开始憋气了，心态也随着呼吸的急促而起起伏伏，心不平气不和了。这是我们常人一种本能的反应、真实的状况。

我们要改变这种状况，做到不管环境怎么变，呼吸是独立的。呼吸是顺应外界环境变化达到心平气和的结果，该怎么呼就怎么呼、该怎么吸就怎么吸。呼吸只受一个中心的约束，保持住心平气和自然而然的状态，这个呼吸就是独立的。

我们并不是永远保持住呼吸不变，而是在调整变化中来保持住心平气和。我们并不因为外界环境的变化就呼吸不自然了，而是面对外界环境的变化，受到极大干扰的时候，还能做到呼吸自然、心平气和，该怎么呼就怎么呼、该怎么吸就怎么吸，如《太极拳论》上所说的"动急则急应，动缓则缓随"，该急就急，该缓就缓。这个急和缓不随着外界环境变化而变化，不是环境急我就急、环境缓我就缓，是因为外界环境变化以后要保持心平气和，我该急急、该缓缓。这是对自然呼吸的一个要求。

我们经常会遇到动作急了、快了，呼吸就跟着急促，心不平气不和、憋气了，气喘吁吁了，这是我们需要解决的问题。自然呼吸是不管动作怎么变化，仍然该怎么呼就怎么呼，该怎么吸就怎么吸。你的呼吸只受心平气和的主宰、主导，不受动作快慢的干扰。呼吸只遵循本原的规律，不受形势上变化的干扰，也就是呼吸不配合动作。我们最终通过不配合动作达到不配合而配合。动作无论是急还是缓，最后都通过调整呼吸保持心平气和这个主旨不变，这才是呼吸自然的内涵真义。

太极内功所说的自然呼吸，既不是要求鼻吸鼻呼，也不是鼻吸口呼，而是该鼻吸鼻呼的时候，就能鼻吸鼻呼，该鼻吸口呼的时候就能鼻吸口呼。因为外界环境在变化，依然想要保持住心平气和、自然呼吸的状态，就要调整呼吸的形式，所以不是绝对的对应。比如游泳，长距离缓慢在水中游泳，一般情况下都是鼻吸鼻呼，但是竞技比赛的时候，要求吸得深、呼得快、吐得净，要快速往外呼气的时候，就要用嘴呼。这是根据环境情况变化做出的调整。

开始修为无极桩功，我们要求鼻吸鼻呼，但不是始终要求你必须鼻吸鼻呼。要发放对手的时候，呼吸是鼻吸口呼，也就是"拿住丹田练内功，哼哈二气妙无穷"。发放的时候，蓄的时候是鼻吸鼻呼，发的时候是鼻吸口呼，因为这个时候动作刚猛、迅捷，要迅速地把内在的气吐干净，随着动作要快速地呼出。从我的传承来说，实际上发的时候就是一哼一哈，哼哈二气完成了一个蓄发的完整的动作，它才以迅雷不及掩耳之势，打闪认针，也就是说如同手拿着一根针、一根线，以线穿针。在穿针的时候，打了一个闪，这个线不早不晚、不偏不倚，直接认上针的眼儿里面，认了针了，就是这么迅速。真正在发的时候，要毫不用力、毫不迟疑地用嘴通过哈把内在的能量充分调动起来，如脱缰之马，如开闸放水，一泻千里。这个时候不犹豫，要迅捷，要用嘴呼。

因此，鼻吸鼻呼，还是鼻吸口呼，没有好坏之分。只有做到该怎么做的时候就能怎么做，这才好。无极桩功修为的时候，提倡的自然呼吸是鼻吸鼻呼。不管是鼻吸鼻呼，还是鼻吸口呼，我们都要守住呼吸的原则，就是"深、细、匀、长"。

太极内功是得气、得内气，但不是说不要呼吸、离开呼吸。如同修意，不是不要形，而是要得意忘形，练形来求意。呼吸和内气是同样的关系，我们不是轻视和不要呼吸，呼吸和内气之间有着内在的关系。呼吸是生命一个重要的组成部分。通过太极内功要得到内气，对于呼吸而言我们要达到"深、细、匀、长"。深是深沉，深而有沉；细是精细、细微；匀是均，很平、平均，没有多少、没有凸凹，非常的匀；长是绵长，绵绵不断。通过太极内功的修为，不断地去运用心平气和、自然呼吸这个主旨来调整呼吸，达到"深、细、匀、长"的结果。

太极内功之所以能够养生，对身体健康非常有好处，就是因为通过太极内功对呼吸进行调整，能够做到让它在任何情况下都能够"深、细、匀、长"，保持住自己的心平气和。生命一个重要的表征体现在呼吸上。通过太极内功训练，能够强大呼吸系统，能够在外界变化的情况下把呼吸调整到"深、细、匀、长",你的呼吸系统就有了强大的抵抗能力。

呼吸里面,包括两个内涵真义的呼吸,一个是外呼吸,一个是内呼吸。外呼吸指的是有形的外在的呼和吸,不管是鼻吸鼻呼、鼻吸口呼,都是外在的呼吸的运动形式。内呼吸就是内在的意识导引下的无形的呼和吸。把这两种呼吸合二而一,才是太极内功所要求的自然呼吸。

太极内功的自然呼吸是外呼吸和内呼吸合一的呼吸。内呼吸是以意识导引下的呼吸。通过意识的导引就能够产生内气的运动。所以内气和内呼吸是有关系的,它是一种内呼吸的结果,也就是意识导引的结果。

杨澄甫在《太极拳术十要》之六中谈到"用意不用力""意之所至,气即至焉"。太极内气的运行是一种意动的结果,意到了气就到了。呼吸通过修为以后在身体里面会得到实修实证的真实的体悟和体认。也就是体内在意的作用下,产生了一呼一吸。实际上一呼一吸在体内的感觉是内气的鼓荡。这种呼吸是意识导引下的内呼吸,内气的鼓荡和开合。

我们会感觉到整个身体像空了的球,这种内在的开合鼓荡使得身体随之产生起伏鼓荡的真实感觉。特别是在产生这种内呼吸的作用以后,意到气到,我们会真切地感觉到全身的汗毛孔都在呼吸，都在和外在的大环境产生一呼一吸、一开一合的相互作用。因此我传承的太极内功，称内呼吸也叫体呼吸。

这样在内功修为过程中，我们就能够该怎么呼就怎么呼，需要怎么吸就怎么吸，就如拳论上说的行云流水一般。我们的呼吸就像行云流水一般，它没有自我，只有该怎么样就怎么样，它只遵循道体的约束，只遵循着本原的规律，它有缝隙就要走，遇上阻力就会曲中求直，像行云流水一样，自自然然，该怎么样就怎么样，该怎么流就怎么流。

我们在修为过程中要想做到自然呼吸，该怎么样就怎么样，很重要的一个要求就是不以我的意识去强加到该怎么呼就怎么呼、该怎么吸就怎么吸的呼吸动作中。练呼吸，不是以我的意志去练呼和吸，而是让呼吸只遵循"深、细、匀、长"法则。我们不练而练，是无我而有，没有了自己的想法，没有自己强加在呼吸上的意志，才有了一个本来的自然的呼吸。我们忘掉呼吸，把我忘掉了，把我有而回无，把我给化掉、化无了，我无了哪儿还有我的呼吸，忘我而无我，忘呼吸才有了真正的自然呼吸。这是修为中要把握的一个法则。

一说"深、细、匀、长"，很多人就练怎么深、怎么细、怎么匀、怎么长,拿着结果去练。杨澄甫告诉我们,此拳是意。拳在于意,不是用力,不是用有形的身体和呼吸。"凡此皆是意",都是在意的问题上。只要抓住了意的修为,用意不用力,有了意无了我这个形,就有了自然呼吸的结果,我们就必然会进入"深、细、匀、长"这种呼吸的自然状态。

我提倡目前在无极桩功的修为中鼻吸鼻呼,鼻吸鼻呼到自然而然的状态。我们牢牢要抓住意去修为,不有意在呼吸上下功夫,不有意练呼吸,而得到一个自然呼吸的结果。

第八章 落 足

一、平松而落

落足是无极桩功的第一个功法，足就是脚。形上出现的所有问题的根源，都是由于内心的问题。要解放有形的身体，就要从修心入手，解放自己的心。就心修心是空话。心是抽象的、不可捉摸的，要把修心变成可修为的、可捉摸的，就要从意上开始。心在有形身体上的作用是通过意来完成的。意是心的代表，又是心对于身体具体作用的一个桥梁，是意把身和心分而合成一个完整体了。抓住了意的修为，就抓住了心和身的修为，身心可以同修了。

我们要以意来修落足、修有形的部分，怎么用意来修它呢？足是脚、是有形的部分，落是那个无形的意，也就是脚下要站出一个落之意。虽然都站着，但是很少在脚下去寻求这个落之意的真实味道。找到了落足的落之意，你脚下才真的能够虚灵，能够彻底解放。落和放近意，但是这两个从意的角度上还是有所不同。落和放两者之间的不同，是需要我们去反复认知的。

放是要把东西放下，我把拿起的东西放下，这其中有我之意，是我来放。落是自由而落，是它自己本身能够落下来了。秋天的落叶，冬的雪花飘飘落下，对大地没有一丝抗争，是顺势而为落到了大地上。我们寻求的落足，就是要体会自己像一片树叶、一朵雪花一样，能够轻轻地毫无额外的作用，只是把自己平松落在大地上。突出的一点，就是无我之力。除了我们自己身体受到地球的重力作用，不额外增加自我一点力，才是平松而落，才是我们和大地相平和平衡的状态。

二、站成一个完整体

我们就是要完全彻底地形成一个完整体，整个落下来，不再有额外的僵滞，没有任何的阻碍，完全彻底地落放到大地上，这才是我们求得的真落。落是没有自己的想法，自由落体了，自己完全不再增加外界一点额外的部分，完全把自己落下来，落在了大地上。脚下要寻求落足之意。只有将来经过修为尝到这种整体的滋味以后，才会感受到全部都能够完全落下来了，没有一丝一毫的不落，极其美妙，是一个完整体。

身体有落有不落，没有合成一个整体，脚下支撑着，用拙力和大地相抗衡，这是我们现在的真实状况。我们解决这个问题，就要通过无极桩功站成一个完整体，做到一落全落、一落无有不落，细到一根头发丝，全都要落下来。怎么才能达到这一步？这也是我们从无极桩功开始要去解决的。我们身体现在的状况是分的，有手有脚、有左肩有右肩，而且不能在分的过程中把自己合到一个完整体上。

这种完整的状态，首先是分，要分清，因为宇宙万物的本原就是一个阴一个阳，这是道。万物皆如此，没有例外，有阴就有阳。万物负阴而抱阳，正因为有了两个对立的因素，它们之间产生了分和合的变化，才创生出来丰富多彩的世界。它的本质是分的，一个阴一个阳。这个分分得很清楚。它们之间要发生相互的作用，又是此两者同出的，是谁也离不开谁。这也是它的本质。

从分的角度来看是分得很清楚的，一个黑一个白；从统一的角度来说又是分不开的，阴不离阳、阳不离阴。从太极阴阳的角度去认识，人分得很清楚，但又是分不开的。分就是合，合就是分。《三国演义》开篇也说，"天下大势，分久必合，合久必分"。整个世界宇宙万物的发展趋势，就是一个分一个合，不管它怎么变，本质上离不开分和合。只要把握住了分和合这种相互依存、互为其根、相互变转的内在关系，就把握住了宇宙万物变化的本质。

宇宙万物都是一个阴一个阳，人作为万物中的一员，也和它是共道、同道的，也是一个阴一个阳，也是分和合两者具体发生变化和作用。我们要从自己身上分清什么是阴什么是阳，分清在阴和阳之间分和合的状态，真的就能把握住自己生命的本质和本原。

我们从无极桩功开始就要体会分中要合、合中要分。落足，就是两个脚和肩要基本同宽，两个足要平松而落。虽然平松而落，但足分左右脚，站出来以后两个脚合了。落出一个合一的完整体，就要有一个意左右相合。合出一个意来，合到一个点上。

三、站出"中"这一点

合到哪一点上呢？中间，两个脚之间是空的、虚的，但是有一个意往一起去找，找到一个点上。这一点在支撑着我们，它是虚的，但是意上要站出来一个点的感觉。我们在落足站的时候要深刻体会它。两脚是一左一右，意上要去相合，合到一个点上。两个脚是实的，一左一右；但中间这个点是虚空的，因此要用意把它站实了，站出真实来。只有用意它才能够真实。这一点就是中点。当两足平松而落的时候，不是站出脚下，而是把两个脚站无了，无

无极桩功

左无右，站出中间虚而实、无而有意上的一点。只有站出了这一点，我们的双脚才彻底解放了。虽然还落在地上，但无力无意，合到了一点上。所以，无极桩功是要站出这个中来。

从脚下左右两脚站出中这一点，这一点是虚空的。也就是中在两脚之间，那一点是空的、虚空的，但是要站出不空的意味，把虚的站实了。当意能够守在中上的时候，我们有形的身体就虚空了，实而虚之了，使得自己的身体得到一个不倚不靠的大解放。我们得了这个意，忘了这个形，从而使得自己的形得到了一个真实的解放。在站的过程中，要从意的角度去找出中的滋味。

站桩，就是要找这个中，求这个中。因为中是一个阴一个阳，一分是阴阳，一合就是太极。太极就是中，就是阴阳合到一个完整体上。

只要抓住这个中，就抓住了阴和阳两个方面，两个方面就是事物的全貌。事物所有的生存发展变化，都是由于这两个对立的方面所产生的分合变化。意在中这点上，我们就掌握了事物的全貌。万变都不离中。无论是事业上、生活上，我们都应该首先去站中。不管顺利还是不顺利，其根本原因都是两个对立的东西在发生着冲撞，都应该从中去把握住这两方面的变化。把握住事物发展变化的规律，我们就能预测和顺势而为。得了中、用了中，才可以应对无穷的变化。看一个人为人处事的能力就看他能不能得中、用中。我们拿住中了，就能够透过现象抓住事物所有的本质，正如老子所说"多言数穷，不如守中"。

太极内功就是要求中、得中、守中、用中，从无极桩功开始，就是要找这个中的滋味。太极内功所求之中，在两者之间的虚空处，要求出空而不空的真意。摸是摸不着的，但是意可以站出来，可以真感实悟，可以心领神会。

人体从百会到会阴，延伸到大地，有一条虚中线。我们要找到真实的感觉，要站出这条线来。这条中线是虚的，是解剖不出来的，是看不见的，是只可意会的，但是把它真实了以后，确实能够起到把对立的两个部分都合在一点上的作用。这个作用是真实的。我们开始要体会左右相合而中，对这条虚中线有所把握和认知。因为两脚之间的中就在这条虚中线的延长线上。

这条虚中线分了三盘、九节、十八个部位。三盘分上、中、下三盘，上盘头顶是百会穴，中盘是膻中穴，下盘是会阴穴。这条虚中线贯穿了百会、膻中、会阴三个穴位，这三个穴位一直贯穿在我们身体之中。这条中线，虽然是虚的，我们要站出一个真感实悟来。这两个脚往一起合，平松而落足的时候，我们要用意念感觉到有一条虚中线贯穿着三个穴位，通过百会穴一直和大地相连。我们以两脚的踇趾向虚中线和大地相交的这一点，也就是落足的一点，去相扣合。当然这个扣合，不是形上的扣合，只是意上两脚的踇趾向虚中线来扣合。这条虚中线虽然是虚的，它把你的左右脚在虚中线上向内拽，拽着你两个脚的踇趾向一起吸，给它吸到这个中线上来。虽然是分着，但是合到这个中上来了。

四、合到一个点上去接触

从无极桩功开始，你要有一条虚中线的概念，要去体会这条线的真实。从百会、膻中、会阴有一条虚中线，上冲天下冲地，我们的身体向这条线去分而合之。

我们用意念去站它，站出真实味道的时候，身体就会合成一个完整体。从无极桩功脚下落足开始，两个脚虽然有左有右，但要从意的角度合成一个完整如一的状态，合到一点上。只有合到一点上，我们才得到了脚下的解放。

有些武术门派，特别是外家拳术，讲的是脚下要扎根、要用力，也就是五趾抓地以后，能让别人推不动他。所谓的推不动和我所说的是完全相悖的。我们是要让自己脚下解放，而不是把脚下扎根以后不动，这种扎根以后不动的稳固不是真正的平衡状态。

太极内功从无极桩功开始，从脚下开始要一点着地，

第八章 落足

也就是两个脚合到一个点上去接触。这一点接触就解决了依靠的问题，不依不靠了。

一点着地才是真正的平衡。这种平衡是动态的不稳定平衡，只有球的状态是完整如一的状态，对外永远是一点接触。从下来说，它是一点；从上来说，它也是一点。从任何地方它都是一点接触。正因为一点接触、一点落实，这个实才是真正的不稳定的平衡。它在动中永远保持住自己完整如一的平衡状态。我们绝不是要站着两个人推不动，而是找出这种动态的不稳定的平衡状态，达到一个永远能够在动中平衡的稳定的结果。这是站桩要把握住的一个根本。我们永远要站一点接触，要把自己站成完整如一的球。这个球就是太极，太极就是这个球，它的特性就永远是一点。

我们要通过虚中线找到脚下这一点的这个滋味。这时两个点合到了一点上，两个脚就解放了。因为你一触它的时候，就会触之即旋，你马上会找到一种新的动态的平衡状态。它永远是稳固的。

为什么合上这一点就能够使它触之即旋，在动态中保持始终如一的平衡状态呢？因为这一点是球的中心，是中上的一点。球体不管触哪一点，它会围绕着中，在动中达到新的平衡状态。这也就是为什么站无极桩功从脚下开始，把两个脚平松而落，站出来合一的这一点。

站出这一点的时候，身体像一个球一样，是一种不稳定的平衡。当对方来力的时候，你绝不会是脚下蹬地、让他推不动你，而是在触到这一点、在中的时候，你的脚下是非常灵活灵动的，是彻底解放的状态。当对方来的力跟你能够平衡的时候，你让他推不动；当对方来的力打破了你的平衡，你就会被他推倒。当你找到这一点的时候，触之即旋，脚下才虚空灵动，才能保持住平衡状态。你的两个脚真的能让自己实而虚、有而回无，得到彻底的解放。站无极桩功，就是要站出这一点。

五、这一点要在意上去求

这一点是在虚空的地方，要在意上去求。凡是意的修为就要运用借假修真，因为它是虚空的。我们要假想有这么一条线、这么一点，身体任何的外加之力平松落在上面。我们要寻求这个滋味。这时平松而落就是脚下不再用力，只是把大地的重力还给大地，不再用丝毫的力。站的时候就要用假想之意，想象脚下落在初冬的薄冰上，如履薄冰。只有在如履薄冰的状态下，你脚下才能不加任何外力，因为你只要一加外力冰就裂了，你就如坠深渊。在这种意的作用下，找到脚下平松而落的感觉的同时，双脚要向中合到一点上，彻底让脚下松通、虚空、灵动起来，随

第八章 落足

时触之即旋、可动。这是无极桩功的第一个功法落足所寻求的内涵真义。

要找到落足时平松而落的真实的意的感觉，能够让自己合到中这一点上来。我们只是靠身体的落，尽管不加外力，身体也能平松而落下来了，但是落不出脚下平松而落以后的真正虚空。要找到平松而落合到一点上真实的滋味，只是靠落足还不行，还要有百会向上提之意。在百会上提中找到平松而落。

两脚要平松而落，毫不用力，这是落足意的要求。我们在站桩中从意上体会落足、平松而落的真实滋味和感觉。

首先要遵循太极桩功的一个中心、三个基本点的要求，两足要平松而落，犹如一片树叶，毫不用力地落在了大地上。脚下是初冬季节的薄冰，冰下就是深渊，我们要去和它相反相成，要毫不用力，松松、轻轻落在上面。我们把大地比作母亲，我们像婴儿依偎在母亲的怀抱中，安详、轻松、自在，和母亲相融相合。母亲抱婴儿的时候，既不用力，又不能松而懈。我们站无极桩功，从落足开始就是要品味婴儿在母亲的怀抱中那种相融相合、安全安详的滋味。

我们脚下是平松而落、毫不用力，现在要放松、整体放松。缓缓地，深吸一口气，徐徐把气吐出去，放松，彻底地放松。

足下平松而落，你在站中先体会一下初步的感觉。通过一段时间能够静下心来，找到足下平松而落的感觉，这种感觉和滋味就是真实的、对的。这种真实不一定完全符合落足的真义，但是它是真实的。我们落足需要一步一步在体会中不断地得到新的滋味和感受，一层一层地向着那个真义不断趋近。这个过程是变化的，是发展的，每一步、每一阶段的感觉，只要是真实的就是对的。

为什么要站无极桩功？就是为了和原来的你告别。通过无极桩功的功法修为，要站出和以前不一样的你。我们忙忙碌碌，东奔西跑，总是在为生活奔波，为事业、为家庭奔波。睡觉的时候，脑子里各种各样的杂念丛生，我们很难静下来。如果这一生只是忙忙碌碌，动而不静，恐怕几十年就这样忙着给忙过去了。没有静下心来品味一下人生中那种美妙的味道，没有感受一下我们与宇宙万物所处的关系的美妙味道，不能不说这是人生的悲哀。我们要改变，要让自己在忙碌中、在变化中能够静下来，去品味一下其中美妙的味道。

学员A：老师好，我平常除站桩之外，走路时也会试着去体会落足的感觉，有时候会想到圆裆，有点像老师说的中间一条中线。我走路时，中线跟地面接触的地方好像有一个重物，我去移动那个重物，两个脚就像老师说的会比较有灵活的感觉。万一有人推我，因为我的脚并不是实的，他不会推到我真正和地面接触的那个点。听了您讲课后，发现还没体会到这个点，我好像没有找到无我而落的感觉，这是我下一步想要进一步体会的部分。自己身体哪个地方是不是还有一点儿僵，还可以再放松，从而让自己越来越能够体会到这个无我的落的感觉？

李光昭：你的体会非常好，这是你真实的体会。走路的时候怎么去体会这种合一的完整性？其实就从无极桩功落足开始。走路的时候脚下的状态是平松而落。双脚合成一点的滋味，你在静态站桩的时候要站出这一点的味道。我们走起来的时候要守住这个中。虽然两脚左右前后在走、在变，但还是围绕着这一点。我们拿住这一点来完成左右脚的转换，两脚就合出这一点。也就是守住这一点，在走起来的时候才能形成像球一样滚动向前，脚下是因意这一点的动带动了两个脚左右的变化，而不是左右脚自己的变化。两脚是被动的，是这一点左右着两个脚的变化。

无极桩功要解决的是通过三盘、九节、十八个部位把自己合成一个完整的状态。无极桩功主要是先要分清两个对立的不同的部分要向一起去合，同时要真的合出一个完整的球的状态。在无极桩功的基础上还有浑圆桩功。无极桩功是以分为主，分中去体会合，到了浑圆桩功是把自己合在一起以后，合出还要分，在分合中形成这样完整的球体，最后整个身体合成完整的球。整个完整的球就是一点。那时候你再走起来、动起来，真的是完整的球体的变化，始终如一。当然，你要一步一步来，先体会两只脚向一起合到一点上，也就是说当你走的时候，一定有一个中的意念的指挥。这个中牵着你走，意念领着你走，别左右分家，是往一起合。走起来的时候，走的目的就是找出来分而合这一点的状态，久而久之通过脚往一起合，再通过两肩合、两胯合、两肘合、两手合，左右相合、前后相合，最后一动无有不动，所以走起来就是一个点。

需要一步一步来。真的形成一个完整如一的球体，从现在开始寻求意上的这种真感实悟，把它体会到。走的时候一定是一点走，由一点牵动着左右一起走。意一定是在一点的牵领上。你的身体、左右脚会随意而为，随着这个意产生各种各样的变化。慢慢这种意会越来越真实。当然可以在走中去体会它，但是现在一定别离开每天无极桩功的站。

学员B：老师讲，球接触地面是一个点的接触。请问，是不是要找这种像球的接触点，这个点又要能够出沉，不是一个晃动的球，是一个很稳定的球，在这之中还有提之意，所以它不会很滞重，这是不是一直处于动态？我觉得虽然是站着，可是好像有很多很微小的动态调整，好像提一点儿再放一点儿，是不是这样去练习？

李光昭：在找这点的过程中，分了要向一起合。在动态平衡过程中，它是动态的。我们有形的身体受到重力的作用，平松而落会落出一个沉，就像杯子落在我的手上以后，我的手感觉到它是沉的，因为它自己不加外力，完全是自己的重量受到地球引力的作用，全部落到我手上，我感觉它是沉的。但是这个沉如果只是落出来的这个沉，落死了。沉是在全落的过程中还有一个上提之意，提起来的沉才是我们要求得的那个真实的味道。也就是落和提两者之间求中，像两个左右一样求中，这种求中是动态的。提和落两者之间在动态过程中依然是求中。你在动起来以后，一直处在动态的平衡状态，实际上动起来还是和没动一样，因为你在站桩的时候看似形体是静的，但是里面的意一直是在动的、在开合的。从静态中寻求它里面的动之意，找到完整如一的状态，对这个意的真实要有一种真感实悟，这是我们修为的主旨。你需要全身完全放松，一点僵滞之力都不要有。完全是松落下来的，在提的时候是把完全松落下来的整体又整体地向上提。

第九章 提 顶

无极桩功十八个部位第二个功法的要求，是提顶。

无极桩功要解决的是让自己对既有的我做大的手术，重塑一个新的我。这个我和新的我，两者之间有本质的区别。这个新我，不是形式的变化，而是内在本质的变化。

现在的我是自以为是的我，是一个被自我之意、自我想法束缚的我，在天地之间，上不合天、下不合地。我们要重新打造一个上合天、下合地，天人合一的，与现在这个我完全相反的我。无了现在这个我，就有了一个新的我。这个新的我是彻底的解放，是一个大自在、大自由、大自然的我。这个新的我，上合天、下合地，这样天地人三者才合一了。

老子告诉我们"人法地，地法天，天法道，道法自然"。现在的我既不法地，也不法天，也违背道法自然，因此我们要彻底把这个我改变、重塑。要对旧我做手术，要损之又损，因为这个旧我不是独立不改、独立守神、独立自然的我。我们往往用自己的想法去面对周围发生的所有人和事，并不独立。一有依靠，就会为人所制。靠天，天不应；靠地，地不灵；靠谁都不如靠自己。只有成为独立的我，才是大公无私的，才能帮助所有人，才能付出自己的所有，而不是一味地索取、依靠。我们要对旧我进行脱胎换骨的改造。无极桩功，就是要解放自己，让自己在天地之间，上要与天相合，下要跟地相合，化于天地之间，对天地不依靠。这个我才是独立的。虽然我不靠地、不靠天，但是和天地相合以后，天能够为我所用，地能够为我所借。这个时候，我和天地之间是相同相合成一的。

一、百会的上提之意

要想足下平松而落、毫不用力，除了用意念把两脚合在一个中点，涌泉穴能够虚空，更主要的是必须有上提之意，也就是把自己提起来。提顶，无极桩功所言的顶是百会。顶有两个：一个是有形部分的最顶端，最上端百会，这是竖上的。一个是横上的最外端、最后端，叫腰顶。提顶，更多的是无极桩功百会的上提之意。百会正是我们人之中线的顶端。提这一点，就把整个人完整地悬提起来。如同提领子那个最高点，一提就能把这件衣服整体提起来。人之中最上头的这一点，是百会。提这个顶，就把自己整个提起来了。这一点一提，脚下轻灵了、虚空了。脚下的虚空是因百会上提以后所得到的结果。要想脚下平松而落，不用力，轻灵虚空，非得有百会上提之意不可。

百会的上提和脚下涌泉穴的平松而落是互为因果关系的。通过百会这一点把自己整体提起来，这个提是把自己悬起来，悬提。这里我想强调的是意，不是形，这个提是悬之意。把自己提起来，不是自己形上两脚离开了地，而是意让自己整个形体悬起来了。有悬提之意之后，脚下平松而落就有了轻灵、虚空之意。

这个意的滋味，似落非落，不是离开，而是似是而非。是落，但不是落死；是悬提，但不是离开。它是可意会的一种真实的味道。这种味道的产生是结果，除了它本身满足落足的意的要求，更主要的因是百会的上提。

站无极桩功的时候，怎么能找到上提之意呢？首先，"用意不用力"。绝不是自己用力向上顶、向上提，而是用意。从无极桩功开始，太极内功的所有结果，都是"用意不用力"所取得的。用意去寻求这个提，进而让自己产生一种上提之意，不是我自己用身体向上顶。

谁来提我？用意提；怎么用意？假修真。假修真，是太极内功一个重要的心法。"一求三修"是在太极思维体系指导下所创生出来的一个根本的身心修为大法。常人的思维是顺着来顺着走，太极内功思维沿着老子的思维体系，是反着来、逆着想。这一反一正、一逆一顺两种思维是完全对立的。在顺的过程中能够逆，就能把握住对事物完整的认知。常人认为美就是美、丑就是丑，可是老子说"天下皆知美之为美，斯恶已"，就是不美。实际上离开了丑就没有美，离开了美也没有丑，它们是一回事。太极思维是本着老子思想形成的一种新的思维习惯，要反着去求、反着去想。反者道之动。我们用逆向思维去完善顺向思维，再去分析问题的时候，就会从事物的两重性看到它们的同一性、完整性。

太极思维，就是顺中逆、逆中顺，"顺则凡，逆则仙"。凡人都是顺，能够逆就是仙。太极内功修为，归根结底是要自己和现在的我不同，既是凡又是仙，既有顺又有逆，看似很平凡，却又不普通。顺中有逆，这就打造了一个全新的我。这个思维逆中有顺、顺中有逆，那就不是外形的事了，而是意上的事、是意会的事，是神意能够相汇合到一点才产生的结果。我们通过有形的身体找到这么一种真实的感觉。逆中有顺、顺中有逆，是种似乎说不清楚但又非常合一的完整的体系、意识，这种修为就是意的修为。只有意的修为，才能够做到顺中有逆、逆中有顺。按常态的思维和行为习惯，进就是进、退就是退，我们看得见的前进就是前进了、后退就是后退了。而进中就是退、退中就是进，它是真实存在的，是一种看不见的、说不清的味道。它是意，真感实意。我们要求的就是这个味道。

意本身看不见摸不着，是虚的。我们反向求意的时候，顺中求逆，就得运用太极心法，假修真。具体到无极桩功的修为来说，就是要把自己提起来。用意不用力，不是自己用力提，而是用意把自己提起来。假借上天有一只大手向上提着我，不是我自己提，而是它要把我提起来。它要真实地把我提到两脚似离非离、轻灵虚空的状态。全身完全松通地被提起来，这只大手必须要真实，也就是意在上天的这只大手上。

从无极桩功开始，就站我在天地之间。无了我以后，天地我才相融相合了。现在天地我不合，是因为天地因我而分割开来。无我以后天地相通了，我、天、地相合了。站的结果，我和天的关系，是被天提着；我和大地的关系，是不倚不靠、平松而落的。这是无极桩功要站出来的。上有提顶、下有落足，我们在两者之间寻求一个真实的结果。

想要上天这只大手把我提起来，我就不要去跟它抗争。既不丢也不顶，既不离开它也不去反抗，而是周身松通，把我忘掉。上天这只手提的是无我、无意识、全部松通的，自然垂落的我之身。

我反复强调意在这只大手上，不在百会、不在头顶，

第九章 提　顶

是要通过顶去体会这只大手把我悬提起来的滋味。意在这只大手，有了真实的大手，我才真的感受到被悬提起来的感觉。

下落上提，脚下涌泉平松而落，上面百会被手悬提，这是太极思维体系的逆向思维。落足和提顶是一回事。如果是二，落是落、提是提。太极逆向思维落不离开提，提也不离开落。提，提的是这个落；落，落的是这个提。在天地之间我上被天提、下被地落，无了我以后天地人合一了，天地是相通合的，是一体的。在天地之间化我以后，合到这个一上。具体体现就是提和落两个相反相成，谁也不离开谁。

站无极桩功的时候要体会，被这只大手上提的时候，提的是落。不是提的局部，是把整体的、无自己想法的、不用力的、完全松通的我提起来了。是上天这只大手把自己真的悬提起来了。是不是这只大手真的把你提起来了，是从脚下来证明的，也就是脚下能否平松而落、虚空而轻灵。同理，脚下是不是真的平松而落，毫不用力，虚空而轻灵了，是看你是否被提起来了。它们互为因果，谁也离不开谁。

太极内功的修为，总是成双成对的。我们先从足下开始练，但是修为下的时候，接着就要用上来检验和落实下的结果。它们总是一上一下、相反相成的。

太极逆向思维，是整个太极内功修为的思维体系。离开了这个思维体系就不可能推门而入太极内功圣殿，必定会"差之毫厘，谬之千里"，走向反面。

太极思维体系，不仅指导我们修为太极内功，也是我们人生必须要把握住的。我们通过太极内功修为，完善和建立这样一套思维体系，形成思维习惯，在遇上外界复杂变化的时候，处理人和事就不会偏颇。

弄清楚意这只大手是怎么把我给提起来的，我们就能体认和品味这只大手和提顶、百会之间的相互作用，从中感觉到它的一种内在的真实。

二、顶是提的结果

中国汉字文化有一个很重要的特点，就是每个字既有表层之意，可以从字面上表达、表现出来，是看得见摸得着的，是实的，还有无法表达出来的，只可意会不可言传的内在之意。每个字都要从一外一内、一表一里两个方面来理解，才能全面完整地把握其真义。

"顶"有两意，一个是实的、一个是虚的。两顶是有形身体的两个具体位置：一个是百会，人身体头顶部位，最高端的，是实的、摸得着的。再一个是腰顶，脊椎上命门位置，也是实的，可以摸得到、找得着。顶，除了外在

第九章 提　顶

之意还有一个内在虚意。虚意是所有事物到了极限、极点，就要反，要向回走。那个边界、那个顶点往往是看不见摸不着的，是虚的，但它又是真实的。

在修为中对提顶实修实证，我们不但对顶的两意要理解、把握，更主要的是对提的理解。因为顶是提的结果，顶不能离开提。找到顶，还要去提。我们要对"提"字的真义内涵要有一个完整的、正确的理解和认知。

和顶一样，提也有一个表意一个内意。提从两个方面来说，一个是体现在形上，提是有形的，特别是用手来提。垂手而提，把一个物体从下面向上提，手就要向下垂，垂下来去提。提有两种情况，一个是把物体从下往上提，而且是手要下垂而提，用手提，有形的手要动、要用。提要动这个手，动手为提，这是由下往上。另一个，把物体用手从下往上叫举。提手一定是垂手，举手一定是手向上。一个垂手向下，一个举手向上，它们是手的两种状态。"提"字有形的身体上的理解，就是要动手、要用手。这是"提"字的表面表现出来的意思（表意）。

提还有一个内意，就不是表现出来的意。从无极桩功开始，对提顶的提的理解，就不只是停留在有形的手上，用这个手来提，还必须找到一只无形的手，这就需要用意。在提顶过程中，要找到一只无形的大手把我提起来，而不是我自己提。我自己都是有形的手，找到无形的大手,才是我们修为提顶的提的真义。我们要找到无形的、虚的、意的手,把它求得真实。

无极桩功的提顶,归根结底就是要去求得这只无形大手的真实,同时找到我被这只无形的大手通过有形的顶悬提起来,这是无极桩功修为中由形而求得意的具体要求。

真正的站桩不是站有形的身体,而是通过有形的身体站出无形的真义来。通过提顶,要找到和修为出来这只无形的能够把我提起来的大手。要想把这只手修真实,就要把我这只有形的手忘掉、虚掉、无掉。无极桩功要自然地双手垂立而不动。杨澄甫告诉我们,太极无手。要想找到那只真实、有用、无形的大手,这只手就不能自动,就要有而回无,拳论上讲"勿自伸缩"。杨澄甫说:"太极不动手,动手非太极",这是太极内功修为的原则和要求。只要这手自己一动,就不是真太极、真内功了。不用这只手,不动这只手,忘掉这只手,虚掉这只手,我们才真的能够找到那只无形的、看不见摸不着的、起到真实作用的、随时随地在灵动的大手。无极桩功修为的关键,就是要找到这个手的真实。

有形的这只手有而回无、实而虚之,我们才能真正找到那只无形的大手。要用那只无形的大手来把我提起来,这只有形的手就要无掉,要不动不用。从无极桩功开始,我们这只有形的手自然垂立,勿自伸缩,不主动、不盲

第九章 提 顶

动、不乱动、不自己动。

我们不用、不动这只手,这只手才能真的有用,随意而为地灵动。不动手,不是永远不能动,也不是手就没有用了。我们是通过修为,让这只手变成自己虽然不动但能随意而灵动。这样,这只手才可用。我们一定要进入太极思维体系,去理解它动还是不动,用还是不用,才能理解太极不动手。因为只有不用、不动,我们才能找到这只无形的大手。当这只大手动起来的时候,动出来一个随它而动的、灵活的身体,也包括我这双手。

我把手抬起来的时候,实际上是我找到了这只大手以后,这只大手的意在提着我,我的手是被这个意所引领而提起来的,而不是自己在这儿伸缩自动。在无极桩功修为过程中,我们要慢慢形成新的太极思维体系,同时也建立起新的太极行为体系。我们的一举一动,行住坐卧走,都是在这个体系的引领下。做到身不自动而随意动,我们才能建立一个完全崭新的我。这个有形的身体是实而虚、有回无的,才能形成一个新的行为习惯,做到抬手的时候抬中有落、落的时候落中有抬。

三、从三大关系入手

从无极桩功开始,如果要用太极思维对提和顶全面理解,就要找到这只无形的手。当然这只无形的手是没有的,是虚的,是意想的,但是我们要真实地找出来。不是凭空想象,不是一想它就有,需要我们从三大关系入手。

所有太极内功,归根结底修为的就是关系,修为出一种能够正确处理好关系的能力。其实人的一生,最大能力的体现,就是你能否在复杂万变关系中完美地、圆活地、正确地处理好。处理好了这些关系,你就无往而不胜;处理不好这些关系,就会处处受阻。一个人能力的关键就是处理各种关系的能力。

三大关系,一是人和自然的关系。这个自然包括了宇宙万物,包括了天、地。二是人与人的关系。就是我和他人的关系,这也是我们一定要学会和把握住的。因为在人的一生中,都离不开你和其他人的关系。三是和自己的关系。这个关系往往被忽略,其实这是最重要的关系。我们所面临的无非就是和天地万物的关系,和其他人的关系,更主要的是和自己的关系。

《四性归元歌》讲的是人和天地的关系,人和万物的关系，人和人的关系，人和自己的关系，归结为四性，即人性、物性、天性、地性。正确处理好四性的关键，是先求知我性、知自己的性。"天地授我偏独灵"，就是从自己入手认识宇宙万物之性、天地之性。最直接、最方便的法门不是从别处找，它就在你自己这儿。你如果知自己的性，把握住自己内在的关系，就可以说已经立地成佛。佛就在你的心里，你的身上。只要把握住你和自己的内在关系，你就真的做到了"提挈天地，把握阴阳"，因为这个内在的关系就是万物的关系，就是天地的关系。

王宗岳在《太极拳论》最后一段指出，"本是舍己从人，多误舍近求远。所谓差之毫厘，谬之千里"，如果一个人不能在自己这儿把自我的内在关系处理好，那么去处理与其他人、与天地之间的关系只能是一句空话。

太极内功修为的核心就是正确认识、了解、掌握和处理好自己跟自己的关系。我们通过处理好、把握好、调整好自己和自己的关系，就可以达到重塑新我的目标。重塑新我，再用新我去面对复杂的关系，就能易如反掌、从容面对，就能无往而不胜。所以不必远求，要反求自己，从修为自己入手。修为自己，就要从修为自己和自己的关系入手。

无极桩功就是要修为自己和自己的关系。要想修为和自己的关系，我们就要找到自己和自己的关系。我和我的关系一部分是阴一部分是阳，也就是宇宙万物的关系都是阴阳之间的关系，都是两个对立的事物发生作用的关系。阴和阳在我们每个人身上体现在两个方面，一个是看得见摸得着的有形之身，一个是看不见摸不着极为抽象的无形之心。要认识我们自己和自己的关系，归根结底就是要认识我们自己身和心的关系。无极桩功就是在找这两者之间的关系。

1.心即太极

我所传承的杨氏太极拳内功，就是遵循着这个方向和主旨展开的。《杨氏太极拳老谱》中的《人身太极解》里的"心为一身之主宰"，就明确阐释了身和心两者之间的关系。人的这一身，是心为主宰。两者一个主一个从，身服从心，心主宰身。它们是对立的，但是谁也离不开谁。用心主宰着身，身能够服从心的主宰，人才合出一个完整的、崭新的我。

无极桩功的修为就是要找到身和心的对立和统一，去认知它们内在的真实的关系。我们用太极思维体系去认知身和心，那个心是不用而用，是无而有，是虚而实。

用我自以为是的想法主宰我自己有形的身体，这是错误的，是与太极内功修为、太极思维体系完全背道而驰的。恰恰相反，能主宰我身体的那个心是无我之心。无我之心，就是没有自己的想法、没有自己的自以为是。那个心不是以我为主、以我自己的欲望、以我的想法为主宰的心。心为主宰的心是无掉了主宰想法的心，而有了一个真心。《人身太极解》中告诉我们，心即太极。不是我的想法是心，而是太极就是心。"佛即心，心即佛"，佛是那个心。你的心能够归佛了，你就找到自己的真心了。要想得到真心，只有一条道，就是无了自己的想法，无了自以为是，无了自己的贪念和欲望。我们从无极桩功开始的修为，就是在处理这两者之间关系的过程中找到自己那个真心，也就找到了真太极。

"太极者，无极而生。"无极桩功从落足、提顶开始，就是为了生太极。无极桩功能够分清楚有形的身体和无形的心，让无形的心能够无掉自我去找到那颗真心。无了自己的想法、不受自以为是的主宰和指导的身体，才能够符合真心，才能随意而为、随势而动。无极生太极，就是要找到那个心。找到了无我之心，就找到了太极。内功修为，是心的修为，就是在找一颗无我以后的真心。

这个心主宰着我有形的身体，主宰着我的行住坐卧，主宰着我人生前进的脚步。我们要找到自己的身和心。有形的身看得见摸得着，无形的心是抽象的、摸不着的。心找不着，就心修心便是一句空话，痴心妄想。我们修心，但不去管心，而是要进入意的修为。意是心上之音，是心所发出的声音，是心的代表。

意是心的具象的代表，虽然看不见，但却是我们真实能够把握的、感知的、觉知的。只要在意的修为上，能够对意有真实的把握、认知和调整，就是在用意掌握和调整自己无形的那颗心。无极桩功的修为，就是意的修为。

2.由形求意

要通过意找心、修心。心是极为抽象的，意是具象的，但还是虚的、看不见摸不着的，虽然能觉知、可意会，却无法看见、听到、触摸到。

无极桩功是通过意的修为来修心。无形的心是意的话，有形的身就是形。我们的修为是由形来求意。从无极桩功开始，我们就是在寻求和修为我和我的关系。我和我的关系就是我的心和身的关系。要修为我的心和身的关系，就要从形和意来入手。无极桩功的修为，离不开正确理解、认知形和意两者之间内在的关系，更要把握住形和意是如何相互作用的。

只要运用修为的功法，调整它们的关系，我们就能把握住自己身与心的关系，把握住自己和自己的关系，就能面对和适应外界各种复杂关系的变化。

无极桩功修为，是通过处理自己和自己的关系，来

第九章 提 顶

把握和宇宙万物、天地之间的关系，以应对各种复杂的变化，使自己独立守神、独立不改，处于无往而不胜。

在站桩过程中，我们是通过具体的足平松而落和提顶去认知形和意两者之间的内在关系。无极桩功就是让我们认知和掌握形和意之间内在的既对立又互相依存的关系。我们是在落足和提顶的过程中去解决形和意两者之间内在的关系。

要把自己提起来，不是真的用一个外力把我吊起来，两脚离开地，而是用一种意、一种真义。虽然自己形没有变化，但是意的变化能够使自己犹如被提起来。我们要寻求到这种真实的感觉。

我们是通过形来修这个意，而不是在形上做文章。我们通过形找到意，就是把有形的形忘掉、虚掉。有而回无，我们才能得到一个真实的意。也就是，我们要做到形不变而意变。提这种滋味不是身体的变化，而是意的变化。但是这种意的变化，并不是离开了身体以后的空想、假想，而是在身体之内产生了一种真实的觉知。提和不提，由于意的变化，我的身体产生了两种完全不同的味道和滋味，这是无极桩功由形而求意具体的要求。我们不是练形，但也不是不要这个形，而是通过形有而回无、实而虚之，得到真实可变的意，动起来的意。这个意是在提落中不断发生变化的，我们要找到这种意的真实感觉。我们在无了形、虚掉形以后，得到了这个意，这个意反回头来又在有形的身体上产生一种意的变化和真实。我们在站的时候，要形不动、不变，要用意、变意。形虽然虚了，但是虚出一个内在的提落的真实变化，一种味道。这种味道是形不变而意变。意的变化是可以意会而不可言传的，是冷暖自知的，是要真实找到的。当你找到以后，你才知道它到底是什么味道。

重点和关键就在修为这个味道，找到一种说不清道不明但又真实存在的觉知。这个觉知是自己的觉悟，是悟出来的。它是真实的，是你自己独有的宝贵财富，是别人无法轻易拿走的。它是你修为以后得到的一种真实，它是无价的。我们站桩就是在形和意两者之间，寻找到这种真实的味道、觉知和觉悟。

无极桩功提顶就是要寻求这个形和意，两者之间一个无了一个有了，一个是实的虚了，一个是虚的实了。这个真实的意不是我的想法，不是我自己以为的东西，而是无了我自己的想法、无了自以为是之后出来的一种真实的状态。那个意是在无了我意之后才出来。

既然不在我自己有形的身体上找，那就要在无形的虚空处去求。我们站桩，是找我和我的关系。要想找我和我的关系，就得找那个真义。当你往这里一站的时候，就站出来我和天的关系，站出来我和地的关系，站出来天和地的关系，站出来天、地、我三者之间的关系。无极桩功是站出来这个关系，是在这三者之间的关系中求得一种真实的感觉，站出真义来。

无极桩功的提顶就是在找这个关系，找谁提我，我被谁提。假想这儿有一只大手提我，我们要找到这只大手，把这只大手真实了，求出一个真义的存在。有形之身虚了以后得出来一个真义，那是身和心、形和意之间有而无、无而有出来的一种真实。站的时候，不是离开了天、离开了地站我，而是站出来天、地、我三者之间相互的作用。

无极桩功的提顶，是在寻求一种关系。首要是通过我和天的关系来进一步理解反求我自己的形和意、身和心的关系。我们并不是离开我去找天，而是通过我和天之间的关系，来寻求阴和阳、虚和实、有和无之间内在的关系。

假想这只无形的大手上提我，我们要细细地去品味这只手跟我的关系。首先，不是我自己，而是上天这只手提我，是我被它提。一个是天提我、一个是我被天提，这样就无了我的想法、无了我的意识。我没有任何想法，既没有我要让它提，也没有我不让它提，所以它才能提我、我被它提。我就是一个没有想法、没有自我、没有欲望的我。像一件衣服，只要提着领子，就被提起来了。只有这样，提顶才能把我自己提到这种虚空的状态。因为无了我的想法以后,真意一定是真实存在的。我们就是要去品味那个真意的真实。

四、提顶,实际上提的是中

从无极桩功开始,要静心凝神、呼吸自然、周身松通,足下要平松而落,假想百会有一只大手,把我提起来。我现在品味到一种味道,也就是提顶寻求的感悟、觉知,在自己的身心中得到真实的体现。我们要找的就是这个味道。找出来一个结果,最后心里明白了,原来无极桩功所要求的提顶会提出来这样的滋味。这个滋味很难用语言、文字说清,但是我心知肚明,心领神会,完全清楚、真正明白,这就是我们要的结果。

要知道提顶的真实滋味,我们就得认知到提顶不只是提顶这个部分,而是从头到脚整个提起来。要想从百会,一直到脚下都有一个被提之意,就要寻求一种把脚下提虚、提空,把整体的人悬提起来的味道。你提的顶,实际上提的是贯穿百会、膻中、会阴的这条虚中线。当我们提到这儿的时候,两个脚提虚了,脚下不用力了,就有虚空之意了。提顶,实际上提的是中。

我们假想的这只手,提百会提到了虚中线上,一提把我整体提起来了。如果没有被这只大手提,我们就落下来了，落在了大地上。如果只有落没有提，脚下就不虚空。落死了、滞重了，那时候我们只受到大地的重力作用。要让脚下能够轻灵虚空，就必须把自己提起来。提是被天提，落是落大地。

从落足到提顶，体现着天、地和我之间的关系。我在天地之间，上被天提、下被地落。上提，提的是落，是通过这个中把我落的这部分给提起来了。有落才有提，这是太极思维。这儿提的时候，动之要分两个意，一个提之意，还有一个落之意。上为提、下为落；上被天提，下被地落。我在天地之间，和天地的关系就是被提、被落的关系。

当我们没有了自己的想法，所有对外的念头就统统放下，全都化为乌有。我们这时候要有一个对内的念头。要起念，一念带万念，要集中在这个念头上。什么念头呢？在天地之间我被天提、被地落，提和落在我这儿合出来的滋味、味道。

在天地之间找这个味道，一个很重要的要求，就是无我念。我没有对外的想法，只是把念头集中在天地之间相互作用的一点上。要集中在这一点上，就要毫无对抗地让天去提，把自己落在地上，让大地无私地把我放在大地上，还给大地。上天这只大手通过百会和虚中线、涌泉穴横竖相交的那个点提的是顶，大地落的是足。提顶，提的是中；落足，落的是重。提顶、落足，实际上是提中落重。天，提的是中；地，落的是重。

天提地落，这个时候我虽有而无。从无极桩功开始，提顶落足，就进入无我修为的境地。上有天、下有地，在天地之间，我被提被落。落的无非是一个重，这个重就是我有形的身体，是有组织的肉体受到地球引力的作用。只要把那个重提起来，就是在提着我。所以，提的完全不是有形的身体。有形的身体是被提重而悬提起来，所以在意不在形。

上天提的不是这个我，而是提的我的中。通过提中提起我落的重。我落的重是大地、地球引力在我身上的具体体现。提中是把落提起来，提落是提落下来的重，重又是大地的具体反应和作用。提顶的内涵真义是天地、我之间，天通过我把大地提起来。天提大地，我和大地合在了一起，所以我被它提着。我和地球整个在悬浮中，提着地球，我就被提着了。

在这个过程中有天有地，唯独无我，我化到天地之间了。所以我们就要做到没有自己的想法，我自己的肉体已经被我自己的意束缚了，完全还给了大地，自然之重被天提起来。这个时候的我是周身松通、呼吸自然、静心凝神、中正安舒的我。在这个过程中，我毫无反抗、毫无以我的意去对抗天对抗地，而是上与天合、下与地合。

第九章 提 顶

《打手歌》上讲"上下相随人难进",手与脚步相随,手与脚合,而且手到脚到,就能够"人难进了"。这是一方面的理解。更深层次的理解,就是上有天、下有地,天地相合。它们相随而动,我永远立于天地之间、立于不败之地。化我为无,有天有地。把这个实我实而化虚、有而回无了,对方还进什么?一片神行,在天地的虚空中,任我游荡。这不是站有形之身,而是化掉了,化在天地之间,与天地相融相合,有了一个化无的我。这是关键。

我们要跟天地去相合,把这个我要实而虚、有而无。要放弃任何以我为主的想法,这是提顶的内涵真义。提顶、落足,是天提、是地落,是我在天地之间提中落重以后,得出来一个完整的内在的真实的味道。我们要把它站出来,站出一种天地相合大的气魄。

有形的身体无了,对手想通过有形的身体在你身体上做文章,是化为乌有的、是不可能的,因为我们把这个身体舍掉了。舍己从人,不只是从对手,还要从天、从地,从一切我之外的大自然,把我融化在虚无中了。

我们体会一下提中而落重的感觉,那个感觉是沉。提中落重,实际上合出来一个滋味,出沉了。沉,就是提中落重所出来的真实的结果和滋味。你舍掉我、无我、周身松通以后,上有天提、下有地落,最后合出来一个真实的

无极桩功

滋味，就是出沉。

出沉，就是在提中落重。只要能达到这样的结果，就体现了提中和落重。没有提我们可以用抱，你把我抱起来就如同提起来。但是如果你在抱的时候，抱的我舍给你，是提中落重，会有一个滋味，是极其的沉。

试手体验

对手如果用力抱我的话，我不让他抱，我不顺天也不顺地，就用身体跟他进行对抗。我用力他用力，他把我抱起来。我不想让他抱，但他还是会把我抱起来。如果把我上交天下交地，我这个形体化无了以后，他再抱，就抱不起来了，因为他抱的是不用力的虚空的身体。抱的时候他会感觉到沉，我不用力了，但是沉甸甸的。所以他抱得起力，抱不起沉。因为沉是提中落重的结果，是天地之间的关系。他要想抱起我来，就得要把"地球"抱起来——把"地球"在我身上作用的自然之重抱起来。因为我不用力，我的形已经虚空了，他通过我的形抱的是我这个"地球"之重，因此他抱的是"地球"。提和落此两者同出。我们是通过有形的顶——百会这个位置，假想一只上天的大手提着我这个中（百会、膻中、会阴），一直提到两脚之间这一点上。也就是说，我的周身是松通的、虚空的，它是一虚空体。通过这一提，把这一提起来，这一点就是我吊的那个重锤，就是大

第九章 提 顶

地对我的重力作用。它一直是向下落的，永远是落向地心的。通过中提起重，我自然就被提虚空了。因此，脚下就轻灵了，毫不用力了。如果没有提，不是通过提把落提起来的话，落死了就会用力来对抗，或者人推不动，或者让人一推就动，因为脚下是滞重的。太极思维的推不动，是推不着。他能推着有形的身体，却推不着上天通过中提的那个落的重，因为它是活的。如果把有形的身体站死在这儿，通过这个身体，一推就推着了中和重，失中即失重，所以推不动，实际上是用力在对抗。

对手顶着我用力推，这时有两种情况，一种是要用力跟我对抗，我推的力小于他顶住的力，我推不动他。对手还顶住，我用大力，就有可能推动。因为他的意念是在我推他的有形身体上做文章。这时候如果他的意念提的是中，通过提中把重提起来，他的身体是松通的。我再推的话，他两脚是活的，是松沉下去的，这时候完全不一样了，脚下虚灵了。他能够虚灵，是因为把身体的中和重站活了，吊着那个重我推不着。对手推我，现在中重他全推着，他的中重我推不着。如果对手光推我的身体，这个身体我是不用力的，他推什么，推不着。如果我用力，两个力双重了，他一下子通过我的力就拿住了我的重。交给天、交给地，唯有这个我化到天地之间，有中有重，就自然而活。拿住我不放，对手就必死无疑。我们通过中和重的关系去体会，去感受天地之间的关系，而不是拿住我不放。因此，我们得了意，要把形彻底忘掉，把它虚掉、无掉。

体会一下，忘掉形，提的是中，底下落的是重。通过中提起来重，这个重就是活的。永远不能够把中和重给拿出来，那是虚而真实的东西。不乱动，不是自己要动，其实是调中的动，是因为我动对手，他才去调它，身体就随着它调。我们要从这个角度去体会它。

通过无极桩功中的提顶和落足，实际上在寻求一种天地人三者之间的内在的关系。这个关系中是把我化无了以后，有了天地而无了我，也就是天地人化我以后合为一了。人由两个方面组成：一个是看得见摸得着的有形的身体，还有一个无形的心。我们在天地之间寻求一种内在的关系，就要对这个我有形的身、无形的心所组合起来的人有所认知。就是要知己，对自己要有了解。

有形的身，是看得见摸得着的，有胳膊有腿有手有脚。既然是有形的，就一定在有的范围，有上有下、有前有后、有左有右。无形的心极为抽象，看不见摸不着，可是它却真实地主宰着我这个人。怎么把它具体地落实和把握，难就难在这儿，知人知面不知心。如果我们知身不知心，对于我就没有完整的理解、了解。没有这个了解，要想把这个我实而化虚、有而化无，和天地合为一体就是一句空话。所以，太极内功所谓的内就是内修心。

心极为抽象，此时此刻的念头起来了，要抓这个心、修这个心。把这个心落实，就从三个方面入手。一是神。神是心的代表。一个人心神不定，就说他的心神恍惚。心神就代表着心，神不定就是你的心不安。二是意。念头有了以后，我们用什么样的方法想、用意，意就是心的声音。用意去分析、考虑一些问题，实际上就是在用心，因为它代表着心。所以，意为心之用，念是心上之苗头。三是气。气是由心所产生的一种内在的能量、动力。心就体现在三个方面：神、意、气。只要抓住了神、意、气，正确调整它们之间的内在联系，我们就把握住了这颗无形的心。

身是有形之身，叫作形。形是所表现出来的外在的看得见摸得着的部分，是有、是实；还有无形的心，神、意、气三个代表着无形的心。要想身心合一，化掉有形的我，有而回无，化到天地之间，我们就要抓住身心这两个部分，就要在具体修为中抓住神、意、气、形四个方面。把这四个方面分而合，修为成一个完整体，身心就合二而一，成为一体了。

从无极桩功开始，通过上天提中、大地落重，来找出一种天地之间化无的结果。我们和自己对话，就是要向内去品神、意、气、形四者之间的内在关系。抓住神、意、气、形之间的内在联系,我们就能真实地品味到这四者合一以后的滋味,得出来一个真实的心觉体悟。

从无极桩功开始,站要紧紧地把握住"粘、黏、连、随"四个字,运用具体的功法去展开、进行。人的一生中,只要把握住"粘、黏、连、随"四字诀,就能解决一切关系问题,进而把握住人生,具有大智慧。

五、"粘、黏、连、随"的内涵真义

我所传承的太极内功,包括浑圆桩功、开合桩功,其修为的核心主体就是"粘、黏、连、随"四个字。实际上太极内功所找的身与心之间的修为关系,就体现在"粘、黏、连、随"四个字之间的内在联系上。我们从"粘、黏、连、随"四个字入手,通过无极桩功上提顶、下落足,找出它的内涵真义,把握住神意气形四个方面,以及身和心两者之间分而合的关系。用"粘、黏、连、随"四个字的修为,来指导和寻求神意气形之间合成的完整的、内在的体系性关系,这也是无极桩功提顶落足所要寻求的结果。

我和这只大手、天和我、我和天之间的关系,就是"粘、黏、连、随"四个字的关系。正是"粘、黏、连、随"这四个字,体现出来上天和我、我和天之间、我被天提、天提我这具体的四个方面。正因为通过天和我之间的"粘、黏、连、随",我才能被天悬提起来。所以修为的法门就是"粘、黏、连、随"这四个字。

"粘、黏、连、随"是太极内功修为中一个关键的四字要诀。从无极桩功开始,就要在站桩中通过"粘、黏、连、随"去处理好形和意、身和心、我和天、天和我、我和地、地和我之间的关系。

《杨氏太极拳老谱》中《对待用功法守中土》是专门针对站桩而言的:

> 定之方中足有根,先明四正进退身。
> 掤捋挤按自四手,须费功夫得其真。
> 身形腰顶皆可以,粘黏连随意气均。
> 运动知觉来相应,神是君位骨肉臣。
> 分明火候七十二,天然乃武并乃文。

不管是提顶和腰顶,都是通过"粘黏连随意气均"来实现的。离开了"粘黏连随意气均",腰顶就不可以了,顶就提不起来了。通过粘、黏、连、随然后达到意气为君、骨肉为臣,让骨肉服从意气的主宰。站桩,不能离开"粘、黏、连、随"。提顶,就是要从"粘、黏、连、随"来入手。

◐ 无极桩功

在无极桩功具体修为中，要真实地去体悟它。要很清楚地知道天和我之间是怎么粘的，我和天之间是怎么黏的，我们又是怎么连的、怎么随的。在"粘、黏、连、随"中，去品味无形的意的真实，使无形的意达到一个实修实证、虚而实有的真实。我们的修为就是要从这儿入手，寻求到它这种内在的真实之意。

"粘、黏、连、随"是杨氏太极拳内功传承的核心主旨。《杨氏太极拳老谱》中第四篇题目就是《粘黏连随》，最后一句点出了"粘、黏、连、随"的重要性："要知人之知觉运动，非明粘、黏、连、随不可。斯粘、黏、连、随之功夫，亦甚细矣。"在《太极下乘武事解》中，说道："其功何以得乎，要非粘、黏、连、随已成"，也就是说要想得到太极真内功，离开"粘、黏、连、随"是不可能的。"粘、黏、连、随"成了，太极内功就成了，就得到了。得到了"粘、黏、连、随"，你才能够懂劲。懂劲了，"而后神而明之，化境极矣"。"由着熟而渐悟懂劲，由懂劲后而阶及神明"，要想阶及神明，就非得"粘、黏、连、随"已成不可。"粘、黏、连、随"已成，就能够得到运动知觉，方为懂劲了。懂劲以后才能够阶及神明、出神入化。

在无极桩功中，通过提顶落足寻求神、意、气、形四者之间的关系，是从"粘、黏、连、随"入手的。首先要正确认知"粘、黏、连、随"四字的真义内涵。

"粘者，提上拔高之谓也"。提上拔高，一个提一个拔、一个上一个高，从这四个方面来理解粘。找粘，就要找到提上拔高的滋味和感觉。离开提上拔高就不是粘之意，就不是真的粘的内涵了。

"黏者，留恋缱绻之谓也"。留恋缱绻是黏，黏是难舍难分。有分有舍，但是它很难，是缱绻两字的真义，也是黏的真义。分，分不开；舍，又舍不掉，不离不弃，留恋难舍。这个黏是一种味道，是内在的一种真实的状态。

"连者，舍己无离之谓也"。连，一般日常生活中分不开，连上了，是把什么连接上，这是我们常人的理解。但是太极内功对于连的理解，前提是舍己，不舍己就没有这个无离；没有舍己，无离就不是真正的连。离开舍己去想无离，想这个连，会跟我们生活中的理解是完全相反的。

"随者，彼走此应之谓也"。一个在前面走，一个就要在后面跟随，是彼和此两个方面，一个是走一个是应，彼走此应、此走彼应都可以，这才是真正的随。

用"粘、黏、连、随"来寻求自己的神意气形四者之间的内在关系，就要通过"粘、黏、连、随"来心觉、体悟它，从而能够在提顶落足中找到一种真实的感觉。我们不是只在形体上站提和落,而是在身心中产生真实的觉知和体悟,这才是我们修为的主体和主旨。

知己要知心。身和心完整地把握住,才是真的知了这个我。很多人更多是向外找,通过别人那儿去找,唯独不从知己上下功夫,这就反了,"差之毫厘、谬之千里了"。太极内功的修为是知己之功。

知己之功,我们要从"粘、黏、连、随"入手,真正去了解自己的神意气形,了解自己的身心分而合一的状态。《杨氏太极拳老谱》把知己之功叫作知觉运动。人这一生中,有两个方面需要做:一是知人,这个人不只是对手,还有我之外的事物,它代表我之外总体的含义。一是知己,己就是我、是内。我为内、人为外,一内一外,我们要知,才能了解宇宙万事万物的真实。但是关键是怎么知,往往人们更多的是知人而不知己。《杨氏太极拳老谱》中《固有分明法》说:"先求自己知觉运动,得之于身,自能知人。要先求知人,恐失于知己。"知觉运动先求自己的知觉,要觉知自我。只有先求自己的知觉运动,才能把这个知觉运动在自己的身心中得到了真正的落实,你自然就知人了。如果连自己都不了解,知人实际上是一句空话。天地万物之间本原的内在阴阳关系,和我们自己的身心阴阳关系是同一个道,是同一规律,我们何必远求呢!"本是舍己从人,多误舍近求远",我们总是向外去求，所以差之毫厘、谬之千里。因此，我们要从知己开始。

知己，就是把握住"粘、黏、连、随"四个字在我自己身体里面的关系，"粘、黏、连、随"体现在身心中神、意、气、形四个方面。如果"粘、黏、连、随"和神意气形产生内在联系和具体感知、反应的话，我们就对自己的身心有了真实的认知和把握。

通过无极桩功，我们从提顶落足中体悟和感知"粘、黏、连、随"和神意气形的关系。粘是提上拔高之谓，我们和事物发生的关系都是以神去粘之，用神粘上。《十三势歌诀》中有一个要求，"尾闾中正神贯顶"，"神贯顶"就是神要到达、贯到顶的地方。顶是最尖端、最高点。如果神不能贯到顶去，我们和事物就产生不了这种相互的粘，就不能相互正确地相应相合。所以提顶的时候神贯顶，要靠神来粘。天这只大手提的是顶，实际上是粘住我的神或者我出神。出神贯顶以后，贯到顶的神和无形的这只大手相粘合，这只大手提上拔高，和我的神是相合一的。当这只大手提着我的时候，不是提形，是提神，是以神和这只手相连相接。站桩的时候提顶，虽然是上天这只无形大手，但是我是以神和它去粘接。提上拔高，完全是神。神是看不见摸不着的，和意气相合以后，合出来这么一种内在的真实。神是虚的，可是虚的神贯顶以后，就有虚而实的感觉。上天这只大手在提我顶的时候，提的是我的神，是神跟它相粘。《太极拳论》上讲"虚领顶劲"，虚领顶劲的顶劲就是神贯顶以后，神与这只无形的大手去相粘接。尽管这只大手是假想的，神也是虚的，但是我虚而实之，得到了一种真实的感悟、觉知，找到了一种真实的滋味。这种滋味就是神粘以后产生的一种真实的心觉体悟。

黏是留恋缱绻之谓，就是难舍难离、难舍难分，又舍又不舍，又分又不分。这两者之间互相产生了开合、分合的变化，但是这种变化是难分难舍的，是在难上体现出来的分和合。这是意，黏在意上。我们要在意的感觉上去寻求这种分难分、离难离的滋味、味道。当这只大手往上提我的时候，我这个身体完全松通以后被它提，神接它后通过提神，一直从脚下提着我的中又提着我的重，在提的过程中它会产生一个意念和滋味。就是提和落两者之间，一个是上提一个是下落，难舍难分，难提难落。在提的时候有下落，这个提就难提了；在落的时候有上提之意，这个落就难落了。我们站在这儿的意是黏，黏难分，要去品味提和落之间难解难分、难提难落的味道。我在意上去体味两者之间动起来以后的滋味，又提又落、提中有落、落中有提、难提难落、难落难提。身是静的、心也是静的，但是意是动的。这种意动，就是在体会提和落、分和合、难分难舍、难提难落的真实的觉知和味道。我们站无极桩功，不是站这个形，而是站出一种滋味。这种滋味就是意，就是用意来体会。难分难舍、难提难落，这种留恋缱绻之意，就是黏。

因此，神是粘、意是黏，粘要用神、黏要用意。在站无极桩功的时候，我们要体会粘提上拔高是神在粘，神和这只大手、和上天去粘。在粘的同时，提和落之间要体会黏之意，天提地落，互相之间在作用，一个提一个落，天也难提这个落，地也难向下落这个提，是在动态中寻求到真实的变化，寻求到意。这个意是动起来的，我们在提落之间产生难提难落、难落也难提，既落既提、又提又落两种合出来的意的滋味。动之则分，分了两个意，一个提之意、一个落之意。上天提之意、下地落之意，提中要有落、落中有要落下上提，它们之间要相互作用。也就是天和地争、地和天争，天之力和地之力相争。

大成拳鼻祖王芗斋大师说，"两力相争即为劲"。提中有落、落中有提，一个提之力、一个落之力，两个力互相作用，合出来既提又落、既落又提的内在的能量，叫内劲。不用力，是提落之间不用提也不用落，但是既有落又有提，合了以后合出来一个真正的作用，一个动力、动能，就是劲。意就是在这种动态中的一种真实的留恋缱绻的状态和滋味，我们要去寻求它、体悟它，得到一种真实的觉知、体悟。这是黏。

连是气连，也就是以气相连。天地人三才是分着的，上天、下地，中间为人。人有有形之身、无形之心，有形之身也有上中下。要把天地人连成一体、天人合一，能够连起来的就是这一气。本来天地是相通的，老子说，天地之间是一个大橐龠，虚而不屈、动而欲出。天地之间就是大风箱，这个大风箱是空的，但是一动以后就产生了气的流动，天地之间充满看不见的一气这种真实的能量。因为有人、有我，往这儿一站，上天下地被隔断了，天地之间本来是无，是空的，既然是无，这个无就是无上无下、无前无后、无左无右。但是有了我以后，就有了前后、左右、上下、内外，本来是无，现在有了。

我往这儿一站，胸为前背为后，本来这儿没有前后，但是因为有了我就有了前后左右。一有我以后，这一气就被我给隔断了、不通了。而无极桩功通过提和落把我提无以后，天地就恢复到本来通畅的状态，这样一气周流又回到了天地最本原的运动规律的状态下，天地合了。

天地人，虽然有我，但是当我经过修为以后，有而回无、实而回虚，天地之间这一气就又恢复了相通的状态，恰恰是这一气把天地人三合成了一。意的流动就是气，这个气是本原，本来就存在的。要想让这一气贯通，就要用意把我实而虚、有而无，本原的气就通了，所以不要管气，需要用意。有形的身体应神粘、意黏、气连，之后，这个我无了，有形的身体实的虚了、有的回无了。身体无了我以后的归宿就随了神粘、意黏、气连，随了神意气。这时候我们通过神意气已经能够做到天、地、人三者合一了。这个形只有和它们去相合，随了以后才能把自己的身和心合为一体。因为心体现在了神粘、意黏、气连上，这个有形之身才能随心所欲，它的结局就是随。

我们通过无极桩功的提顶落足去寻求身和心、天地人之间内在的关系。作为完整的人，神意气形能够让我们天地人合一、相通相合，其法在"粘、黏、连、随"。"粘、黏、连、随"四字对应神意气形，我们理解身和心具体的内在联系，就是要把握住神粘、意黏、气连、形随。

"粘、黏、连、随"是身心双修的主旨内容。离开了"粘、黏、连、随"，就离开了太极内功修为的核心。从无极桩功开始，我们在提顶和落足中去把握"粘、黏、连、随"四法落实到神意气形四者之间的内在关系，因为这四者体现在身和心之间内在分合的联系上。这样通过"粘、黏、连、随"把有形的我化有回无、实而虚之，从而达到天地我三合一、相通合的状态。无了我，有了天有了地，上天上提我的中，下地下

☯ 无极桩功

落我的重,中重相合把我在天地之间悬提起来,把我化在天地之中。无我而有了天和地,才能做到人法地,地法天,天法道,道法自然。无极桩功,最终就是通过实修实证、心觉体悟,达到道法自然的结果。

学员A: 我最近在练站桩的时候,感觉身体或者手会有一点儿麻,一点儿热胀,其实就不太确定,只能说我还不了解内气鼓荡的感觉,是不是练习到后来自然而然会产生这个状态?

第二个问题,其实站久了之后,全身是疏通的,感觉蛮舒服的,有时候要体会上面被悬提起来,脚是不是有平松而落之意,脚当然是没有死死的黏在地上,就觉得腿酸,但没有脚底被提起来轻灵的感觉。

李光昭: 第一个问题我先回答你,是也不是,既是又不是。你现在通过站无极桩功,运用无极桩功的理法和心法站桩过程中产生了这种感觉,这种感觉是你用意所产生的一种非常真实的状态(因为你在站无极桩功的时候是在用意),所以,它可以是内气鼓荡的一种结果。所谓的内气鼓荡,就是意到气到,是意的运行产生的。你只要用意,就会产生各种各样的感觉。既然内气的鼓荡是气运行的结果,你用意所产生的感觉,可以说就是内气鼓荡的结果。从这个角度上说是,因为这个感觉也是你的真实

第九章 提 顶

感觉。

但是内气的鼓荡又不是这种感觉。为什么说不是，无极桩功用意修形、得意忘形、练形求意所产生的各种现象，都是在开始阶段出现的风景。也就是说，它只是在过程中出现的景色，这个景色只是在这个过程中所出现的，但我们所求的并不是它。出现麻、胀很正常，既然它是过程中的一种真实景象，你要正视它，它是真的；但不要太在意，想追求它，拿住它，认为它就是。内气鼓荡的状态，现在是无法用语言说清的，你只有经过手麻、手胀，一步一步，最终体会到，原来是这样。内气鼓荡是一个不断发展的过程，没有终极、没有绝对。它是也不是，不是也是，所以既不否定它，也不要太在意，更不要认为它就是。我们应该遵循着"意之所至，气即至焉"，意无止境，气就无止境；意其大无外、其小无内，气的鼓荡就会产生其大无外、其小无内的结果。

第二个问题，脚下平松而落。你在找这个感觉的时候，往往感觉小腿用力了，或者是不舒服了，其实这个也正常。因为毕竟在开始阶段，周身不会一下子就能够松通。上提下落，上提是把整体提，落是整体落。能够整体提，身体一定是毫不用力、毫无僵滞的，完全松通、全体透空的。

无极桩功

现在一提还提不到整体，没有完全尝到整体的滋味，很大程度都是在局部，所以局部在用力。正因为局部用力，你在找脚下平松而落的时候，小腿肚子或者大腿局部还是不松通、在用力，最终要提的是无力和有力两个是合一的。无力是因为不用力，是整体合力。上提下落相合以后，内抱外撑，竖开横散，整体的身体结构像盖房子一样。这个房子为什么能够处于稳定的平衡，就是因为它的力相合以后，动态平衡，静力为零。互相之间一作用以后，最后合力为零，没有力了，所以它是平衡的。我们的身体也一样，十八个部位局部各自为政，没有形成完整的整体，合力不为零，总是在局部用力。我们站桩寻求十八部位在平衡的作用下，合出一个平衡的力，那个合力为零，是对外不显力的。是有力而无力的，无力而有力，是不用力而有真力的，我们管它叫劲。现在还没有到这个程度，所以也不要着急，不奇怪，很正常。从无极桩功两个功法，提是整体提这个落，落是落下这个整体的提。提和落要既有提又有落，最后结果是无提无落，它们合到一个中空灵的状态。那个时候不再受力，真的是无力而有、合力而为零。

学员B：我在练站桩，比如落足的时候，脚下是落到一个点上，提顶时头上有一只大手提着，可是我每次想着提顶

第九章 提 顶

我的脚就不见了,我落足那个点就会不见,我每次想落足如履薄冰,头上那只大手就不见了。请问老师,怎么让提和落两个合在一起?

李光昭:我们站无极桩功时是两个意,一个是落足之意,脚下平松而落,一个是百会上提之意。我们要分别去体会提之意和落之意各自的味道,但不是为了就提来体会提、就落来体会落。无极桩功的修为就是要做到,提就是提这个落、落就是落这个提,也就是提落合到了一个点上。提是提这个点,落也是落这个点,而不是两个点。两个点合到一以后,提是提这个一,落也是落这个一。在这个一里面同时有上提也有下落,就是二合一。

在修为过程中,我们把两个对立的、完全相反的意要合成一个意。拿住这一个意,其实两个就都有了,既有上提,又有下落。我们要真实地先体会到上提、下落的滋味,最后合起来以后合出一个落中有提、提中有落的味道来。这一个味道既是提也是落,既不是提也不是落。有提有落的结果是无提无落,有了一。一就是既有提又有落。所以无了二,有了一,那个一是无出来的。最终的滋味就是一种说不清的味道。提和落两个,一个甜一个咸,甜和咸合到了一盘菜上,合出来的味儿已经不是咸也不是甜了,是甜中咸、咸中甜,说不清的一种味道。那时候,你就会真实体会到那个真提实际上是真落、真落就有真提。从无极桩功开始，我们在不断地、一层一层去体悟和修为它。

我们非得要经过一段时间，能够分阴阳合太极，能够一分是两个，但是两个一合就是一。我们将来所有动的时候是一的动。一动就有提有落，既不是提也不是落。那种滋味是只可意会，是似是而非的，是含糊混沌的，但是它是真实的。真实的味道，才是说不清的味道。你可以朝着这个方向一点点先去感悟它。

学员C：由形求意，把天上的这只大手真想出来，和自己心里的声音有什么关系？

李光昭：从无极桩功开始，确实要练形求意，特别是要提顶、提百会。提顶是被提，是意想、假想上天这只大手通过百会穴把我提起来，我被它提。被提起来，把这只手想真了以后，内心里就会出现一个内在的觉知。这个感觉就是你心里面发出的声音。我们把这个感觉叫意，就是练形求意的这个意。

假想的意得到了一个真实的感觉，在内心中会产生真实的觉知。假修而真，这个真落实在你心里了，实在你的心中，因为你知道它的滋味。

有一个望梅止渴的故事，说的是曹操带着他的手下，在逃跑过程中又累又渴。他马上一指，说前面有一片长满梅子的树林，大家立刻就产生了一种条件反应，嘴里面马上就觉得酸酸的。那个梅子是假的，是曹操指出来的，其实并不存在，但是在士兵的心里面产生了一种真实存在的感觉。他们的味觉会有反应，刺激他们分泌出津液。刚才口干舌燥，立刻就觉得湿润了，好像解渴了。假修真以后，会得到一种真实的心里反应，这种心理反应会在自己的身体上产生一种真实的觉知。当我们把这只大手能够想真的话，在自己的心里面会产生一种觉，心觉。这种心觉一定会指导着自己的身体，产生相应的反应。

这只大手想真了，这只假想的手和我自己的身、心最后产生一个觉，或叫觉悟。我有了被提起来的滋味。意想成真，最终一定是落实在真实的味道上，不是停留在凭空的想象上。所以我们实修实证，是要落实到解决身体上存在的所有的问题上。

意想成真了，心里面就会告诉自己，我知道，我明白了，我有了感觉。这种感觉是真实的。如果出不来这种真实的感觉，这只大手就没有能够真实地由假修成真来。如果没有这只无形的大手产生真实的被提之意，你就不能找到那种真实的感觉，反过来也可以证明你这只大手是不是假想成真了。

学员D：如何分辨假想的念、意、想？

李光昭：念、意、想，在太极内功修为中发生着作用和联系、是不可缺少的三个要素。我们一定要搞清楚，到底什么是念、什么是意、什么是想。

念、意、想，归根结底都是心的反应，是内心的三种状态。心念、心想、心意，离不开心，是内心对外活动不同的反应。其实念和意都是想，想念、意念都是想的过程，想是心理活动的过程。念是想的开始。要想，开始出现的是念头，即起念、起头，开始了。念是对事物内心反应的一个开始想的领头，就是从这儿开始想。这个时候我们就想，念头开始了，起念了，它告诉你要想什么。念的关键是方向，到底你想什么。

比如我们现在要想提顶这个事，想提顶就是念头，我就抓住提顶开始想，这就是念头。所以它是想的起始阶段，从这儿开始想。我们要很清楚知道我想什么，我的念头是什么，要捕捉住这个念头，在这个念头的引领下一步一步向外去想，最终想出一个明确的答案和结果。这是念、起念。

意，是在想的过程中，有了一个想的内容主旨，比如我想提顶。用意的意是在念头起来以后，在想的过程中，你用什么方法想。要想出明确的答案和结果，你要选择用什么样的意。念头是要"过河"，根据这个念头，我得选择一条船，给我渡过去，这就是意。念、意、想三者之间的关系，一个是想的开始，一个是想的过程中所遵循的方式、方法，要用意。只有用意完成这个念头，想出明确的答案，这个意才是真意。很多时候我们有了明确的念头，最后达不到彼岸，问题的关键是意。

选准一个什么样的意，用什么样的意来完成我这个念头，在想的过程达到一个正确的结果。最后的结果是归心，回到心上。尽管念、意、想是内心活动的三个部分，但最后还是回到了心里面。落实在心里面体现在最后的心觉、心悟，也就是通过念用意去想。我最后觉悟了，心觉体悟、身心有真实感悟了，所以落实到心上。

心里面觉悟了，不仅有觉了，而且身上有悟了，最后还是落实在自己的身上。太极内功的修为永远是身心双修，身不离心、心不离身，心为主宰。但是它不是只主宰它的心，而是主宰着我们整个的人。人的整体除了无形心，还有一个有形的身，最后心要觉、体要悟，就明白在身上。身上能把你心里的那个心觉具体用出来，发挥正确的作用。假想的想和念、意之间的关系是密不可分的，一心三用（念、意、想），最后落实到心觉体悟上。

从无极桩功开始，我们解决心觉体悟、身心双修。心里要觉、觉知，身体要实证、实悟，要能做出来，身心是合一的。在这个过程中，我们所要运用的恰恰是要有念、要用意，要通过想来完成整个修为，达到心觉体悟的结果。

第十章 竖 颈

颈就是脖子。脖子是身体中的一个局部，它起到承上启下的作用。上连头、下连身，正是脖子把头和身体连成、合成一个完整体，所以它是非常重要的一个关节、部位。我们身体经脉的通畅要通过脖子才能实现。身体的中枢神经系统、呼吸系统、血液系统，都是通过脖子把上和下、头和身连成一个完整体。

一、竖是立和直

颈（脖子），是有形身体的一个部位，是看得见摸得着的，是有形的、实的。竖，是一个形的状态，更主要的，竖是一种意，是一种滋味。太极内功的竖不是从形体上寻求有形的竖，更主要是通过颈（脖子）要寻求到一种竖之意，也就是一种滋味、一种味道。从无极桩功开始，修为的核心主体就是通过形寻求意，是练形而求意。无极桩功要解决形和意二者之间的关系，这两者是谁也离不开谁的。如果意离开了形，就不是真意；如果形离开了意，

第十章 竖 颈

就是没灵魂的空壳之体。形和意两个是对立的，一个是看得见、摸得着的有形的实体，一个是看不见、摸不着的跟形永远伴随着的内在，但它是真实存在的。它是一种滋味、一种感觉、一种觉知。

要求意，不能离开形。意离开形就是一种空意、假想。我们要寻求的是真意，真意是通过有形之体寻求到一种真实的味道。形和意两个是既分又合的统一体。在形上，我们能找到一个真意的味道。这个真意反回头来使得形能够随了意。形和意合二为一了，就形成一个完整的虚实相合的太极体的我。

我们是从形来寻求意，要在形上把意得到真正的落实。意是虚的，落实在形上，意就虚而实了。形中能落实意，这个形本身是实的，实而虚之了。我们要分清有形的部位，通过有形的颈来寻求竖之意。首先要对竖的真义内涵有一个理解，特别是要去理解所求的竖之意。

竖是立，最关键的是直，所以竖是直，是竖直。我们要从立和直两个意义上去理解竖。直是垂直，竖表示的是和大地相垂而直。有形的身体和大地是相垂直的关系，这才是竖，我们从直中体会到竖的真义。

过去盖房子没有水平仪，泥水匠看墙砌得直不直，靠的是吊线。吊线底下有一个金属的重锤，这个重锤由于重力的作用跟大地是完全垂直的。吊线跟墙是平行的，所以通过吊线就可以看墙砌得直不直。直只有一种结果，就是跟大地相垂直。实际上这个直只存在于虚空处，也就是人体基本的形态是无直、没有直，直是一种理想的状态。事实上在有形的物体上直是不存在的，或者是人为的。这个竖指的不是形的状态，而是在虚中的一个意，我们要找到这个意。

二、通过竖求直

为什么要竖颈，从颈上找竖，就是因为我们的身体是曲的，没有这个直。从我们的身体来看，从臀部微曲，到膝、足下，一直是曲的，曲是我们人身体的真实状态。我们缺的是直，所以要在曲中求出无形的、真实存在的竖直。这个直使得身体的曲以直的贯穿形成曲直相合的完整状态。无极桩功的竖颈，就是通过竖求这个直。

这个直是虚的，是意，是一种真实，是一种味道。我们就要把虚的真实得到真感实悟的一种味道，让曲在任何时候都能以直为准。曲不离开直，这样身体就形成了一个完整体。我们在行住坐卧走的时候，有曲无直，久而久之就造成了颈椎病、肩周炎、腰椎病。因为身体真实状态是曲，但是没有直支撑曲的话，曲就变成了互相没有弹性作用的、联合成一体的局部用力的状态。

第十章 竖 颈

要解决这个问题，关键要从自身上去求出直的意来。可是这个直又不是有形的身体，它是在虚空处的一种只可意会的味道，但它是真实的主宰。我们要想和大地相通，就必须在人的身体中寻求到虚而直的真实的存在。

无极桩功很重要的是要寻求到这条与大地相垂的直线。它是在无形的虚空处的一种真实存在。这条直线，它虚的实了，在人体中叫虚中线。这条线由百会通天，下通地，因此也是天地人三者相通合唯一通畅的大道。离开了这条线，天地人就不能相通合。无极桩功，就是要站出这条虚中线。要虚而实之，站出真感实悟来。我们要站出知觉，让有形之身由这条线给贯通而支撑。我们要想站得平稳，在天地之间顶天立地的话，关键是把这条虚中线虚而实之。

我们的身体是曲的，但要站出虚中线。虚中线和竖颈存在着密不可分的内在关系。离开了竖颈，这条虚中线就不存在了，就找不到了。要想找到这条虚中线，就要从竖颈开始。

我们有形的身体是曲的，没有绝对的直。我们要找到直，就要从意中无中生出有来。要穿过有形的身体，我们才能找到这条虚中线的真实，因为它在虚空处。它贯通颅腔、胸腔、腹腔，我们是在空中求出真实的虚中线。胸腔和腹腔本身是自然连成一体的，但是颈把颅腔、胸腔、腹腔连成了一体。这条虚中线从百会进来之后，从颈到了胸腔和腹腔，然后直接跟大地相垂直、相贯通。脖子（颈）本身是一个管子，这条虚中线是从管子中穿过去，跟大地是垂直的。从这一点来说它一定是垂的，才是直的。如果这根管子不能竖起来，这条虚中线就通不过去。要想让这条虚中线能够畅通无碍地通过去，这个管子就不能弯弯曲曲，因此必须要竖颈。这个颈就起到了非常重要的通路的作用。

这条颈管是真实的，但是它是空的，有形的颈是空腔的。只有它虚空了，这条虚中线在这个空中虚而实、无而有，才能产生真实的直通的感觉。竖颈从形上来说关系到我们身体的中正，关系到人身体对外有形的形象。同时更主要的是，内在的这条虚中的通道，只有畅通了以后，人才能和天地三合一地相通合。通合了以后，我们这个人才形成一个虚实合一的完整体。实的形是曲的，虚的意是直的，所以它才能够天地人直通、直达。只有我们通畅了以后，身体存在的问题才会迎刃而解。

三、虚的直与实的曲合一

从百会、膻中到会阴是一条虚中线，恰恰这条虚中线，从百会进来以后，是从颈这条管子把颅腔、胸腔、腹

第十章 竖颈

腔贯通成一体。贯下来以后，还有一条实中线是大椎，从玉枕、夹脊到尾闾关。实中线是曲的，虚中线是直的，这两个合起来以后，合成了既对立又统一的完整体。身体才有强大的支撑，才有最佳的完整状态。

这条大椎就像是弓背，虚中线就是弓的弦。弓是弯曲的、实的，弦是直的、虚的、绷紧的。最后这两个一合，把有形的身体、实的身体和无形的天地合为一体，天人合一了。虚的跟实的相合，曲的跟直的相合，一虚一实、一曲一直，实际上体现的是一阴一阳。两个完全对立的部分是分的，但它们是合二为一的，是谁也离不开谁的。一个曲的实体，一个虚的直意，互相作用以后，实的有形的曲体，在虚的直意的主宰下，才能产生弹性的变化。弹性是松通的一个重要标志。我们要让身体产生弹性的变化，关键就是虚的直和实的曲两者要合一。

"阴阳相济，方为懂劲"，阴阳分开，它们一个虚的一个实的、一个曲的一个直的，合在一起合出来一个阴阳之合——太极。实际上，从无极桩功开始，要分出来阴和阳、虚和实、曲和直，最后要合出太极来。太极是阴阳之合的结果。分了一个阴一个阳，是二，一合以后太极就是一。我们从虚和实、曲和直中寻求它的真义内涵，在身心中的真实体悟。颈竖起来，这个通道打开了。要把这条虚中线求得真实。它的真实是意的真实，也就是我们通过有形的颈（脖子）要真实地寻求出无形的虚竖之意。意在虚处求真实。我们站无极桩功竖颈的时候，要意在虚空处，在这条虚中线上要求出它的真实。这个脖子就是一个空的管道，管道中有一条无形的直线。这是竖颈很重要的一个要求。

竖颈是虚和实相合。合出来一个滋味，那个滋味只可意会，很难说清楚，因为它是两个对立的东西合出来的一个滋味。其实我们最终要得的就是这个说不清的味道。它说不清，但是它是真实的，我们能够心知肚明，有真感实悟。恰恰是这种说不清的味道，给我们带来了极丰富的想象。那种无以言表的滋味是非常难得的，是只有自己独享自乐的。只有尝到这个滋味，才知道真的对它有心领神会的觉知。无极桩功就是要寻求说不清道不明但是非常美妙的、无以言表、真实存在的味道。这种味道是你独有的、难得的，是任何人都夺不走的。因为它是虚的真实，是虚实相合出来的一种味道。这种味道是随着情况发生变化的，是一层一层不断地在变化中产生出来的。我们通过竖颈，就要找出来虚而实、曲和直相合以后那种无以言表的味道。

这个颈是有、是真实的。求得的直是没有的，但是我们要把这两个合起来以后生出无而有的，真实的竖直状态、滋味。正是在这种滋味的主宰下，我们遵循着竖直之

第十章 竖颈

意，使身体真正达到中正安舒。

特别是竖颈上这条无形的虚中线、这条天地人之间的通道，通下来以后虚实相生、曲直相合、有无相变，最后虚中线和实中线相合成弓，完整成一体。实的要柔、要松、要无，虚的要紧、要实、要有，所以一松一紧、一无一有，它们之间发生了相互作用和关系。当它们实的虚、虚的实，有虚虚实实的变化的时候，它们会产生静心凝神的神，会出神。竖这个颈，曲中有了直、虚中有真实，才能够让神一直达到全身的最高处，神能够贯通出来。竖颈这条通道，通出来这条虚中线以后，才能通出来神贯顶，出神了。这个人才能静心凝神，神能够聚了。《十三势歌诀》上说"尾闾中正神贯顶"，尾闾是实中线的一端、下端，当它跟虚中线相合以后，非常通畅地直达百会，贯通三个丹田到印堂，出神了。作为神的通道，竖颈是一条必然的通路。在无极桩功中，上提百会下落足，天上提地下落，通过竖颈以意通出来神。神是说不清的，但它是内在生命力的具体体现。人的神一散乱，生命没有了神，就要结束了，所以神体现的是内在生命的旺盛。我们通过无极桩功所求出来的是竖颈这样一个通道。

四、顺是竖，逆是横

我们一定要牢牢把握住一个原则，就是用太极思维来指导太极内功修为，去寻求分阴阳合太极这种完整的状态。离开了太极思维，我们就很难寻求到分阴阳合太极在身心中的滋味。老子的思维是太极思维的代表。我们想问题的时候，也要运用逆向思维，不但要有顺还要有逆。我们一说到有的时候，就要想到无，因为有是无中生出来的。一说到无的时候，一定要无出一个真有来。如果有是顺的话，我们顺着有去找无，无就是有的逆，跟有是相反的。顺和逆就是太极思维。

同样，我们也要遵循太极思维，在顺和逆中去体会竖颈的真义内涵，找出来竖颈的味道、状态，找到真感实悟的结果。我们在顺逆中去寻求到它的真实。

顺就是这一竖，就是这一直，它是顺的，因为它是天地相通合的通道，是顺天顺地的结果，是天地相通的真实。在无极桩功中通过竖颈把自己和天地合成一个相通的整合体，也就是通过虚中线找到我们跟大地的重。在天和地之间一提一落、一竖颈，这个虚中线能够一直通天通地，和大地的重力是相顺和的、顺遂的。我们在竖颈中首

第十章 竖 颈

先要找到顺，要站出来这一竖。

我们不单纯要求这一竖，还要通过这一竖找出和它不同的相反的那部分，叫逆。如果顺是竖，逆跟竖是完全相反的，叫横。我们只要往这儿一站，都会受到大地这条垂直的重力线的作用，这是自然本原存在的，是不以人的意志为转移的。

由无意识到有意识，最后要站出来这条虚中线，自然地让它虚中出来实，把曲的身体能够贯通成一个整体。我们通过竖颈来求得这一横，就是通过竖颈要找到竖中求横、顺中求逆两者合一的真感实悟的状态。

顺是一种自然的状态，在这种自然状态下还要通过修为，把它和它相反的这部分合成一个完整体。也就是在顺中我们还找到了一个逆，找到了一个跟它完全不同的状态，而且是跟它相合为一的。这就是修为的核心主旨。

我们不必到山里面去修神仙，而是从逆中就能够逆出来不平凡的状态，最后都可以成仙。在平凡中只要跟它逆着去找出一种真实的话，就是逆中仙。从无极桩功开始站，就是要站出顺中的逆。具体到竖颈，竖的是颈，通过竖颈在空管子中又竖出来天地人相通合的虚中线，这是顺。我们要寻求逆。其实有顺就有逆，只是我们很少把顺逆两个对立的部分合二为一地统一起来，寻求它的分而合的真实感觉。万物的本原，是顺中有逆、逆中有顺。横中是由竖出来的，竖中一定会有横跟它相交合，这就是一阴一阳之道。

五、横平竖直

这条虚中线是虚的、直的。我们人身体的状态恰恰跟它相反，人身体本身就是顺逆相合、横竖相交的。人身体本身有形的部分，也是横不离开竖、竖不离开横。比如形容一个人强横、愤怒，说他横眉竖眼，眉毛一定是横的，眼一定是竖的，眉眼相合这才合二为一。比如口鼻相合，鼻是竖，口就是横，又是一竖一横。身体总是有一竖就有一横，只是我们很少从横竖的角度去认知身体结构。恰恰通过无极桩功，我们认识人本原的状态，人身体真实结构是由一横一竖构成的。只有在横竖之间去寻求到它们开和合、顺和逆相互变化和作用，我们才能把握住自己身体的运作。

一横一竖，是无极桩功求得的一个人的真实状态、真实结果。拳论上说"一横一竖打天下"，一横一竖就体现在一阴一阳两个对立又交合在一点，横和竖合出来那个点就是太极。

因此，我们在站无极桩功的时候，要站出这一竖来，还要找出一横。横竖交合以后，交出来的是太极。《太

第十章 竖颈

极拳论》说"太极者，无极而生"，我们站的是无极，求的是合太极。首先要分出来这一横一竖，要找到它们的真实，才能体会到它们合起来的滋味、状态。我们就是要站出这一横和一竖。竖是唯一、是一，天地人、虚中线就是这一竖。每个人只有一条虚中线，只有这一条通路。如果竖是一，横就是万。如果竖是有，横就是无、无限。以竖求横，可以找出无数个横。在这个竖上可以有无数个横。无极桩功的竖颈是站出一和万的关系、有和无的关系。无数个无合出来唯一的有，这个唯一的有恰恰是无，因为它是虚而有的。所有的万有，它是实，因此，虚在一上，万在实处。一个无，生出来无数个有。

竖颈，就是要站出这个一，因为一可以生出来无数个有。正因为竖生出来无数个有，组合在一起以后才产生了千变万化。但是无数个横的变化，又总是要不离这个虚而实的一。拿住了这个虚而实的一，就有了一切的变化。通过竖颈要站出这个一，在虚中求出一个真实的一的话，就得了这个一，就得了一切。尽管这个一产生无数个变化，我们都能从容面对，因为万变不离这个一。我们要从这个角度去理解竖颈真实的意。一个阴一个阳、一个横一个竖，是中国文化的核心理念，是它的灵魂。其实中国文化是太极文化，是阴阳学说，是横竖文化。中国的文学、艺术、武术、饮食、医学等，都不离开它。特别是中国的方

9 无极桩功

块字,核心就是一横和一竖,因此我们要求得的是横平竖直。太极内功就是在横平竖直中去合出完整的状态。

在无极桩功中竖颈,我们不但要找到竖,还要在横中去寻求横平竖直、横竖相交的滋味和感觉。横竖相合以后,合出一种非常美妙的、无穷变化的、说不清的、只可意会的味道、意味。我们站无极桩功,就要站出它的真实,而不是在有形的身体上站出一个竖颈的结果。我们是通过它来寻求到这种无形无象的、非常美妙的、合一的滋味。当你站出这个滋味,体会出无穷的变化,你就站活了。

修为无极桩功的竖颈,要站出的这种滋味是若有若无的,是有无相生、横竖相交,既是竖也是横,是竖中出来的横,是横竖相交的结果,是二合一的。我们的意在竖颈中就要寻求到这两种对立合出来的只可意会不可言传的真感实悟。

总之,我们要用太极思维去理解和分析变和不变、动和静两者之间既对立又统一的密不可分的关系。从内在关系入手,把两个对立的东西相通合在一起,我们才能够了解事物变化的真相,从而把握住事物发展、变化趋势。

学员A:在上课的时候您都会让我们站桩,一站可能会站一个小时左右。如果站了那么久,譬如腿酸,或者不舒服，用意念去调整都调整不了的时候，您会建议我们怎么做？

李光昭：平时的站桩，一定不是靠坚持出来的，而是要站出自然的结果，不要去强求。站着不舒服的时候，不要继续坚持站，那个站是背道而驰的，反倒不自然了，对身体没有好处。我建议每天站45分钟，也可以分3次，一次15分钟，但是每次站的时候，都一定要清楚站桩的核心内容、主旨，就是你在站什么。你不必在乎站的时间的长短，而是要站出来真实的滋味。

你可以根据自己的实际情况进行调整，总之有一条，越站越清晰、越舒服，越能够符合站桩的主旨核心要求，越能够站出那个真实的滋味来。当站出真实滋味的时候，你想站，它就会引领你去站，因为你在那个时候尝到了一种真实的、美妙的味道，内在的味道。你在那个时间真的是得意忘形了，身体不累了，你也能站住，因为你已经由形去求出一来了，品到了一种味道。就像你看到一本好书、欣赏到好的作品的时候，你把所有其他都忘掉了，完全进入那个境界中，你会感觉时间很短，其实已经很长时间了。我们站桩也一样。站的时候感觉不舒服，一定不要坚持。你可以坐下来，缓一缓，休息一下，然后再接着站。一定要循序渐进，不仅要站对，还要站出那个真感实悟、真实的味道来。

◐ 无极桩功

学员B：关于提顶和落足的问题请您再简要讲一下。

李光昭：提顶和落足，一个上一个下、一个提一个落，这两个上下是分的，但是我们要通过桩功的修为让它们合起来，合到一个点上。实际上太极内功的修为就是一个分一个合，分就是阴阳、合就是太极；分就是两个完全不一样的部分，合虽然这两个部分是不一样的，但是要合到完整的一的状态上。

一个上提一个下落，这两个是分着的，提是向上、落是向下。要想把它们向一起合，具体到无极桩功来说，上和下这两个合到一个点是合到了中上。

在无极桩功修为中，我们要找到一点，通过这一点来体会提和落相合而一的滋味和味道。这个点在下丹田，下丹田就是脐下三指，这个位置也叫气海穴。上下相合就要在下丹田这一点上合出来那个一的滋味。下丹田这一点是人体之中，人体有形身体的中就在这儿，所以这一点是承上启下的，也是人体之"中"点。这一点在百会、膻中、会阴这条虚中线，气海一横一竖，横线气海到命门。横线与虚中线这条竖线相交的那一点，就是下丹田。我们就要在那个地方寻求上下相合，因为它是我们人体之中。

从太极内功的修为来说，提，是提的这个落，所以这个提一定是提在这个落上，而不是仅仅在提上。这个落，落的是向下提着的，所以，提的是提的落，落的是向下落的提。这两点之间是有分有合，相互作用的。这两个在开和合的过程中，就合上了这个中点，即下丹田这个点。分是二，但是提中有落、落中有提，合二为一了，合到一个中的点上。提和落，分是二，合是一，一在下丹田体现。我们在无极桩功中意守丹田，也就是用意来感知丹田这个位置上这点是提提落落、落落提提。这个点本身是空的，但是空里面不空，产生一个意来。那个意是提落、落提之间在动态中的一个平衡状态。

站无极桩功的时候，我们最主要的要感觉到这个地方是空的，但是这个不是空的没有、不是空的动。我们有形的身体是不动，但是里面的意有一种味道。这个味道是动出来的味道，又提又落、又落又提，提中在落、落又在提，所以它们两个在开合变化过程中产生了一种动态的相对平衡。我们要感觉这个地方不是静而不动的，不是没有动静的，总是在分合中、开合中，所以它是静中的动。

我们站无极桩功提和落，站不出这个位置里面有动势，用意体会不到里面有真实的动起来的感觉的话，说明我们没有把无极桩功站通。我们要真实地去感受它，因为这点也是生命的气机所在。它是动的、活的，也就是生命之种子就在这个地方。

> 无极桩功

学员C：什么是沉，沉和悬提到底是什么关系？

李光昭：沉和悬提是因果关系，悬提是因、沉是果。因为有了悬提，才得出了沉的果。站无极桩功的时候，我们站出了上有提下有落，其实是通过上提把整个人体提起来，不是只提百会这个局部。只要一提，我们像被提一件大衣一样，整个给悬提起来了。这个落，不单是指脚下，一落无有不落，整个身体从上到下全都要向下落，平松而落。提是整体提，落是整体完整地落。提的是全部，连骨头带肉把整个人都提起来，落是整个把人都要放落、松落下来。不是上提下不提，下落上不落，而是整体的、完整的。

提这个人，就是把整体都要提起来，首先提的是重，也就是提一个完整的人。要把我整个提起来，这70多公斤就是我整体的重，也就是把我整体的重一提起来，我整个人就提起来了，因为提的是这个重。这个重，就是地球对我这个人的重力作用。地球上每个有质量的物体都受到地球引力的作用，都有一个重力，所以我们有重量。这个重如果不提只有落的话，落则滞，它就是重滞；把重提起来，提着的重，这个重就是轻灵。这个重落下来了，它就滞了。只有落，就落死了。只要一提起，它就活了、轻灵了，但还是重，是提起来的重。这个重能够轻灵了，我们就会感觉到沉了。沉是提起来的重，把自己的重全部都提起来。

我们吊了一个重锤，这个重锤就是我们身体无形的重，就是地球对有形身体所出现的无形的虚的但是真实的重。所谓提，不是把整个身体提起来，而是把那个重提起来，身体就轻了。不是用力，而是用意，提出来既沉又轻、轻中又沉的味道。重中是轻，轻中是沉；提起来的重，就是沉。

《十三势歌诀》上说"意气君来骨肉臣"，骨肉是有形的身体、是实的，意气是无形的内在，是虚的，它们代表着一个虚一个实，是君臣的关系。主宰着骨肉内在的意气，是君位、主宰。骨肉是被意气所主宰，被意气所提，它是臣、服从的。用意气主宰着，把骨肉的重能够提到轻灵状态的时候，沉就出来了。如果把这个包放在桌子上，不提它，你感觉不出它沉，品味不到这个滋味。只有把它提起来你才感觉到它到底有多沉。提的是包整体的重，沉是提起来的重。悬提沉，悬提是因，因悬提把我整个重提起来了，提到轻灵、圆活的状态，我提出来感觉到沉的状态和滋味。这种状态恰恰是以意气为君、以骨肉为臣的结果。

第十一章　收　颏

无极桩功中分出来三盘、九节、十八个部位，其中的一个部位是颏。颏是实的，是形上具体的位置。我们通过颏这个位置来寻求收之意，体会收的味道。这里不仅要知道颏的味道，也要对收的意有个确实的理解。收之意是无极桩功修为内在的主旨，我们要尝到它的滋味，把收的意真正落实。

一、收的内在之意是聚、拢、藏、敛

颏是下巴颏，位于头部最下端。很多人分不清颏和颌，颌是整个腮帮子，上颌骨、下颌骨合起来叫颌。颏只是下颌骨最下端这一点。收颏，不是收颌，是收这一点。颏正好和百会相对，百会是人头部的最高点，而颏是头部的最下端，作为头来说它们两个分了上下。

我们通过头部的最下端颏这个位置，来寻求收之意。意是一种滋味，很难用语言准确表达。你找到了这种味道，自己心知肚明。在站无极桩功收颏的时候，体会收颏

第十一章 收 颏

之意、收颏的味道，就需要静心凝神、呼吸自然、周身松通，关闭对外所有的系统，视而不见、听而不闻，内视内观。内视内观，观的是意，收颏不是就形来说的，而是品内在的意，去寻求意的味道。既然是找收颏之意，我们得了解收的内涵真义。从太极内功对于提或落、收来说，更强调的是内在之意的意解。

从形上来说，收就是往里走、往回来。回来，是入，向里入叫收。收的时候，能够看得见，从形的角度很好理解。从意上解，是拢、聚、收拢、收聚，聚到一起、聚合到一点上。所以，在回的过程中叫收，收到了一点上，聚到了一点上，那个是收的内在滋味，是眼睛所看不见的。它是真实存在的，我们就要品那个味儿。所以这个收有聚、有拢，还有藏、收藏，不外露。在内不在外，不向外出，也叫收。不但聚，而且还不外露，藏起来。这个意、滋味是看不见的，因为它藏起来了，外面不露出来。收之意，从内里来说，还有一个敛，收敛。

聚、拢、藏、敛，都是收的内在之意。我们通过内在的意气把虚的看不见的东西形成内在的真实的滋味、状况，而这种状况是看不见的、摸不着的，但真实地存在于我们内在的主宰。我们通过收颏收出内敛的真实的感觉、感受，这才是我们所要求得的真实的主宰、主体，而不是形上的变化。我们通过颏找到什么是聚，什么是收藏，什么是内敛，把这些味道尝到之后，就知道太极内功修为中内在的神意气了。拳论上讲，"神宜内敛"，神意气都要收，都要敛。一个人如果神散，意也不能够聚，意乱了，气散了，他就成了散乱无章的人。我们把有形的实的身体站虚了以后，站出一个静心凝神、呼吸自然、神宜内敛、气宜鼓荡，意专注、完整的状态，这才是无极桩功修为所要找到的状态。通过颏来体会无形的收之意，找到一种真实的内心的感觉，你就了解了收的滋味，对收有一种真实的体悟了。

站无极桩功的时候，我们对颏要有一个收之意的真实的感觉，也就是它要收拢、收聚，要聚合在一点上。《太极拳论》说"动之则分，静之则合"，无非一动一静、一分一合。分是分了两个完全对立的要素，一个阴一个阳；合是把两个对立的完全不同的东西合到一起，分阴阳、合太极贯穿太极内功修为的所有功法。它修的就是这一分一合、一开一合。我们身心中对一分为二、合二而一的过程和滋味有一个实修实证的真感实悟，这就是太极内功修为的主旨。从无极桩功开始，我们在任何时候都要分。我们所求得的味道，是分而合的结果。这个收的味同样是分而合的结果。你要体会真的收出来的味，是一个滋味，但是这一个滋味里面一定是相反的对立的两种状态、两种滋味合出来的一个收的味道。合在一点上。

二、在膻中穴上找收之意

收颏也是合二为一，也是分而合，收是合的结果。太极内功修为的分和合，无出一横和一竖。这个收是一横一竖，我们要找出对立的两部分合在一个点上出来的味道。我们收颏的时候，就要通过颏这一点去分出对立的两者，把它们合到一个点上。

这个颏分一横，一横向虚中线收，跟虚中线垂直的这一点上有一个收之意。下巴颏这一竖，分了两个意，一个向内拉，这是虚中线；一个向下拉，两个合出来一个滋味，一个意。这个意是横竖两个合出来的。它永远要向虚中线这个竖上去合，交到一点上。我们通过颏这个实的点，最后要二合一，合出来虚而实的一点，这是收颏的收之意。收颏的时候，要向这一点去寻求意。这一点要真实、准确，我们这个意要在这一点上找到收颏的真实感觉和味道。

收颏的时候，这个意由虚中线向内来横向拽，还有一个要向下拉的意。这两个意合成一意到膻中穴，这个收之意在虚空的膻中这里得到真实的感觉。我们通过颏的收形成一个完整体，合出一个完整的状态。这是我们要真实站出来的。

分是绝对的，是本原的规律。总是有分天分地分阴分阳。人分了有上下、左右、前后，每个人都是在分的，同时每个人也是合的，比如两只手都长在自己的身上，但是又是身体上的两个部分，所以这本身就是合的。

每个人在打造自己的时候既是分的，也是合的，这是先天的、自然的、本原的状态。如果没有经过后天的修为，无法知道什么时候该分、什么时候该合，你自己左右不了、控制不了。当你自己在自然状态的时候，是有分合，但是环境改变以后，特别是受到外在干扰、遇上外力的时候，破坏了这种分合，你就分不开，也合不上了。

尽管我们本身就是在分合的，但是要通过修为做到该分的时候分得开，该合的时候合得上，不受外在环境的变化干扰。我们修为出这个结果，才真正把握了自己，真让自己能够屈伸开合听自由。杨班侯的《阴阳诀》第一句说："太极阴阳少人修，吞吐开合问刚柔。"只有做到任何时候开或合，能够自然而为、顺势而做，我们才把握住了自己的阴和阳，把握住自己生命内在的主宰，才真正能够主宰我们自己。

分合本身就是要分的，任何时候都分。我们同样在收颏的时候要分，把收分出去一个横一个竖，然后要向这一点合。我们通过这一点来找到一个真实的意，那个意在

第十一章 收颏

虚空处求真实，也就是在虚中线膻中穴上去找到收颏收的意。这个意是因为一横一竖相交合出来，所以它是完整的。

学员：收颏的收放合分是否也有形体上对应的其他的十八个部位呢？比如说足是对着顶，是在部位求，收颏的意是在颏本身求内收下放，合在膻中穴上，这个理解对不对？

李光昭：对的，无极桩功是通过十八个部位求十八个部位的意。每个部位都对应我们所要求的意。比如，收颏之意，形是指下颏，我们要求得的是一个收之意。既然是意，就不是形上的变化。收颏是向里收，不是形体的变化，而是一种滋味、一种意。这种意是合出来的意。太极内功的修为分阴阳合太极，也就是任何部位都应该分出一个阴一个阳，就是分出两个对立的部分。收颏的收之意是两个对立的部分合出来的滋味。

收颏，是在下颏这儿寻求收之意，这个意同样是由两个对立的部分组成的。换言之，十八个部位所求之意，比如提之意、落之意、竖之意、挂之意，都是通过一个具体的部位寻求出一个滋味来。不管是提、收还是落，每一个滋味都是分合出来的。这个分合都会在有形的身体上对应出相应的位置。作为太极内功来说，分阴阳合太极，合出来太极是一。

分阴阳，具体到太极内功，体现在分出上下、左右、前后、内外八个面。我们遵循着对立的八个面去分，同时去合，每对立的两个部分都会合出来一个状态。八个方面互相再合，最后合出来一个滋味。收之意也是由八个方面合出最后一个滋味，合出来的结果、合出的滋味是收。

不只是收，所有的各个部位所求的意，我们都应该从八个方面去寻求它。太极内功讲立身须中正安舒、八面支撑，也就是要从八个方面去寻求它的对立统一。有上就有下，有提就有落，一个是顶一个是足，一个是百会一个是涌泉，最后提和落、上和下合到一个滋味，那个滋味是中，我们从丹田这个地方去体会那个味道。

同时有左还要有右，左和右两个是对拉拔长，拉和拔。在相对而拉的过程中，它们又要有一个向外拔向内拉，拔和拉两个是相对而相合的。

还有前和后，前和后是一散一聚，散和聚两个是对立的。前和后所产生的应该是一散一聚，这两个要统一起来。还有内和外，内外两个是屈伸，向内为屈、向外为伸，一屈一伸。这两个是对立的，但是要把它们统一在一起。

最后，我们把上下、左右、前后、内外整个合出来一个完整的滋味，这个完整的滋味是最终要找的太极，即一

第十一章 收颏

之味。收就是由八面对立相合以后合出来的一个味道。要对应十八个部位和有形的身体，去寻求这个无形的意，两两相对去找它相合的那个滋味。

具体到收颏，首先要分上下，百会为上，颏就为下。上要提，下就要落。所以，颏和百会相对应，一提一落、一上一下。这两个要在提落中去寻求相分相合的那个味道。颏为前的话，跟它相对的位置是实中线的大椎。颏和大椎一前一后，这两个就要有一聚一散，一个要出一个要回，它们依然是在前后中产生了相反相成的作用。同时还要找左右，比如挂肩，肩上的两个肩井穴与颏来说是分左右的，左右两个对拉，要互相拉。同时要向外拔、向里拉，拉和拔两个又是相反相成的。还有内和外，外要向出散、内要向里收。我们最后合出来的一个意，有上下、有前后、有左右，意的滋味合到中上了。我们相对应的在膻中穴体会到收颏的收和放之意，如同在放风筝，拽着风筝的这一点在膻中穴，这个意是在膻中穴寻求。站无极桩功的时候，每一个部位都要去寻求相反的对立的两个部分，去寻求它们相反相成、相对相合的滋味，最后要合出来一个意。收这个意是一个结果，是上和下、左和右、前和后、内和外分而合出来的一个意。合出来的收之意是既有上下，又有左右，还有前后和内外，

无极桩功

合到一个点、一个味道以后说不清了，那个味道叫收；收这个味道是有前有后、有左有右、有内有外，最后合出来一个味道以后，既有又无，它不再是上和下，是上下之合；也不再是左和右，是左右之合，因此它是说不清的、混沌的味道，但是是真实的。这种味道是无了上下、左右、内外，是上下、左右、内外之合，合出来无而有的味道。

从无极桩功开始，我们通过形来求意，其实在每一点上都可以从对立的两个方面去寻求。除了上下、左右、前后、内外八个方面，还有很多很多。这只是一个原则，你都可以分出两个对立的方面去寻求一个味道。这个味道是有而回无、无而生有的一种真实的又说不清的内在的滋味。我们所求的十八个部位的意，都是在修为过程中最后要找到的滋味。每个人都有有形的身体、无形的意，本身具有的，但是平时很难在对立的分合过程中寻求到一个完整的味道。当你寻求到这个味道以后，就寻到整体的完整状态。这是内功修为的核心主旨。

我们都应该在身体的有形部位寻求出对应的两个不同的部分，来寻求分而合的完整之意。作为收颏来说，最终上下、左右、前后、内外合出来一个意，是收之意，这个收之意最后体现在身体的中。站无极桩功的时候，我们用膻中穴来体会收和放的滋味。如同放风筝一样，这个地方又放又收，它是一种动态的平衡。我们借助这个位置来体会收颏，体会收放的相对动态平衡，寻求到这个意的真实味道。

第十二章　叩　齿

叩齿，齿是有形的、实实在在的。叩，从形上来解说，是叩合，开了以后向一起合，这个动作叫叩，如三叩九拜，叩头。从意上解，是两个分开的对立的部分，我们要让它通过一个意，找到既分又合的滋味、感觉。这种感觉依然还是开和合，一开一合。意上这个解，不是动作上的一开一合，而是在形不变的情况下，找到一种内的意的变化、意的开合。

一、用意气叩合

形上看得见，我们要把内里面意的变化落实，把虚的意实了。我们在形不变的情况下去体会开和合的真义，感觉到开有一个向外的意、滋味，同时合的过程中又有一个由外向内运行的味道。

太极内功所求的开合不在外，不是练这个开合，而是形不动、形不变的时候去寻求静出动势内意的开合变化。形要静，意要动。我们不是低头扬头练收颔，而是颔没有动,但是我们有一个既向内又向下,上下一横一竖相交合以后变化出来合一的味道。这个味道是合二为一合出来的动态平衡、内意的变化。我们不是站一个外形,而是通过这个形要站出内意的变化。内里的意的流动才是我们所求得的真实的改变。

叩齿也一样,颌有上颌、下颌,牙有上牙、下牙。上下牙是开的、分的,自然而合,不要用力。叩齿之意,就是在上下牙齿中产生了一个形没有动但是里面的意在一上一下、一开一合地鼓荡、变化,这是我们要求得的叩齿的真实感觉,它是一种内在的变化。

无极桩功所寻求的叩齿,不是让上牙下牙真的去叩合,而是运用道家的叩齿吞津,结合太极内功的修为,在静出动势过程中保持外不动内要动,形静意动,以意叩之、以内叩之,寻求一种叩齿之意。

叩齿是道家的一种养生的功法。所谓叩齿,就是上下牙叩,甚至有响动。道家提倡一天叩三遍,早起三十六下,要轻叩,不要用力,让它自然开合。三十六下以后,用舌尖围绕着上下颌整个转三十六圈,最后转完,满口生津,把分泌的唾液(津液)咽下去、吞下去,因为它是人体的琼浆之液。古人提倡的叩齿吞津,作为一种养生功法,是从有形的动作中去做的,而无极桩功中的叩齿,是用意气叩合的变化去找到一种叩齿的感觉、味道,不是去练牙齿的上下叩合。这种叩合，至少能够使得口腔空而不空，形成一个完整体，起到内在的支撑作用。这是我们在叩齿中要寻求到的真实感觉。

二、百会、颈、颏、齿四位合一体

在无极桩功修为中，提顶、竖颈、收颏、叩齿，我们要分得清、合得上。人的身体，分了三盘、九节、十八个部位。上盘是头部，肩以上，有百会、颈、颏、齿。上肢四位，是肩、肘、腕、指。中盘四位，是胸、背、腹、腰。下盘四位，是胯、膝、踝、足。此外，还有裆和臀。四个位置合成四位合一的一体。

站的时候，四个位置分得很清楚，但是要把它们统一起来，找到一个滋味。它们是一个整体，头是分的，上为百会，下为颏；有上有下，内有齿，所以它分了内外上下，合到了一个整体上。

因此，百会和下颏，一个要上提，一个要下拽，这两个是上提下落。这一提一落以后，颏有一个内收。要注意，永远是可分，一说到收，马上从意上要一分为二，还要体会跟它相反的收和放。有收就要有放，有入就要有出。当这个颏向内收的时候，还要有一个向外的放，向外放的是意、神。神宜内敛，向内收同时又向外放，这才是

第十二章 叩 齿

内外合一的。

站无极桩功的时候，百会一提、下颏一收，一提一收，颈就自然而竖。自然而竖以后，颏在收的过程中，一收一落、一横加一竖，这个意到膻中穴了。上面百会是这条虚中线，下面颏也合到了虚中线上。我们通过虚中线的提，整个颈、头部通过百会跟下颏就合成为一个整体，都合到虚中线，颈自然就竖起来了。所以颈为中，上为百会，下为下颏，这两个一提一拉，颈就自然而竖，齿自然叩合。有收就有放，如何体会放呢？两只眼要相合，在内敛的基础上神不散乱，但是有一个出神，是要能够聚合到一点上，既不在左眼也不在右眼。两只眼睛的神聚合到一个点上，聚合到上丹田印堂穴，出神是在这个一点上。放是由这一点放出来一种内在的神意。在站桩的时候，百会上提、足下平松而落，提顶、收颏，自然而竖颈、叩齿而形成一个完整的状态。最后通过无极桩功，上盘、中盘、下盘，整个都合到了虚中线上，合出来一个完整的状态、合成一个完整体、一个太极体。

第十三章 挂 肩

挂肩的这个肩,是有形身体的具体部位。无极桩功是通过有形的部位来寻求一个无形的意,也就是在两肩这个有形的部位寻求挂之意。

一、寻求挂之意

肩这个位置,我们找到一个点,在那个点上我们的意去寻求它的真实。它是一个部位,但是要把它聚合到一个点上。

我们聚合到肩膀的点是肩井穴。从大椎沿着肩画一条横线,肩的最高点处是肩井穴。所以先找到肩井穴这个点,然后寻求挂的滋味。不管是外家还是内家,对于肩都有一个共性的要求,就是沉肩坠肘。

沉肩是结果,很多人练了很多年的沉肩,最后肩不但没有练出来沉,反而把肩练死了、练僵滞了,是因为他们拿着结果练结果。要抓因去结这个果,只有找到了方法,遵循这个方法的主体去修为,才能得到那个结果。我们是由挂去修为，把挂落实了，自然会得出沉肩的结果。

我们在肩井穴这个位置上寻求挂之意。所谓挂是两个不同的物体相互连接起来以后的一种内在的关系。所以这个挂一定要在两者之间那个地方去求。上下两个要挂，既不是上也不是下，是在上下之间寻找挂的真义。

具体到挂肩来说，正是肩井穴这个位置。人有两条胳膊，一左一右，胳膊上有肩、肘、腕、指四个部位。人直立以后，很重要的是上肢，特别是双手得到了解放。所以我们各种各样的变化都体现在手上，也运用在手上，也就是在这两条胳膊上。形于手，表现在手上，手上所有的反应，很重要的一点就在于肩活不活。肩要是一死，手就不可能有灵活的反应。

胳膊要分根中梢，像一棵有生命的大树一样，有树根、树干和树梢，这才是完整的。左右两条胳膊挂在了身体的主干上，这两个部分相互之间的内在联系就是挂。两条胳膊的变化，和主干、身体是合一的，是一个完整体。

它们起到重要的主宰作用，能够把两者连接成完整体。我们对挂要有一个深刻的理解，要找到它的滋味。我们把这个滋味很清楚地变成一种心知肚明、心领神会的觉知，我们在站的过程中寻求肩跟身体之间相挂相合的状态和滋味，即挂之意。挂不只是挂肩，而是通过肩这个位置去寻求挂之意。

◐ 无极桩功

只要身体分开成两个对立部分，其内在的联系就是相分相合、相牵相挂的。所求的挂之意只是通过肩找这个味道，其实这个味道最后我们寻求的是整体的。我们身体要形成一个完整体，有上有下、有左有右、有前有后、有内有外，它们之间的关系相分相合、相牵相挂。不管是有形的外在，还是五脏六腑的内在，它们以挂形成完整的状态。因为只有挂着才能够分和合，分才能动，否则就僵死了。分要能动，还要求是一个整体的动。要形成完整的状态，还要合，它是又分又合。

无极桩功三盘、九节、十八个部位，好比十八节列车。每节车厢是分开的，各自独立的，但是它们之间又合成了一列货车。每节车厢相牵挂起来，这样它既是分的又是合的。开动起来，车头一牵，车厢互相牵挂，形成一列火车，能够整体运行。因为它们是互相弹性的牵挂连接，在整体过程中各自又是分的，正因为这种分才能够在任何变化过程中形成一个统一完整的动作。列车要能够左转右转，起伏上下，它就要节节分开，同时要节节相连相挂，所以它是既分又合。

我们每个人也一样，要能够该进则进、该退则退，左顾右盼，能够灵活变转运动。随着客观的变化，相应地产生最恰当的反应，我们就要把身体各个部分分得很清楚，同时又要互相合出一个完整体。

第十三章 挂 肩

我们要找挂之意，一定要找到一个最恰当的位置。这个位置，在身体上形成完整的、分合的挂的味道。无极桩功就是通过肩这个位置寻求挂之意。我们在身体完整的状态下，是节节相连，最后节节相挂。找到了一个味道，这个味道就是挂之意。

太极内功的修为就是要把分的再合在一起。分是绝对的，合是相对的。一阴一阳之谓道，事物的本原就是一个阴一个阳，但是此两者同出，谁也离不开谁。我们要寻求这种既分又合的状态，分是阴阳，一合以后合出来一个味道，合到了一上，就是太极。这个是道，是万物的本原规律。这个分阴阳合太极的根本规律，我们要在自己身上去实修实证。

从无极桩功开始，修为的主旨就是分阴阳、合太极。我们在自己的身上要体会这种分和合。杨氏太极拳的内功修为，强调的是先求知己。其实一生中把握两个重要的主旨，你就能够成功。一个是知己，一个是知人，一个是内一个是外。外不仅是对手，也包括外边的人、我之外的人。知己知彼，方能百战百胜。杨氏太极内功的修为，就是让你能够知己知彼。知己才能知人，所以知己是核心的主旨。

无极桩功所求的形和意合一的状态，就在求知己。无极桩功又叫知己之功。我所传承的杨氏太极拳内功修为把它称为知觉运动，也就是知自己。

知己有两个方面，既要知身，又要知心，因为每个人都有有形的身和无形的心。我们以为对自己很了解，其实对自己并没有真正地把握、理解和认知。我们不仅对自己的身体没有真知，对自己无形的心也没有真知。真知，就是让自己的身和自己的心，一个外一个内，一个有形一个无形，一个实的一个虚的，最后要合二为一，合到一个点上。现在的问题是不合，因为你的身不受你的心指挥。

试手体验

对方攥着我的手，我告诉他，手这个地方可用力（紧），手之外不许用力（松），一个紧一个松，只要发出指令就让自己能做到。现在若指挥自己松紧，却很难做到。他做得还算不错，但是也没有做到真的紧，绝对的松。你指令发出来了，心里面发出一个意，告诉自己身体要达到这点，你做不到，是因为你自己的身体不受你心的控制。这个地方一紧，跟着全紧了，可是你发出的指令只是这儿紧，所以这个就需要修为了。如果你不经过修为，身体不受心控制，你这个身心是分而不合的。身体的分而不合，老处在不合的状态，就造成了身体的病痛。我们需要它紧的时候这儿是松，可是它一紧你这儿也紧，整个僵紧不通，久而久之就造成了身体的不通，各种各样的病痛就来了。所以你要能够

第十三章 挂肩

调控自己的身体，该哪儿紧就哪儿紧、该哪儿松就哪儿松，该怎么样就能怎么样，它能够听你的指令，这样的身体是受你的心控制的。我们的修为就要达到这样的结果。

我们真的知己，就是让自己的身和心两个能够统一，合在一起，其结果是有形的身服从无形的心的指令。所谓的真知心，就是心所发出的指令，是合天地之道，合客观事物的需求。你现在所发出的指令，都是你自以为是的指令，那么你的身体不能服从你的心，你的心也不服从客观事物本原的规律。人往往都是自以为是，按自己的想法去指挥自己，所以是背道而驰的。我们心里面自以为是的东西，是背道的。不遵循客观事物发展的规律而为，这样的知不是真知。我们要让自己的心无了自己的想法、无了自以为是，才能够合乎天地之心，合乎事物发展的内在规律。

这个心才是我们要通过修为得到的真心。我们让自己的身体能够随真心之意而为、随势而动。服从真心的调控和指挥，我们的身和心才达到了完整、完美的统一。这个统一就是我们所求得的真我的内外身心相合的完整的太极体。

我们在寻求的过程中，是身心双修，以身修心。无极桩功，就是通过有形的身体寻求无形的意，让身和心、形和意两个达到完整、正确的状态。正确的状态就是阴和阳两个对立的东西，相挂而合。挂之意就是真义，我们要在有形的身体上求。有形的身体是分的，分了上下、左右，分了十八个部位，最后我们要将它合成一个完整体。

挂肩，就像盖房子一样，我们从无极桩功开始，就准备盖出一个中正、完整、坚固的房子来。一个房子之所以坚固，不在于它华丽的外表，而在于它有一个完整的结构。我们人身体也一样，站桩就是打造出最恰当、最完整的结构。我们要分出来两个对立的部分，同时把它们合成一个完整的状态。

作为太极内功修为来说，分了上下、左右、前后、内外八个面，以这八个面来作为两两对立的两个部分，用这八个面来具体寻求和体现阴和阳、虚和实的真实。我们把上和下、前和后、左和右、内和外两个对立的部分叫作一横和一竖。中式结构的房子，有梁有柱，梁柱相合，最后搭建出完整的结构。中国的方块字，也是横平竖直，写的是结构。房子是搭出的结构，写字也要写出横竖相合的结构。

我们有形的身体，也要通过修为才能打造出横竖相合以后完整的结构。站桩，包括挂肩，都是在打造这个房子的结构，由各个部分来体现横和竖相交合以后出来的完整状态。

第十三章 挂 肩

说到结构，我曾经在2018年8月的博客写了一篇文章，题目是《榫卯结构》。我写了众人齐心合力，抬起屋架，若是房子结构不合理，任凭众人再怎样齐心、再如何合力，也很难把力合为一点。不只是搭房子的这些人要合力到一个点上，更主要的是房子本身，能把所有来的力都分而合到一上。为什么如此重的屋架能够被众人抬走而不散乱？众人齐心协力固然重要，光是做到心往一处想、力往一处使还不行，关键在于房子自身结构的分合完整。当外力作用到结构合理、完整的屋架上，房屋构架自身就能恰如其分地把外来之力化整为零，均匀分散，而始终保持其本体的完整不被破坏。为什么众人能够把一个房子整个抬走，就是因为它能够把外力均匀地分散开，还保持结构的完整。

太极内功修为把不被外来之力破坏的完整性称为守中。中国古老的建筑，用坚固而有韧性的木材做成横为梁、竖为柱的榫卯结构，把横梁和立柱空而实、分而合成为有隙无缝的弹性完整体。榫卯凸凹，凸是阳，凹为阴，一阴一阳、一榫一卯，构成榫卯结构。太极内功修为的是无凸凹、无断续、无缺陷。无凸凹是有凸有凹相合以后合出来的完整状态。无才有了真相合，它们相合以后合出来完整的中正状态。有阴有阳，合出来一个阴阳相合体，这就是太极。

正是这种榫卯结构，有间隙，合得非常完整。外力来以后，那个地方是有弹性变化，是有伸缩余地的，但又是完整一体的，所以才能够通过横和竖，把所受到的外力均匀地分散开。

太极内功修为就是练成身体的榫卯结构。太极内功所表现出来的让对手推不着，是因为身体每个部位都是榫和卯、阴和阳相合，合出来一个完整的状态，对手来的外力都能够被均匀地分散开了。

试手体验

对方现在推着我，这个房屋就是我的人体结构。如果我不能做到榫卯、阴阳相合、分而合，不是丢就是顶。他外力来了，我要顶住，或者逃跑，丢了。现在我要把我自己合出一个完整的状态，我是均匀的分散，上下、前后、左右，是完整的，不丢不顶。这时状态是完整、守中的，是平衡的。因为内在里面有散有聚，既分散到所有部位，又把所有的部位合成一个完整体。这个时候才是结构的完整状态。

无极桩功就是要把自己的身体合出一个完整的状态，不是我不让他推动，而是我把外力化散开，又把它们合到了一起，合到一个完整状态。一个整体的房屋，能够被抬起来，是因为它把外面来的力分散了，所有梁和柱、榫卯之间很均匀地化开了，而且它里面有弹性动态的平衡，所以它是

第十三章 挂　肩

完整的。

挂是寻求一个意。不是在肩这儿的挂，而是要把自己的身体打造成完整的房屋构架，这样的身体才是完整一气的，才是无凸凹、无断续、无缺陷的。我们是通过挂肩让身体所有的部位以挂之意去寻求它的层层松、节节分、节节相挂。通过相挂，挂出来一个完整的状态，这才是我们要寻求的挂之意的真义内涵。具体在修为中我们要进一步把挂肩得到实修实证。

在实际修为中，我们去找到那种真实的感觉、味道。我们要牢牢把握住修为的核心主旨，不是为了站一个死的桩，而是要站出一个最合理的有形之身的构架。同时，我们要通过有形的身体构架，寻求那个内在的无形的意。身体是分而合的，意也同样是分而合的，最终让我们打造出身心相合的完整体，通过修为建立起一个合天地之道、遵循客观事物发展内在规律的无为之心。让这个心来指挥、引领我们的身体，达到知己知彼、身心相合的完整状态，这是我们修为的主旨。我们要运用提顶、竖颈、收颏、挂肩等，以形求意寻求分合的有为法，达到修为的主旨。

对整个太极内功来说，挂之意非常重要。我们是通过肩去寻求挂之意，但并不只是肩挂，而是处处要挂，无处不挂。只要是分出来两个部分，它们之间就存在着相互挂和被挂的关系。

各派武术对肩都有一个共同的要求，即是沉肩坠肘。沉肩是结果，因挂而得沉，意也在挂不在沉。我们首先要分清因和果的关系，要抓因去结果。但是因和果不是固定不变的，前因是个果，后果又是因，它是层层可分、可变的。

我们要通过挂之意寻求沉这个果，求挂的时候，挂又变成了果。我们因什么才能结出来挂这个果，是要一步一步去体悟的。我们在修为过程中，永远要抓住因，不断在因中去求果。挂尽管是沉的因，但是要得这个挂，找到挂这个味道、这个意的结果，还要继续找它的因。

太极内功修为要想挂肩，就要求得挂肩的真实体悟，找到挂的真义内涵。从我所传承的太极内功修为中，我们要牢牢把握住两个因——一个是提、一个是牵，才能够结出挂这个果实。

二、因提而挂

太极内功的修为实质，就是把有形的身和无形的心和谐地统一到一个完整状态。尽管每个人都有无形的心和有形的身，但问题是身和心两者分不开，或者合不上。我们

第十三章 挂肩

让自己的身心随着各种外在环境、事物变化，就要做到该分则分、该合则合，也就是《太极拳论》上讲的"动之则分、静之则合""随屈就伸，无过不及"。身和心永远是既分又合、既合又分的一个统一的完整体、完整状态。尽管原来的是和谐的，但是随着后天的习惯不和谐了，我们就得要通过修为重新建立一个新的习惯，由后天返先天。这是太极内功修为的核心主体。

遵照着这个核心主体，如何将有形的身、无形的心自然、自由自在地分合呢？我们要抓住形和意两个核心主体之间的关系，来解决它们的分合问题。

我们在无极桩功修为中解决形和意的关系，就要做到得意忘形。要把有的这个形无了，把看不见的、无形的那个意要真实地有了。我们在修为中有一个具体的要求，就是要做到形要松、意要紧。这两个永远是相反相成的。

太极前辈王宗岳在《太极拳论》中指出形和意、身和心存在双重之病。双重之病具体是怎么体现的呢？形有、意也有，这两个就是双重；如果意无、形也无，这两个也是双重。只有做到虚实变转（形是实的，实的要让它虚了；意是虚的，虚的要让它实了）以后，它们之间合到一个有无相生、虚实相合上，虚实都有、都合，这个时候就解决了双重之病。

具体怎么让它实的虚、虚的实呢？太极内功的一个要求就是形要松、意要紧。从无极桩功开始，就是要松形紧意，即让有形有象的实体、实的身体彻底放松，让无形的看不见的意紧起来。

形要松，体现在有形的身体，要不用力。有形的身体一用力，身体就不松，不松则僵。身体一僵，意如果也紧，这两个就紧到一起去了，分不开了，僵死了，就不能轻灵、灵活而动了。要形不用力，形才能彻底地松，松出来一个紧的内在之意来，这是修为过程中的主旨要求。我们站无极桩功，就是要让有形的身彻底地放松，放松就是不要用力。用力，身体不通，僵滞了，也不能灵活了，意和形两个死死地双重了。

要让形不用力，把有形的身体分一分，就得明白到底是身体的哪一部分不用力，哪个部分在用力。很多人练了很多年，都知道要松，却不知道应该由哪儿去松。如果找到哪一部分在用力，我们就把用力的这一部分松下来了。

人有形的身分了两部分，一部分是内在的骨架，一部分是外在的皮肉。这两部分，实际上是肌肉、皮肉在用力，骨本身不用力。因为只有肌肉才能够用力，产生这种力的变化。我们用力举东西的时候，实际上那个力是来自肌肉。肌肉越发达，肌肉的力量越大。我们要想不用力，是指不用肌肉的力，也就是肌肉不用力。

第十三章 挂 肩

骨本身不会用力，也不会产生力。不用肌肉的力，就把肌肉放松，松的是肌肉。骨本身是一个架，肌肉和骨两个通过筋膜合成了一体。我们要把肌肉放松，让它不用力，需要通过提这个无极桩功的修为方法。

为什么通过提呢？在修为中，我们要用意反复去体会。骨和肉两者之间是分而合的关系，一个是硬的、一个是软的。它们两个通过筋膜合在一起的，骨在内、皮肉在外，一内一外。我们把它们要分而合，实际上两个分不开，是因为我们总是肌肉、皮肉用力。如果长时间习惯性去用力的话，肌肉总是处在紧张、用力的状态下，肌肉和骨肉之间筋膜的弹性越来越僵死，就会松不下来，就会受损。特别是做体力活的人，长时间腰用力，背上两条肌肉死死的，没有了弹性，硬极了。

现在我们让肌肉能够产生弹性，就要改变这种用力的习惯，从不用力开始。要想做到肌肉不用力，我们就要做到骨肉分离。骨和肉分开以后，骨肉之间的这层筋膜才恢复了它的弹性连接，身体才能够产生弹性变化。

骨肉怎么分离呢？我们要用意，这个意就是提之意。无极桩功中，百会有上提之意，我们要意想这里有一只大手通过百会向上提着我。意上要分，有形的身体分了内和外，内是骨、外是肉。意在骨不在肉，提的是我的骨架，意不在肉上，忘掉肉。这一提的时候，如同我就是一个空

无极桩功

的骨架。

一提，提骨忘肉，把肉忘了，我们的意就守在一个完整的骨架上。百会一提，就是提的骨架，这个皮肉就在骨架上挂着呢，这样就因提骨而得到一个挂肉的结果。这个功法在修为中就叫提骨挂肉。因提而挂，挂是提出来的，挂是挂皮肉。人有形的身体分了两部分，一部分是架子，跟盖房一样，骨架；一部分是骨架之外的装饰，就是皮和肉。只要把骨架一提以后，像提一个衣服架子，整个皮肉就在骨头架子上挂着。把骨架提起来的时候，这一身衣服在架子上挂着，自然垂落下来。所以，我们的意在提骨的时候，整个皮肉就自然沉垂下来，自然放松了。皮肉既无意也无力，因为意在骨上，不在皮肉上。

因此，用意不用力，指的是不用肌肉的力。可是我们做任何事情都用肌肉的力，因此我们要提。提了骨架，把皮肉挂在骨架上，自然而挂以后，它本身不用力了，彻底松落了。站无极桩功的时候，我们一定有一个意，骨架是在被提着，这个肉正好跟它相反，是向下松落的。当然整体来说，被上天这只大手提，是连骨头带肉全提起来的，但是动之则分，意分了两部分，有意在骨、无意在肉，有意无意是真意。这两个合出来一个真意，人整体连骨带肉全被这只无形的大手所提起来，合到这一意上。我们一定要体会到有骨而无肉，这是无极桩功要把握住的一个要

第十三章 挂 肩

点。提骨的目的是为了把肉完全松落下来，不用这个肉，它就无力、不用力了。这个时候很多人会怀疑，不用力是不是没有力了？不是的。连骨带肉整个被提起来以后，提出一个真正的自然之力，我们是用那个力。自然之力就是大地对于人的重力作用，大地的力才是自然之力，我之力是后天的、人为的力。恰恰我们无了这个力以后才有了大地赋予的神奇的自然之力，我们就要用它。提了骨挂了肉，整体提起来了，这个时候提的就是大地对于我们的重力。如果提起来它是静态的，我们让这个重力的重动起来，这个重力就产生了一个力的作用。我们首先要从静中去体会这个自然之力。通过提骨挂这个肉，提出来一个自然之力，提起来的重是松而沉的，提出来一个沉。沉和重的最大区别，重则滞、沉则活。重，死了，提出来的沉是活的，是轻灵的，既重又轻。

我们通过挂肩寻求挂之意，从这个角度来说，依然挂是果，意还是在提。提骨的关键是提百会，因为我们提的是人之中。中就是这条虚中线，经过百会、膻中、会阴，分上、中、下三个丹田。一提，提到这个中上，就把整个骨架全提起来了。整个骨架提起来，我们全身完整的皮肉就自然被提而松落了，就挂在骨架上自然松落下。所以，通过提这个虚中线，把三个丹田整个提起来。通过中，提起来的是重，是地球在身上体现的重力作用，我们就把这个重提起来了。我们在站无极桩功的时候，虚中线下面的重锤不是落地死了，而是被提起来了。这个时候提的是合，是中和重在一条线上垂直，合在了一起。所以，提而挂的时候，是把我们骨和肉整个提出来一个完整的合起来的中重相合的状态。无极桩功就是要站出这个状态来。

提是挂之因，意在提上，挂是因提得到的一个结果，其中的体悟是中重相合出来了一个沉。因此，挂是因提而挂，沉是因挂而沉，互为因果。挂肩，得到的结果是沉肩膀。我想再强调一下，挂是通过挂肩寻求挂之意，是层层可分，是一节一节相挂，就不只是挂肩了。所有各个部位，只要分出对立的两个部分，它们之间一定存在着相提相挂的状态。我们要去体会它，节节提、节节挂。在挂中有提，意在提，提出来一个挂的结果。

三、牵的是中，挂的是重

要想得到挂这个结果，除了提以外，还有一个重要的因，就是牵，因牵而挂。我们经常说"牵挂"，对亲人总是有牵挂。太极内功修为中，无极桩功因牵而得到挂这个结果，所以对牵要有一个了解。什么是牵呢？牵字，从形上来说，它上面一个丝，牵的是牛。人和牛之间，通过

第十三章 挂 肩

一根绳子牵着，牛随人而走、而动。从意上解，我们对很多事情放心不下，对自己的亲人有牵挂，也就因牵而挂。这个牵挂，是无形的心、无形的意，是在意上的牵挂。牵挂一件事情、一个人，实际上都是心里的状态，叫意。所以，对于每个字都要从两个方面理解。

太极内功修为，对于牵挂来说也是由形来求这个挂之意。从形上来说，牵字是牵的牛。我小的时候也牵过牛，一牵着牛的鼻子，牛就会跟着我走。关键就是这个牵，形上牵的是牛的鼻子，但实际上是牵的中。这个鼻子正是在与人体虚中线相合的位置，正好在中线上。为什么牵鼻子呢？鼻子是最上端的中。因此牵着头、牵这个中，就把整个牛给牵动了。

为什么一牵中，只用很小的力，它就走呢？因为中是空。你要牵一百斤的实体的话，就要用比一百斤大的力。但是你找到它的中，中那个地方是虚的、空的，只要用很小的力就能牵动一个很大的、很重的物体。

得中、用中，妙用无穷。我们要想掌握和控制物体，就要去得这个物体的中。只要找到了它的中、抓住了它的中，你就抓住了它的全部。

我们在生活中也一样，每一个事物都有它的中心。每一篇文章都有它的中心思想，实际上文章中有很多具体的情节。只有抓住了这个中心，才能够理解和把握住文章各个部分所表达的内涵真义。太极内功也讲，牵动四两拨千斤，凡是牵都要牵到中上。"牵"字有两意，一是牵牛鼻子，一是内心的牵。不是身体去牵挂一个事情，是内心的牵挂。心还是空的、虚的。虚的地方，牵出来一个真实、确实，那才是牵。一牵以后，牵动四两拨千斤，关键是牵牛鼻子就牵到了牛的中。我们牵挂一件事情牵在了我的心里，也是牵在中。所以，牵本意来说，离不开中。

为什么一牵中，就能够把整体都牵动？中是虚空的。一头牛几百斤上千斤，只要用很小的力一牵鼻子就能把它牵动了，因为牵的是中，牵动的是重。通过中牵动了那个重。重是地球对你所产生的重力。牵动，牵的是中、动的是重。为什么一牵中就能够让重动起来呢？因为中和重两个相合着，虚的中里面实出来一个重，所以通过牵中就能把这个重牵起来。中和重两个怎么合呢？这个重吊挂在了中上。

站无极桩功的时候，下面吊着一个重锤，通过提这个虚中线提出一个下面的重，重锤就挂在中上、这条中线上。中和重相合挂在哪儿呢？我们用意假想，人为地设定，就挂在下丹田的地方。所以沉是沉在这儿，就是因为在空中这儿吊着重锤呢。

牵的是中，挂的是重。我们在站无极桩功的时候就要做到牵中挂重，也就是提的是中、挂的是重。提和牵这两

第十三章 挂 肩

者的区别是什么？为什么说提的是中、挂的是重，又说牵的是中、挂的是重呢？它们两者之间是什么样的关系呢？牵牛的时候，挂着这个重，但是横着一牵，这个重就动起来了。竖是提着这个重，横一牵这个中，这个重就会随着牵而动。所以提和牵是一横一竖的关系，也就是竖为提，横为牵。一横和一竖，是中和重两者之间的关系。用提和牵在横竖中得到一个挂之意，那个挂就挂在了横竖相合的点上。

下丹田就是虚中线一竖和由气海到命门这一横相交的点，所以提的时候要有一个意提它，牵的时候还要有一个意牵它。这个竖在天地之间，上和下之间是自然而有的，从太极内功的角度，恰恰缺的是横。因此，在竖中要找出这个横来。动之则分，分出两个意，一个竖提之意、一个横牵之意。在挂来说是二意相合，它们之间是开合、分合的关系，横竖相交合的关系。

站无极桩功的时候，意就不只是一个竖了，还要有一个横。当年父亲讲，好比撑起来的灯笼，灯笼撑起来以后成了一个球体。无极桩功通过挂有了提和牵两意，让我们的身体形成一个撑起来的完整体。站桩的时候，通过挂肩体会到挂之意实际是结果，因提和牵而得到一个提而挂和牵而挂。提和牵两个合起来，一个是竖提、一个横牵，得出一个挂的结果。由中而挂着重，因为我们最终守的是中、动的是重。中重相合才是太极内功所要合出来的完整状态。中离开重，中是守不住的，是空的，是无法用的；重离开中，是死的，是僵滞的，也是无法用的。只有中和重两个合起来，才能守中而调重，调重而守中。在调重的过程中，大自然赋予我们重力。这个自然之力在任何时候，都能守中而调重为我所用。我们都能通过调重而守住中，通过提而挂、牵而挂得到中重相合的合一的状态。这就是通过挂肩寻求到一个无时不挂、无处不挂的挂的真义内涵。

挂之真义内涵不只是在肩这儿挂。凡是分出来两部分的，它们之间都有提而挂、牵而挂的相分相合的关系。作为中盘的上肢来说，分了肩、肘、腕、指四个部位。如同上盘的头部一样，这四个部位之间的相互关系依然是相分相合、相牵相挂的。挂肩的下一个部位就是肘，我们同样需要通过提而挂来把握肩和肘之间的关系，以及对意在肘上的要求。

学员A：我们平常在行住坐卧、做事情中，想要让功夫上身，以哪一个意先来练，然后让自己常常能够保持桩功的状态是比较容易入手和入门的？

李光昭：在修为过程中，从上下、左右、前后、内外八个方面，从三盘、九节、十八个部位中去寻求你的意。

在日常的行住坐卧中，你都应该有意识地体悟无极桩功修为的一些内容，能够把修炼拳和生活结合起来。

在平时的行住坐卧中，要牢牢抓住提落来体会分阴阳、合太极，虚实相合，它们之间的对立统一。在自己的身心中找到一种最真实的状态和味道。

在站着的时候，你永远要体会到你是被提着的，你自己的身体通过这一提，是完全松通松落的。上面提，下面落，你身体自然而落的重被提着，你会感觉它是沉的。在提和落中出现一个沉的滋味，这个沉既轻灵又厚重。你平时做动作的时候，还要把握住提和落两者既分又合同时存在的滋味和状态。你在这个过程中，都应该有意识地问问自己：我提了吗，我落了吗？提落两者之间是动态的，提就要落、落就要提，既分又合，所以它会随着你所有的动作在提落中产生动态的平衡，最后合出来一个滋味、味道。无论是站桩，还是日常行住坐卧，都要有意而为。要有提之意和落之意，两者动态平衡的味道，这是核心主旨。在这个滋味的基础上，再说横竖、内和外。行住坐卧的过程中，实际上都是在天地之间的变化，也就是离不开一上一下、一天一地。上为天提、下被地拉，人永远在天地之间产生上下的分合变化，这是我们所有变化的核心主体，所以我们要牢牢把握住它、体会它。我们在生活中，要有意地去体会上提下落之间相对的动态变化平衡的

☯ 无极桩功

滋味。

学员B：您详细阐述了收颏、意守膻中穴，一收一放，放的是神，两眼眼神聚合于印堂穴。那么放神是和收颏相关，还是和叩齿相关？我似乎还无法掌握到叩齿的操练与虚中线的关系？怎么去体会叩齿和虚中线的关系？

李光昭：人体分了上、中、下三盘，肩以上为上盘，也就是头部。上盘分了顶、颈、颏、齿四个部位，其实合起来是一个完整体。人由分着的三盘又合成了一个三合一的完整体。

上盘的四个部位有四个意的要求：顶为提之意，颈是竖之意，颏是收之意，齿是叩之意。但是我们需要强调的是，四个部位对应的提、竖、收、叩四个意，最后要形成完整的一意，也就是这一个意里面既有提又有竖、收、叩。我们一提自然而竖，一提、一竖自然就要收，一提、一竖、一收，自然齿要相叩合，最后这四个意合成一意。这是我们在无极桩功中分而合来体会到最后合为一意，这一意合出来是一种滋味。如果分着，提还好说，竖也好找，但是合出来一个有提、竖、收、叩的意，是说不清楚的。虽然说不清楚，但它们一定是由这四个意合起来的，这四个意是同时都有的。

我们站无极桩功的时候，不仅要反复体会各个部位意的过程，还要往合处去考虑、感悟，寻求它真实的体悟和味道。意一提，就有竖、收、叩，它们谁也分不开谁。身和心，一个是看得见摸得着的形，一个是无形的意，它们构成一个完整的人。我们站桩，要把它们既分又合、一内一外的关系给站出来。

具体来说，这个意就是心的代表。实际上形和意两个合出来的是神、出神。形和意一合以后，身心、内外相合了，合出来一个神。这个神合出来了，它能真实地表现出来了。但是神出来了以后要向内收、内敛。我们要敛神、凝神，是在放中要有收，是出神。但神出来以后，一定是内敛向内合，合于中，向中合。

在太极内功中，以经过百会、膻中、会阴这条无而有的虚中线为人体之中。这条虚中线是人体的中，因此我们的意、神要向虚中线敛。也就是神要出来了，同时虚中线这个中还在向内合着，不让它离开，要守神。离开中以后的神，就散了，所以要向虚中线凝。这是作为上盘来说。

但是人体有上、中、下三盘才合成一体，"尾闾中正神贯顶"，贯顶以后从两眼之间印堂穴表现出来，凝神、敛神就是聚到印堂穴。聚到印堂穴，往回的时候，还有一个上下相合。向虚中线收，上盘这个神在印堂穴这儿。对于虚中线来说，人之中又在膻中穴，所以向内收时还要向膻中穴相合。横向虚中线向印堂、向内收到了跟虚中线的交点，叫上丹田。同时还要向下跟膻中穴相合，这一横一竖相合以后，就收向了中丹田，中丹田正好在膻中穴和虚中线横竖相交合的这一点。站无极桩功的时候，这四个部位相合起来以后，上丹田和中丹田有一个相合之意。它不是离开上、中、下三盘，上盘既是独立的，又是上下相合的。

收颏和膻中穴的关系，整个因为提，上提下落，根中梢三者合起来以后，和膻中穴有一个相合扣的关系。当四个部位合成一体以后，完整的这一体合出来一个神。这个神是出神，在印堂穴。印堂穴这个神在中丹田、上丹田。上丹田出神的时候，还要和中丹田相合。

三个丹田各司其职，下丹田沉的是气，上丹田出的是神，中丹田守的是意。神意气、上中下，是神意气和虚中线三个穴位合出来三个丹田。这三个丹田贯通一气，不是各自分开的，所以不要孤立去想叩齿跟膻中穴的关系，它是整体和局部的关系，是上丹田和中丹田的关系。上丹田正好对着印堂穴，中丹田正好对着膻中穴，实际上是合到了虚中线的人之中上。

我们要建立一个新的思维，就是人体分了上中下、前后左右，但是永远向虚中线相合，因为这条虚中线是我们设定的人体之中线。所有的开向外走，都是由中而发；向内的合，向内的收、敛，都是由外向这条虚中线相合相敛。我们一开一合，三个丹田在虚中线主宰着上、中、下三盘，主宰着人体之中的一横一竖相交出来的三个丹田重要的位置。

我们不是单纯从形上说叩齿跟膻中穴的关系，从整体来说，出了神以后，印堂和膻中穴在虚中线上是相分相合，一上一下发生了关系，是意不离开中的真实体悟。

学员C：我一直都有一个问题，您说的重锤，我印象中它会上上下下地调整，所以我有点搞不太清楚，它是在胯下还是在下丹田？站桩的时候意应该放在哪里？

李光昭：重，把它理解为重锤，也就是重心。重心是真实存在的。任何一个物体都有重，因为地球对它有引力，使得它产生了一个重力。任何一个物体受到地球重力的作用，都一定会合出来一个重心。人也一样，一定会合出一个重心。人以虚中线为对称，分出来左右、前后、上下，人的重心就必然和虚中线相重合。中、重合了以后，就静了、平和了。我们站无极桩功的时候是中重相合的，重心和这条虚中线（中）是相重合的。相重合到下丹田这个点上，下丹田这一点是人体的重心。任何一个物体都有它的重心，不对称的物体，重心和中心有可能是偏左或者偏右，但是对称的物体一定是在它的中上面，它的中心和重心一定是相合的。人是对称的物体，一定是在人的中上面。下丹田这个位置既是人虚中线的一点，又是人体的重心所在。人的重心就在下丹田，我们假想气海和命门有一条横线穿过去，和这条虚中线相交合了，交合到这个点，这点是我们的重心。恰恰这一点又在虚中线上，又是人的中，所以是中重相合。

站无极桩功，在静态的时候，"意守丹田"，守的是中和重相合的这一点，这一点是下丹田。静之则合，就是把这个重心合到下丹田这一点上。但是一动，中重要相分。这个重相对中来说它要动，动的是重，也就是这个重心，不只是动有形的身体。动的是意，也就是形要静、意要动，外静而内动。意动起来的时候，这个重一样要动。

实际上这个重心的动，在有形身体动的时候，重心是要调的。站无极桩功的时候，只要意一动，这个重也要跟着动，随意而动。这时候意的动，就会和中产生开合分合的关系。可是这个重不管怎么动，它都不离开中，有可能是上下开合动，也有可能是左右开合动。既然要动，就得分开，但又不能离开它（中）。中和重之间如同有一个无形的弹性皮筋，把中和重两个吊着，一合以后这个皮筋收起来了，合了；一移动以后，它开了，就把皮筋又拉开了。这个意就在中和重之间无形的皮筋上。所以，这条有弹性变化的皮筋把中和重连成了一个分合体，既可以自由地分，又能够合成一体，因此是这个意把它连接起来的。

这两个在不动的时候合在一起，一移动它就要分了，随意而动。中在这儿不动，但是重总是要动。

重锤沿着虚中线动向下落的时候，它向下落；当向上走的时候，这个重锤又回来了，所以它总有一个提落的变化。中重相合不是死的，是有变化的。在这里，不要理解为形动，那个重才动。只要一动就要分。作为太极内功来讲，更主要的是意动则分，意一动，中重就要有一个分合。站无极桩功，形不动的时候，我们要深切地感觉到这个意、这个重锤虽然形没有动，但是一直在这儿开合。而且随着这一球的动，围绕着中总有一个开合的变化、变动。这时候重锤不能落死，所以它是吊着的，可以收到丹田上来，也可以落下去。它可以提、落，也可以左右，但是不管它怎么动都不离开中。以下丹田作为中点，和重有一个"动之则分、静之则合"的相互作用和关系。

无极桩功所解决的一个重要的关系，就是通过十八个部位的意最后合出来一个中和一个重。第十八个部位圆裆，就是要把这个重锤合出来一个真实的状态，而且这个状态是以中调重来守中。我们在无极桩功中真切体会到重锤和中两者之间分合的关系，将来再动起来，遇上各种变化的时候，实际上我们还都是在调重、守中，所以，意不在外，而在内。有形的身体，不管快或者慢，不管是大还

☯ 无极桩功

是小，不管怎么变，实际上都是里边的中和重两者之间相分相合的关系。

学员D：我的站桩练习有些混乱，在练习的时候，一开始是练提或者练落，现在要整合了，在整合过程中到底是先有提再有落，还是提中落、落中提，怎么去体会它？

第2问：起初练习时着重把握十八个部位字面上各自由形求意，如提顶就是提顶，后来听您讲到提顶不只是求提，还要求落求沉，实乃悬提沉，落足挂肩也应有提有落，实乃提骨落肉、反向求外。每个部位还应该延伸到八大方位，直到这样还没有做到层层分，我感觉操练时候有些茫然。目前除对十八个部位的检查外，暂时对顶、足、肩增加悬提沉落的复合锻炼，其他方位还不太能兼顾，如何研判与加强？

李光昭：我理解，因为十八个部位，每个部位都有各自独立的由形来求意，比如提顶，就是通过这个顶要求出提之意来。我们脚下落足，要通过足体会出落之意来。

在提的时候要体会到落之意，要落的时候反而要找到提之意，到底怎么去体会它、去把握它？初学的时候，确实有这个困惑。我们寻求一个部位提之意，这只大手上提，似乎好理解。常人的理解，提就是提，落就是落，提就是向上、落就是向下。但是一说到提中有落、落中要求

第十三章 挂 肩

提，再用常态的思维，就很难找到它的真义了。太极内功的修为，跟常态的思维不一样，是在对立的两个部分找到它们相合出来的状态。

太极内功修为，分阴阳、合太极，一个分一个合。宇宙万物都是分着的，都分出有阴就有阳、有黑就有白、有上就有下、有前就有后、有成功就有失败、有生就有死，这是不以人的意志为转移的客观规律。本身它就是分着的，两个都是有的、同时存在的。我们通过太极内功、无极桩功，就是要恰如其分地找到一个最佳的状态，能够让它们既是分着的，又要统一合在一起。它们分着是二、合着是一，合起来是一即是太极内功修为的核心要求。我们分出来一个身一个心，人不只是有一个身体，还有主宰着这个身体的无形的心。身是实的、有形的，心是无形的、是虚的，但是它真实地存在着。虽然每个人都有身、有心，但是往往心和身不合，心主宰不了身，而且以自我的意识、意志去指挥自己的身体，往往结果是违背客观规律的。我们身心要相合，就要让有形的身体绝对服从无形的心，让无形的心去主宰有形的身，因为所有的动作，都应该是在心的支配、主宰下进行的。但是身体现在往往不受心的统领。

我们需要一个服从心的指令的身体。只要心发出一个指令，让身体不动，它就能静而不动；让身体动，它就能动；让它快动，它就能快动；能够大动就大动、能够小动就小动，需要它怎么做就能怎么做。

这样的身体要有而回无，虽然有，有上有下、有胳膊有腿、有手有脚，这是有形的、还是实的，但是我们需要它不自作主张，不盲动、不乱动，它能够服从心的指挥，该怎么灵动就怎么去灵动，这是需要修为的。

对于无形的心来说，要主宰我们的身体，发出让身体服从心指挥的指令，这个指令应该是合乎事物发展规律的，是合道的。也就是要想合道、符合客观规律的指令，这个心就不能自以为是。让心也要无了"我以为"，不再用我自己的想法去指挥我的身体。心的修为，就要无我之心，无我之心才是一个合道之心。用合道之心指挥不自动、不盲动而服从命令的虽有而无、虽实而虚的身体，身心才真的能够合起来，我们才真的能成为有用的人，才是完人。所谓的完人，是合道之人，也就是真人。尽管我们要朝着完人、真人的目标迈进，但是不可能最后达到没有一丝一毫瑕疵的我。我理解的完人就是不断地完善自己的人。

从无极桩功开始，我们就是让身和心能够达到最佳的统一。要让有形的身服从心的指挥，我们得让身体实而虚了，让心合道以后合出一个真实、符合天地之道的心。这个虚的心由于合了道，它虚而实了。所以，一个实的身，实而虚；一个虚的心，虚而实。身是虚和实相合，心也是实和虚相合。它们都是虚和实，无非是实的虚、虚的实，身心合在一起了。合到虚实一体上，这就是身心真正的合了。太极内功的修为，包括无极桩功，紧紧围绕着这个主旨展开。

具体到修为过程，就是对现在的习惯进行脱胎换骨的改变，把实的身体实而虚，把虚的心虚而实。习惯改变以后，整个身心就产生了跟过去完全不同的新习惯。

过去认为提就是提、落就是落，现在是提中有落，也就是虚中要有实、实中要有虚，把两个对立的东西向一个点去统一。行为习惯要改变，也就是向上提的同时还要有一个向下的落，通过提把上和下两个合到了一上。落的时候是向下，我们反而要有一个提，也就是向下的落和向上的提合到了一，落中有了提。当你提的时候提中有落，当你落的时候落中有提，新的习惯形成了。不只是在站桩和练拳的时候，这个习惯形成以后将贯穿到你的日常生活，甚至生命整个运行过程中。你就会在一个事物中看到两个不同的东西同时存在，把它们合到一上。要形成新的行为习惯，首先要改变你的思维认识习惯。如果你还坚持日常的思维习惯去练，就很难形成全新的太极行为习惯。要形成新的思维习惯，就要把握和认识新的思维意识方法。凡是一说到提的时候，马上就会找到另外一个意，它就是落。思维习惯形成以后，它会指挥你的身体，在任何时候，你都会把两个对立的东西统一到一起。你在进的过程中一定还有一个退，在提的过程中一定还会有一个落，又是一个虚实，又合到一了。到那个时候新的习惯形成以后，你不假思索、不用考虑，抬手就是。当向上拿的时候，你一定会有一个向下落的意在跟它平衡。太极内功修为就是打造一个全新的我，打造一个由思维习惯到行为习惯，完全符合太极阴阳之理的完整的我。这是所有修为的目标。

作为初学者来说，到底怎么去把握，难就难在这儿。分阴阳合太极，分出来一个提一个落，这两者完全是不一样的，提是向上的，落是向下的，连孩子都知道。一说提，他向上提，一说落，他向下落，这两个是完全不一样的，全都分得清。问题是把它们合在一起很难，要做到提中有落、落中有提，不经过修为很难做出来，下功夫就要下在这儿。

因为提，说得清，向上；落，说得清，向下，提中落、落中提，两个合起来以后是一。它既是提又是落，既不是提也不是落，它是提中有落、落中有提，提和落两者合了一，是第三种状态。这种状态是说不清的，是道不明的，是只可意会不可言传的，冷暖自知，是心觉、觉悟，靠觉。你真的把这两个合一了，就知道这个滋味了。实际上就是这么一种滋味，但是真的说不清，从事物本质来说就是混沌的，这是真实客观的。虽然说不清道不明，但是我们一定能做到心领神会，在身心中得到真实体悟，因为我们就是要用它。

无极桩功就是分着练、合着找，更侧重的是分，比如提顶，先要通过百会这个有形的位置找到提之意；落足，重点就是体会落之意。分着去练它，可以先侧重练提，或者是先侧重练落。但是从一开始建立思维习惯，我是分着练，不是提就是提、落就是落，而是为了要提中练出落，我现在先从提开始。因为真正的提，就是提中落；真正的落，就是落中提，这两个分不开。我们练的目的是逐步从提中去体会那个真提之意，就是提中要有落。

无极桩功要站一辈子，层层可分。不是现在就让你能够层层分到很细很细，但是你先从大的分开始，先求开展，后求紧凑，别着急，一步一步来。

我指明方向是什么，指明为什么要分，是为了要合。我指明你要一层一层去找，如何快一点、如何慢一点、如何细一点，完全取决于你们自己的修为和感悟，但是都要遵循着这一个方针、这一条道。

不要急于求成。我只是引领你怎么走，不要走弯路，不要认为提就是提、落就是落，尽管找的是提，但是最终提的真义内涵是从中要找到落，这个方向是不能变的。但是修为的层次不同，每个人应根据自己的情况一步一步朝着这个方向迈进。

在修为过程中要遵守分着练，提顶从顶上找提，因为顶是最高端，提是向上，一定是从这一点开始提。但不是就这一点提，是每一点上都是提，我们只是通过顶的这个位置来体会提之意而已。挂肩也是，无处不挂，我们只是通过肩来体会什么是挂，而不是说只有肩才挂。

十八个部位所求的形和意，不是局限在局部这个点上，是通过这个点寻求整体这个意的真义内涵。也就是提是整体的提，落是整体的落，挂是全部的挂。我们要想修为，就要从最典型的能体会出挂之意、提之意那个形的位置去体悟它。在修为过程中每个人不可避免都会遇到这样那样的问题，我们不要着急，要一步一步不断地修为。

当然真的练，还是靠你自己要一个部位、一个部位去练，自己去体悟。我们是一步一步的，是分着练合着找，最后十八个部位合出来一个滋味、一个意。这一个滋味里面既有提又有落、既有挂又有垂、既有含又有拔。到今天为止，我站了六十年，不敢说无极桩功已经站成了，但是我负责任地说，越站越有味儿，越站分得越细，越站那个味道越足。同样一个提顶落足，我现在的体会和五年前的体会完全不一样了，我又品出个中更丰富的味道和滋味。有意思的地方、奥妙的地方就在这儿。同样无极桩功，你一生中都会品味出层层可分、步步递进的丰富无穷的味道。所以，我们永不言败，更永不言胜，永远在路上。

太极内功修为的核心主旨，是要建立一个习惯，首要从思维习惯开始，来改变行为习惯，最后思维习惯与行为习惯都改变以后，形成一个符合阴阳之道的新习惯。

第十四章　垂肘和塌腕

肘是无极桩功十八个部位中一个重要的位置。站无极桩功的时候，形上的要求是两肘自然地沉垂，两个手中指和裤线基本上相合，两个肩自然而挂，两肘在肩挂的基础同样是垂挂，它是挂着又垂。这是无极桩功对垂肘基本形态的要求。在站的时候，很自然地体会这种垂挂和垂落。

一、通过肘求垂之意

肘是实的、有形的身体的一个部位。无极桩功是通过这个肘寻求垂之意。无极桩功所有的功法，都是由形而求意。对于垂肘来说，是在肘的这个部位来寻求什么才是垂。所以，站无极桩功的时候，是通过这个形要品出这个意来。如果站了半天，没有品出来垂的味道、垂的真义内涵，等于站了一个外形。我们由形求意，就是要通过这个位置去品出垂到底是什么味道。这才是无极桩功垂肘的真义和要求。

第十四章 垂肘和塌腕

1.垂是朝下自然流动

在无极桩功修为过程中，在形上自然沉垂的基础上，怎么去找到垂肘的垂的真义内涵、品到垂的滋味呢？肘是实的，是看得见摸得着的。对于垂之意，我们要先对什么是垂有一个了解。

"垂"字，通常的解释是，一头向上，一头朝下落。提着上面，落着下面，这叫垂。所以一头朝下，这头是向上的，是上提的，才有垂。

因此，垂是提而落，也就是挂而垂。我们对垂就要有一个意的理解，它是一头朝上。同时，它一定是向下落，这是它的一个真义内涵。从形上看得见的垂，就是提上和落下，柳枝向下低垂着，窗帘挂着，它向下沉垂，这都是垂。这个垂，是看得见摸得着的，是从形上解释的。垂的形是一头朝下，垂的意是自然向下流动。垂自然要向下流，这个流是看不见的，是垂出来一个里面内在的向下的意。垂还有一个意是接近、将近，比如垂死挣扎，离死不远了。

"垂垂老矣"，是说越来越老了，这个垂是一个变化的过程。外在是一个形，一头朝下，内在是一个自然变化的过程，因此它的内里是动的。"垂涎三尺"，涎是口水。比如人老或者有病了，控制不住了，口水就往外流。

因此这里面的动是不动之动，不是它自己动，是它自己要流动。比如口水，不是我吐，是它自己不自觉地往外流。所以它自己不动，但是不动中它自己要自然流动，而且流动有方向。垂的动是有方向的，它永远向下动、向下流。垂有两解，从形上，就是一头朝下，这是看得见的，比如垂柳，枝条向下垂着。同时，更主要的还是意上，意是看不见的，也就是垂是向着一个方向自然地流动。太阳落的时候叫暮。垂暮，就是太阳越来越向下落。垂危，就是越来越朝着危险的境界。这个过程是自然的一个结果。因此，它是不用力的，不用意识的，会自然出现一个内里的流动，动起来的有方向的结果。这就是垂。

同时垂的内涵真义，比如长辈对晚辈的爱，我们称为垂爱，它是由上而下内在的一种情感的流露。我们对垂要有一个深刻的理解，一个是从有形上，看得见，一头朝下；一个是里面有内动，这个动是很自然的，自然而流动。不管是垂爱，还是垂暮、垂危，我们感受到这个垂在动态的过程中里面的动。这是对垂的内涵真义的解读。

2.站出内在的动

从太极内功的修为来说，我们也是要从形和意中去体悟垂肘的内涵真义。在找垂肘的时候，就不只是找一个形上的肘的自然垂落，而是通过肘找出垂里面那个内动之

第十四章　垂肘和塌腕

意。意是动的、形是静的，所以站无极桩功的时候，要由静体会出内里意的流动。

无极桩功之所以叫静出动势，就是因为在静中静出一个内动来。我们站桩，不是站的形，是通过形要体会出内势的动、内意的动。桩是静的，是不动的，看得见的形是静的、是不动的，心也是静的，但是我们由意而产生的内气是蓬蓬勃勃的，是在里面周流不怠的，不但动而且是变化的动。很多人站了一辈子桩，没有真的体会到内里意气的流动。这个桩叫枯木桩，看似是一棵大树，但是枯木，是没有生命的，风一吹它就倒。只有有生命的大树，才能经得住狂风暴雨的冲击，才是顽强的，才能展示出它内在的强大生命力。

我们站桩，就是站出能呼之欲出、动而不屈的旺盛的流动起来的内意、内气，感悟里面意气真实的蓬蓬勃勃。一站以后，就感觉里面像点燃的一把火，由火种到火苗，到熊熊大火，而且把这锅水由温到热再到沸腾起来。我们站出来内在真义的话，就能重塑、打造出内气旺盛、周流不怠、静而出动、静而欲动的内在生命顽强的崭新的我。特别是垂肘，我们通过垂去理解内在的流动。

通过内在意的调整，垂的目的是让它动起来，内在要动、内在要垂。通过上下相随的变转，水要自上而下地流，不以我的意志为转移。这个意自然而流。我感觉到这个意自然由上往下流，好比水由上往下流以后，经过加热、燃烧，又升腾出来气。气又自下而上腾升，到了上面遇冷，又凝结成水，自然向下垂落。不管它是向下落还是向上升，完全是自己变化的结果。不是形上的一提一落，而是内在的意气转化以后自然而然产生的结果。去觉知它内在变化的真实，这是我们通过垂肘体会出的内在动态变转形成的真实感悟。

通过垂肘，我们从两个方面体会其内涵真义。肘是有形的，它是上肢一个重要的中位。作为上肢来说，分出肩、肘、手三个部位，要体会出三部位内在的不同之意，要分而合。我们垂肘，就要去体悟肘跟肩、肘跟手、肘跟身的关系。内在的关系是存在于形的内在的意的一种滋味，我们垂肘的时候要用心品尝，用意去感知肩、肘、手的关系。肩是挂着肘，正因为肩挂才有肘的垂，肘垂是肩挂的结果，一个因一个果。垂肘，就不要自己用力练垂，它是肩挂的结果，是挂着的。也就是说，这个垂是自己不用力的，是自然而落的结果。因此，垂肘关键的要求，是不用力，不用力才能够用意，感知它们之间的关系，结果是自然的垂、自然的挂。

3. 站出合的滋味

肘和肩的关系是挂的关系，肘和身、手的关系是分

第十四章 垂肘和塌腕

而不离，它们是分着的，但是谁也不离开谁。肘不离肩，肩挂肘垂；肘不离肋，以肘护肋。在垂的过程中，垂是向下，上提下拽，这是意上的上和下的关系。

太极是一横一竖打天下，凡是有一竖的地方就有一个横之意跟它去相合。肘的竖之意是肩，横之意是肋。肘要护肋，肘不离肋，肘跟肋不离不弃，它是肋的卫士。不管是站还是动，肘总是跟肋相合，有肘就有肋、有肋就有肘，肘肋不分不离，是分得清但不离开。在站的时候，有一个挂而垂之意，还有一个护肋之意。这个意是向内合的，这个肋在向里拉着肘。肘和肋是分的。我们站的时候肘有一个向外开之意，同时还有一个向内合之意，这两个就体现了身和肘、肋和肘之间的开合关系。通过垂肘找出垂之意。垂之意分了一上一下，上提挂，下垂落，一个向上提，一个向下落；分了一个肘跟肋，一前一后，肋在肘之后，肘在肋之前。它们两个一开一合、一向外一向内，意老是在动的。看似肘垂着不动，但是里面的意一直是动的。之所以不动，是因为它们是动态的平衡。这儿向上提，如果没有向下垂落，提起来就走了，就没有静下来了。之所以静下来，是因为有提的时候，就有一个垂落。一提一落，提到一个最佳状态的时候，它就静了。虽然静而不动，但是里面有一个提一个落。竖上如此，一提一落。横上一开一合，一外一内。当肘在肋之外的时候，肋就要在肘之内，一个是向外开，一个是向内合，实际上它们最后产生动态的平衡。垂肘的时候，两个意一个上和下，一个内和外、前和后，最后是动态平衡的结果，得出一个垂肘。因此，在垂肘的时候，从意上动之则分，要分清楚肘和肩的关系、肘和肋的关系。

还有一个重要的关系是不可忽视的，就是肘跟肘的关系。除了肘和肩、肘和肋，同时还有左右肘。我们垂肘，体会垂之意，要细细去品味左肘和右肘之间是分而合的关系。从虚中线来说，百会、膻中、会阴分了左右，如左肩右肩，同样有左肘右肘。两肘之间是分的，但是它们一定是合的。

我们从分中去体会出一个合来。这两个肘之间一个左一个右，但它们同样是分而合的、合一的。两肘合一肘，永远有左肘就有右肘，谁也不离开谁。我们在垂肘的时候，最后要站出合的滋味。向内合，合到中上。两个肘，分是向外开，同时虚中线让左右两个肘不离开它，要向里拽它、合它。同样，一个向外开、一个向内合，两个肘老是要合的，向中去合。

因此，我们垂肘的时候，要品味到左右两个肘相扣合的滋味。要注意，合不是把它捆在一起，是分而合，是有间隙的。合有间隙，但是它们内在合到了一个意上。有间隙才有变化。那个缝隙是空的，是空而不空的，里面有

第十四章 垂肘和塌腕

一个意把它们合到了一个点上。我们垂肘的时候要找到这个意，这个意在它们分开的过程中要向里合。我们既不把它们捆在一起，也不让它们谁离开谁，而是既有隙又要相合。

无极桩功的一个要求，是肘不离肋。同样，肘不夹肋，意在两者之间，要体会到腋下似夹着一个球。这个球是虚的、假的，借假修真的，作为肘和身、和虚中线合在一起的媒介。有了这个夹球之意，就合了。但是又不能用力，我们在两者之间去找似夹非夹、分而合的滋味。一个分一个合，分了一个肘和肩的关系，是上提下垂、上挂下垂；分了一个肘和肋的关系，肘和肋是分而合，肘不离肋，以肘护肋；分了左右肘的关系，左右肘要向虚中线分而合。总之，上下、左右、内外，都是分而合的关系。这个关系是分得很清楚的，有上有下、有提有落，合出来一个说不清的滋味，似有若无、似是而非。我们要把这个似是而非、似有若无、说不清道不明的虚的落实，虚而实之，这叫真意。在站无极桩功时，找到一个似有若无、似夹非夹、开中有合、合中有开、似开非开、似合非合的状态、味道，才是我们要求得的真实之意。我们通过形要寻求这个意。垂之意是丰富的，里面是一层一层合出来的，合出来一个又有又无、说不清的真实的滋味。好比四川的名菜鱼香肉丝，炒出来里面有酸、有辣、有甜，但是合起来，既不是酸，又不是辣，既不是甜，也不是咸，最后合成一个味道。五个滋味都说得清楚，但合出来一个滋味说不清了。我们垂肘就是要感觉到这个妙不可言的味道。

无极桩功中身体所有的部位，特别是通过垂肘，就是要找到这样一个滋味，这个滋味是分而合出来的，是可意会不可言传。这个味道谁也说不清楚，说清楚了就不是了。但是你一定能够意会到，一定能够真实地感悟到它。

肘这个位置永远是要垂的，正如肩一样，肩本身就是要挂的，所以通过挂肩不是找肩的挂，而是找挂的滋味。同样，我们不是练肘的垂，而是通过垂肘要找出垂之意的真实味道来。我们在任何时候，不但肘是要沉垂的，整个人的身心都永远应该是沉垂下来的。

当然这个垂是分而合，是上下、左右、前后，有提有落、有开有合的一个结果。只有这样，我们才能层层去体悟到里面的真实味道。最终我们通过无极桩功找到一个味道，实际上通过每个部位都是在找那个味道，无非是一分一合。从这个味道上我们去品味它。

归根结底就是建立一种新的思维习惯，其他都是手段，都是过河的船。无极桩功里面每一个具体的功法，目的都是要重新打造我们。只要抓住这个主旨去体悟，就会很快建立一个新的思维习惯，也会产生一个新的行为习惯。当然它是一层一层、一步一步的，不能急于求成，但是能够层层递进。

建立起新的思维习惯以后，把阴和阳两个分而合，在分合中找到一个说不清的但是真实存在的味道。老师起到的作用是引领、是指导、是解惑，路在你的脚下，真正向前迈步，要靠你自己。

二、通过腕求塌之意

十八个部位中，腕和指是上肢最前端的两个部位。我们在无极桩功功法修为中，应该把握塌腕和展指的真义内涵，以及它们两个之间存在的密不可分的关系。

塌腕，一个是腕，一个是塌，两个字合起来是无极桩功中一个部位的具体要求。腕，是人有形身体的一个组成部分，是看得见摸得着的，是实的。无极桩功的重要主旨是练形求意。形看得见摸得着，我们要通过形来寻求那个无形的内在之意。对于腕来说，我们要寻求的内在之意是塌。太极内功核心的修为主旨，不是就形而练形，而是通过练形要求意。形是看得见的、外在的，是实的，而那个意是虚的、看不见的，是在形之内的，所以一个形一个意、一个内一个外、一个实一个虚。我们恰恰是要把这两者分得很清楚，同时要把它们统合而一。形和意这两个合起来，合到一上，就是合太极了。

1. 塌是落和垂

无极桩功就是在分中把形和意两个要分得很清楚，十八个部位的意都通过每个部位的形来寻求。通过腕这个有形的实的部位，寻求塌之意，我们首先对塌的内涵真义要有一个明确的认知。只有对这个塌有一个明确的认知以后，你才能够从这个形中寻求到塌之意，真实地体悟到那个味道。意是虚的，但是我们要把它求真实了。当这个意我们能够心知肚明、心领神会了，我们就知道塌是这么一种滋味。往往有的时候虽然说不清，但是我们心知肚明，心里很清楚塌应该是这样一种味道。最终我们求的这个意，就是求这个味道。只有把这个味道求真实以后，这个意才真的能够虚的实了，也就得这个意了。

塌到底是一种什么样的味道，"塌"字的真义内涵到底是什么？我们首先对塌要有一个明确的认知。塌是一种落下，是一种垂落。对于塌腕来说，我们要理解它是向下落、向下垂。这个意是自然的沉垂、自然的下落。本身有形的腕要松通。不用力，我们才能体会这个自然而落的滋味。自然而落是怎么产生的呢？所有有形的物体都受到地球引力、重力的作用，腕作为有形身体的一部分，也一定受到地球引力的作用。只有顺着地球引力的作用、顺着地球对于我们这个重力的方向，我们才能够去跟它合。我们和大地的重力合上以后，也就是这个大地的重力跟我相通了以后，它才能为我所用。只有顺着它这个方向，才能够跟它相合。

塌腕，要把我们的腕落下，恰恰跟地球对于我们的重力的引力作用是相合的。所以，腕要自然地沉垂、自然地下落，塌腕的塌的真义内涵是落和垂。同时塌还有一个重要的含义，就是踏实。也就是说不只是有形的身体要落下来，我们无形的心也要踏实下来，让自己的心能够沉稳下来。因此，塌字从意上来说，要分出来内和外两个部分：一个是从形上表现出来的垂落，一个是无形的内心要沉稳下来。身和心、内和外、形和意都要落在沉厚、稳重的状态中。

在找塌腕之意的时候，我们要分出两个意：一个是形之意、形表现的意，一个是内心的真实之意，都是塌。形要塌，心要塌，都是让它自然而落。落实它、落稳它，让自己身心都能处在沉厚、稳重的状态。特别是内心的踏实，我们要通过形的塌之意来寻求。当今我们缺的是内心稳厚的踏实。心不能踏实下来，人就失去了根本、失去了主宰。所以我们求的不是一个简单的形上的表现，而是那个看不见的内在之意。让自己的心踏实、稳重，这是一个人生命的根本，也是一个人最大的具有主宰能力的体现。

无极桩功

我们生活在宇宙中，每天都发生着各种各样的变化。我们往往要随波逐流地跟着发生一些变化，但是我们缺的是在变中应该有一个不变的主宰。不变的主宰就是内在的踏实，就是让心永远要沉稳下来，不能随着外在的变化而起起伏伏，这才是我们在无极桩功通过塌腕所要寻求的真义内涵。太极内功以修心为主宰。离开心的修为就不是太极内功了，内功就内在这儿。《杨氏太极拳老谱》中《人身太极解》里第一句话就告诉我们，"人之周身，心为一身之主宰，心者太极也"。太极的目标是要修心，要把控那个看不见摸不着的、无形的、极为抽象的心，要能够把它实而虚之地把握在自己的手里。谁能够控制、把握住自己的心，谁将能够战胜一切。所以太极内功就是修心之功。

同样，塌腕也是通过腕来修这个心，让心能够落塌、踏实、落实。修心不是一句空话，太极内功是通过具体的功法把无形的心能得到一种真实的体悟。通过这个体悟，找到这种觉知、滋味，它所表现的就是内心的踏实。内心真的能够踏实了，你会得到一个真实的滋味。我们修心，是通过有形的身体来修为这颗无形的心。我们不是就心修心，也不是不要我们的身体，而是把有形的身体作为修为的一个重要的途径。它是一个非常重要的关键的载体，因为我们心产生的所有变化，在身体中都有它具体的反应。

我们的修为就是通过身体的一个个局部的有形位置，去寻求内在的滋味，那个就是意，就是内心的真实。能够调控意的变化，感知意的真实，我们就把握了自己的心，就能调控自己内心的变化。所以，我们的修为就是通过每个部位去寻求那个意，去调控自己的内心，把握内心的变化，掌握自己内心。谁掌握了自己的内心，把握住无形的抽象的心，谁就真的把握了自己生命运行的轨迹。我们通过塌腕等十八个部位都是由形来寻求这个意，意的变化就代表着内心的反应。

塌之意分两个，一个是有形的沉垂，一个是内心的踏实、沉稳。内心的沉稳在塌腕上，那个意的滋味中是会有具体的体悟和表现的。

2.提也是落、落也是提

《太极拳论》开篇就告诉我们，"太极者，无极而生，阴阳之母也。动之则分，静之则合。"我所传承的太极内功，一定要分清动和静。什么动呢？意动；什么静呢？身心俱静。也就是意要动、形要静。

动之则分，塌腕这个形是不动的、是静的。因为动的是意，意就要分，分出两个意。塌腕这个形不动，没有变化，但是内在的意在两意之间一直在发生着变化，这才是"动之则分"的内涵真义。它指的是意动，两意要发生变化，要分出两个不同的意来。

作为塌腕来说，要分出来两个不同的意，一个是落、垂落，自然落之意，同时还得要有一个跟它相反相成的意，是提之意。所以，塌腕这个相对不动的形，里面确实有两个变化的相反相成的意在相互发生着变转。落之意是自然而落，因为受到地球引力的作用。我们在自然而落的塌的前提下，要找到一个跟它相平衡、相反相成的上提之意。如果只有一个意，只有塌是落、向下沉垂，就落死了，我们恰恰是要寻求跟它相反的上提之意。

我们要从两个意去理解这个"塌"字的真义内涵。恰恰是因为一个塌，里面存在着两个意，虽然是看不见摸不着的，但是这两个意合起来以后才是太极内功所寻求的塌的滋味、意味。这个很关键、很重要。

很多太极爱好者也讲塌腕，一讲塌腕就是讲落，恰恰要有一个跟它相反的意，而且这个意是要通过修为跟它相反相成，同时存在着。也就是塌腕的时候，两手自然沉垂，这个时候形是不动的，但是意必须是动的，必须是有提有落，有自然的相反的向上之提。只有这两个在动态中处于一种提和落相平衡的状态，趋于平衡，那才是我们要找的塌的真义。所以从这个角度来看，无极桩功站的是由形而求意，这是我们修为的主旨。我们求得一意是动之则分，有完全不同的对立的两个意相合出来的那个滋味、那

第十四章 垂肘和塌腕

个意,而那个意是两意相反相成,它们互相发生着对立又统一的作用,出现了一种相对的动态平衡。当然这种内在的意的反应和变化是一种滋味,是眼睛看不到的,是要通过桩功真实地修为出来的。这样我们才真的能够通过腕找到塌腕的塌的真义内涵。它是这样一种意,我们要反复体悟它。

我们通过腕这个部位来寻求塌的滋味,是不是塌这种滋味就是塌腕呢?和其他部位一样,我想强调一下,我们仅仅是通过腕这个部位寻求这个塌,不是只有腕这儿塌,因为这个塌本身是有提有落,是两个意通过形内的动态变化而得到的一个结果。也就是说,我们各个部位都存在着两个对立的意,它们相互要分而合,要以一来统合成一个意。它是一种滋味、一种味道。当我们看到这个手是静态的时候,千万不要认为它是不动的,它里面有两个意,一个提一个落,一直在进行分分合合,分为二、合而一,一直在动态变化着。实际上通过无极桩功,特别是通过塌腕,我们就是要感觉到、找到这种体悟,它是动的、是变的。

塌腕的塌之意,有提有落,最后合出来是一个味道。不是提是提、落是落,而是提和落是合一的,当然是动态的。这个味道是变化的一个味儿,这个味儿的变化才是我们要找的那个真实的滋味、那个意。

当塌腕的时候，提和落分合动态变化的过程中，你的感觉到底是什么，当然很难说清。不过我们的体会是落中有提、提中有落。也就是提和落是一回事，提也是落、落是落，它们是相反的，都合到落上了。我们是往下落，但是有阻力，难落。这个阻力来自虚空处，是在虚空处空出来不空的真意、真实的感觉。也就是说，落的时候，就会有一个意不让它落，这个意就是提。提的意产生了一个难落的结果。提就是落，落就是提，合一了，落中有提了。再站的时候，我们不是在腕这个地方寻求它的意，意分内外，更主要的是要在虚空处、空间处去求真实，就是身外的意要找到这种真实的滋味。

同理，提就是落，提是提、落也是提。当我提的时候，有难提之意，不是轻易地提起来。我们假想它的下边有一只手在拽着它，不让我的手被它轻易提起来，这个难提之意是在虚空处求得一个不让它轻易提起来的意味。这个意味就是落。当它要提的时候，这儿有落，它就难提了。在塌腕修为的过程中，我们在意上分出来一个提、一个落，提也是落、落也是提，提有难提即是落，落有难落即是提，才提落合一，最后合出来一个说不清的味道。这个味道你心领神会了，你觉知到一种真实的滋味。拿住了这种滋味，你就找到了塌腕的真义内涵。

无极桩功各个部位寻求的就是这么一种味道。要拿住这种味道，在任何时候都是两种相反相成的意合到一个意上。同时要把握住一个动一个静，动的永远是意，静的是心、身。意要动，意动气动，意气为君，它们是动的真正主体。有形的身体、无形的心都要静。静之则合，虚的心静了，实的身也静了，它们合到了静上，身心相合了。但是这个静合出来一个身心俱静完整合一的状态，它又要静出意动和气动。无极桩功站的就是身心俱静，意气蓬蓬勃勃而动。这个动遵循着一分一合、一开一合。对立的两个意相反相成发生着动态的变化，最后合出来一个滋味、意味。这才是我们要寻求的主旨目标。

要注意，任何时候塌之意永远存在于我们有形的内部。不管形有什么样的变化，里边的塌之意一定是保持住它的合一状态。形虽然不变，里面的意在变；形变了，里面的意不变，也就是塌之意不能变。因为这个意有提和落，提中有落、落中有提。塌腕，要避免的是折腕，折了。这个折不是指形上的变化，而是指意变了，里面的意没有了。落中没有提、提中没有落，就是折了。所以，我们求的是形不变意变，站的时候，中指对着裤线自然垂落，腕也有塌之意。我们做起式了，动起来了，形变了，但是里面塌腕的意不能变。塌之意的不变主宰着形的变化。任何形只要有塌之意，都是塌腕的真实状态，都是在保持着塌腕的真义内涵。

☯ 无极桩功

学员：老师，您提到我们在意上去感知自己身体内气的运行，遇热则上升，遇冷则下落，是内气运行周流一气所产生的自然结果。请问我们应该在时的地方去体会它，还是在身体上去感知它？我们应该把注意力放在哪里？

李光昭：我们要分形和意，我们的修为是由形求这个意，因此注意力要在意上。当然我们不能离开形，离开了形就变成了空想。意一定是在虚的形里面产生的真实的滋味，我们会感受到它的真实、它的流动，所以我们在站的时候关键要在意上去求。

我们在意上去把握它，这个意是真实的，在我们身体里面一定产生真实的反应。只有忘掉形，我们才会感受它的真实存在。我们在读诗或好的文章的时候，是通过那个意去读文字后面隐藏的情感和意味，而不是念一篇文章、念这个字。如果注重字的形和声，离开了意，就找不到那种真实的内涵了。同样，我们站桩也一样，为了要找意。当然这个意要想真实，我们要慢慢把形忘了。可是难的是离开形你又找不到意，所以既不离开它还要忘掉它，既要它还不能用它。我们要想真的通过形会意，就要不断遵照这个主旨去感悟、去找它，直至抓住意、忘掉形。我们要在形里面体会出来意的存在，特别是意的流动，感受到它自上而下自然而落。这个落中有沉，又有自然的升；这个升是一种自然的腾升,在落中升,在升中又有落。所以,这两个一个轻一个沉,总是同时存在着。我们要去感受这两个同时存在的滋味,在体内的真实的感悟。

我们从无极桩功开始要体会里面的意,但是不离开形。可是我们又要忘掉形,不用形。用形体会意,不是拿着形不放,而是形要松通。只有松通了的形、虚的形,意才能在形里面产生真实的动,产生一种真实的结果。

第十五章　展　指

展指，指是手指。人手有五指，两只手一共有十指，这是身体的有形的部位。我们要通过指寻求展指的展之意，同样需要我们对"展"这个字的真义内涵有所了解。无极桩功的修为，怎么通过指寻求到那个真实的滋味呢？

一、展在梢，意在转、开、放、舒

"展"字，从意上讲有两种说法，一个叫转卧，一个是舒展。我们睡不着觉的时候，说辗转反侧，也就是躺在床上睡不着来回翻转。为什么转要用展呢？人生命结束的时候，整个四肢都伸开了。"尸"字是人的四肢伸开时的状态，人在躺着睡觉的时候，是让四肢伸展开、放开。睡觉要翻身、要动，就是想让它放开，要伸展开。"展"字还有一个含义，就是舒展。舒，也是放开、放。转、开、放、舒，都是展的真义内涵。

"展"字同时有两种状态，要分清。一是，展内在的意是舒展。当舒展以后，你自己内心会有一种意，你会感到很舒展、很舒服。从内来讲是舒，对外讲是还有一个外在的表现。展字不只是形，还有内在之意，所以一定分出来内意和外形两个部分。

展指，是通过指的形，体现出展之意来。这个意跟塌腕的"塌"字是一样的，形上你所看到的动都是表象，都是不动之动。它自己不动，都是在意主导下气催动的，这个形才动。它是被动的，因此它是不动之动。

从太极内功来讲，动的是意。因此王宗岳说的"动之则分"是意要分，分出两个完全不同的意。也就是当展向前伸、开，意是向外要开，向前要放；同时，还有一个跟它相反的意，就是向内屈、向回收。常人理解的展就是向前、伸展，就是舒。但是从太极内功、从展之意来说，它是动之则分的，是由两个意合出来的展的真义。这个真义是由两意合出来的，作为展指来说，一个是伸，一个是屈。所以这两个意是相反的，一个要往前伸，一个是往后收、往回屈。王宗岳在《太极拳论》上说的"随屈就伸"，表现在指上就是一个要伸一个就要屈，一个要屈一个就要伸。所以从太极内功的角度理解展，它是两意合一意的结果，这个展由伸和屈合出来一个意。和塌腕一样，展之意是向外伸开，同时要有向内收、向内屈。这个伸和屈是合一的，是伸，但是它是难伸。如果没有屈的话，就是伸。离开了难伸，只是剩了伸的话，就不是太极内功所求的展之意。这个展是伸和屈的合一，作为伸来说，是难伸；作为屈来说，是难屈。伸就是屈、屈就是伸，伸屈合一了，才是展指的展。

虽然分了十八个部位，有腕，有指，腕是求塌腕，指是求展指，一个塌之意、一个展之意。不同的部位有不同的意，但是太极内功寻求的是一。我们分十八个部位，就是为了通过一个个部位去体悟和提炼出这样一个总的主旨，就是动之则分，分了两个意；静之则合，要合二为一。塌腕是这样的，展指依然如此。

求展指，是通过指这个部位来体现，它所表现出来的是伸。它的内涵我们肉眼看不到，但是真实的、跟它相反的是一个屈、一个收。所以找这个部位展的时候，我们一定要同时有一个向后回收、内屈之意。当手向外伸的时候，如果不能有一个回收之意跟它平衡，就不是太极内功所求的展指。

为什么指表现的一定是展、向外伸呢？其实我们是通过指这个部位寻求展之意，不是只有指这个部位才是展。指是梢。梢节，指的最前端。因为指是梢，是梢的代表，因此我们通过它来体会这个展。换句话说，不只是指这儿要展，是梢节都要展。梢节是最外端，所有的最外端都是梢。手指是这样，脚趾也是这样，三尖，包括鼻尖、耳尖都是梢节。梢节都要有一个向外展之意，这样人的身体才像一个充了气的球，才能完整舒展开来，才能够开。

我们在开的同时有一个展之意，还有一个向内收之意，这样我们这个身体才能够完整一气，内外合一。展指的展之意需要从梢节寻求，既向外又向内，既伸又屈，随屈就伸，而且无过不及。

二、屈伸合一

体会展指，随屈就伸，要伸就同时要有屈，怎么去体会出伸和屈、向前开和向回收呢？伸出来的是手，分了五指，两只手十指。我所传承的杨氏太极内功，对于手、手指的理解有不同的含义。我们要求展指，就要对手和指有一个真义内涵的了解。

《杨氏太极拳老谱》中专门有一篇叫《太极指掌捶手解》，讲了手各个部位的功能和作用。"自指下至腕上，里者为掌，五指之首为之手，五指皆为指"，五指的首叫手。所以五个指和手合一，合起来，叫手指。

指之里为掌，外为背。知道了手掌、手背，我们就可以对手有一个全面的了解。其中还讲了手的功能，各司其职："如其用者，按、推，掌也。拿、揉、抓、闭，俱用指也。挫、摩，手也；打，捶也。"

"五指之用"，五指各有用处。"首指为手"，就是这个大拇指为首;"仍为指",还是指;"故又名手指",所以这个手指是指这个大拇指,这叫手指。这个指什么用途呢?"其一,用之为旋指、旋手",也就是旋、转、顺、逆,都在这个指的主宰之下完成的,所以手指的重要作用是旋指、转指;"其二,用之为根指、根手";"其三,用之为弓指、弓手;其四,用之为中合指、中合手",就是要完成这个指的动作,都要跟它去相合。离开了拇指,拿东西没办法完成,所以它们是分的,但一定是相合的。所以,拇指起到了根本的作用。离开了这个拇指,其他四指很难完成一个完整的动作。

五个指各有分工各司其职,各有作用。首指是指旋转方向,是内旋,还是外转,完全由首指来控制。食指是指方向,前伸。用手一指,是用食指。我们一动都是用这个指来指方向,它引领、指导着我们要朝哪个方向进军。所以食指的作用是伸。中指是五指之中,当食指向前伸的时候,中指要有引领向回收。食指指方向,向前伸;中指要跟它相反,向回收。中指要向中上收,要向中上回。作为这只手来说,中指压向手掌的劳宫穴有回收之意。无名指和小指,也叫帮指。随着中指的回收,起到了伸和收的配合作用,这样才形成了整只手。

在展指过程中,特别是在动起来以后,手指一直是分而合的,各负其责,各有作用,所以我们要分得很清楚。

第十五章　展　指

展指的时候，既有向前伸，又有向回收，一伸一收，都收向劳宫穴。劳宫穴有伸之意，还有收之意。手如握球，但是这个握球有伸，所以这个握是含，似握非握，不是用力攥死，是把它含住了，含在了劳宫穴这儿。因此展指之意，有伸有屈，有向外赶、向外拍，有向回收。两意合一才是展指的展之意。同时各手指有各自的分工，体现在展上，有负责向外展转的、向外开的，有引领地向回收的。一个手虽然分出了五指，但是五指是相配合的，有屈、有伸，屈伸合一才是展指的内涵真义。

不只是五个指，两手的十指同样是分而合，两手合一手，十指合一。不管这两只手是分了左右、分了上下、分了前后，但是手手不离，就是两只手总是要相合，两只手要同在同出。此两者同，它们是分着的开，又是合一的。不只是分而合，两只手要合二为一，合向一个中上，任何一动它们之间一定是向一上去合。

学员：请问老师，修习站桩，意念引导的过程，是依照十八个部位集中到整体，再汇集到虚中线丹田吗？

李光昭：我们在站无极桩功的时候，静出动势要有意的流动。我们分了十八个部位，要寻求十八个部位的意。在意念引导的过程中，是依照着这十八个部位然后集中到整体，再汇集到虚中线的丹田，这个理解是对的。其实

☯ 无极桩功

十八个部位分着是十八个部位的意，最后我们需要合到一个意上，每部位的意"动之则分"，要分出两个对立的意合在一上。十八个部位的意，也就是人之一身，最后是一心一意合到一个意上。我们求的是这一个意，这一个心只有一个意，不能三心二意，当然这个意里面包含着十八个部位意的组合，一个滋味。实际上在意的流动过程中，这个意球沿着虚实中线向丹田，然后从实中线上升，运转起来。当然这个路径是我们人为规定的。

虚实运转的目的，就是把这一个意求真实。不是为了修这个路，修这个路是要通这辆车，这辆车就是这个意、这个意球，最终动起来是这一个意流动起来，这样我们才形成了一个整体，才是总体完整一气。

这是我们最终要达到的一个目标，无极桩功之意将来流动起来就是一意周流。在练的过程中，一下子很难让自己把十八个部位的意合到一个整体的球上、一个意上，但是没有关系，我们现在分着找。在站无极桩功的时候，我们先从局部把意求真实了，就是找到一种内里的意流动起来的滋味。这个动起来的滋味，是寻求两个对立的完全相反的部分在相互作用。它们总是在动态中发生变化的。落的时候就要落中有提。我们去找这个滋味，先不管十八个部位是否一下子能合到一个意上，一步一步来。我们在站的时候，通过虚实中线找一个意，这个意球你先体会到它

第十五章 展 指

的提和落。当这个意球向下落的时候，让它有难落之意、提之意，也就是提着它落。当这个球沿着实中线上升的时候，一定有一个落中的提，它是落着的，但是它是要向上提，所以它就要落中有难提之意。我们总是在这一个意上先去寻求两个滋味的变化，最后再通过一个部位一个部位的去求，肩是挂之意、肘是垂之意、腕是塌之意、指是展之意，每个意里面都有两个对立部分意的存在，而且是相互相合的。就像搭积木一样，最后合到一个完整体上，那时候我们所有动起来是一个整体。沿着虚中线向丹田，再沿着实中线，不断来运转、变化。

我们在现阶段是分着练，主要是先找各个部位的滋味。最后是一个意，合出来是一个滋味，但是这个滋味是由各个部位的滋味合出来的。我们从每个部位的滋味找不出合的味道来，一步一步来，循序渐进。

第十六章 含胸和拔背

含胸和拔背，实际上是一回事。含胸、拔背是密不可分的，含胸必要拔背，拔背一定会含胸。尽管分着讲，叫含胸、拔背，但是要把这两个部分合二而一，每个部位有它所要寻求的意和滋味。

一、含在胸，意在吞中吐

站无极桩功的时候，要品尝每一个部位的滋味。从胸来说，在人有形的身体中，它是一个确定的、有形的部位，在肩胯之间，上为胸、下为腹（肚子），位置很明确。从无极桩功开始，所说的每个部位，尽管是一个范围，但是要找到一个点位，用这个点位来寻求这个部位的意。在点上找、点上求，先要找到点。

1. 找到丹田的丹那个点

《杨氏太极拳老谱》中《乱环诀》有一句话"发落点对即成功"，就是说找对了点没有。怎么去找到那个意的滋味，第一个先要找到点，然后在那个点上去寻求味道、滋味，也就是找到那个意点。

怎么找到胸的那个点，这是含胸在无极桩功功法寻求过程中第一个关键的要素。站无极桩功，在寻求含胸感悟的时候，第一先用意去寻求那个点。凡是要找的点，其实就是丹田的丹。也就是说，在丹田这个范围里面，即胸部，要找到一个点。丹田的点在田里面。写"田"字，要画一竖再加一横，才找到了这个点。从平面位置来说，这一点在两胸、两乳之间，恰恰是膻中穴。

这个点不是圆的平面上的一个点，而是一个球的中心，这就需要在一横一竖中去找出它的交点来。怎么找准含胸这个点呢？在站无极桩功的时候，去找这一横和一竖相交的那个点。这一竖是虚中线，由百会到膻中到会阴。只有这条虚中线还不行，还要有一条横线，由膻中穴这个位置到后面的这条大椎实中线。玉枕、尾间、夹脊三关，正好在这条实中线的夹脊这个位置。

既然是体，体有上下、左右，还有前后。在膻中穴这一点和夹脊关之间画一条横线，虚中线是这一竖，横上一条与虚中线相交的这一点，就是丹。在那个点上找出的聚合的滋味，真实地体会它的味道，就是含之意。

含胸，这个部位所求的含之意，第一个重要的要求是要找准点。那个点正好是上、中、下三个丹田的中丹田。

在站无极桩功的时候，先用意把这一点找到。这一点是由表及里，是在虚空处，既不在膻中穴上，也不在后边的夹脊关上，是在虚横线与虚中线相交出来的那个空出来的点。当我们在那一点上去找到一种滋味，这个空的丹田就结丹了，那个意就真实了。在空的那个点上，找到了一种滋味，那个滋味就真的品尝到了。当然这种滋味不是像我们吃菜一样用味觉体会的，而是心领神会，用意会出来的一种真实的觉知。空而不空，空出来一个真实的味道，站无极桩功就是要站出这个味道来。这个味道就是含，首先在这个点上找含的味道。

2. 含是有吞也有吐

含到底是什么样的味道、什么样的状态？这就需要我们对含的内涵真义有一个真实的理解和把握。《说文解字》中很清楚地表述为：不吞也不吐就是含。如同嘴里含着一块糖，既不咽下去，也不吐出来。

含有几个条件：第一，有一张嘴（口腔），口腔是空的，可以含。第二，有一块糖，糖是实实在在的。第三，把糖放到口腔里面。第四，糖含在嘴里，既不吐出来也不咽下去。只有这么几个条件合起来以后，合出来一个状态和一个滋味，才是我们所求的含的内涵真义。这里，我们用糖借喻来理解"含"字的真义内涵。

第十六章　含胸和拔背

　　站无极桩功的时候，如何去体会含的滋味呢？我们有一个胸腔，要找到它空的感觉。站无极桩功的时候，要去寻求胸空的滋味，空空荡荡、空洞。这种空，空的是一种体会，如同空的杯子。它是静的，是不动的，所以它可以包容，能够放入其他的物品。

　　空的滋味，可以说是太极内功修为一个很重要的本体的味道。为什么要通过胸的含去体会这个部位的空呢？从无极桩功开始，就是要站空自己。我们有形的身体堵得满满的，不空。本来我们应该是空的，身也空，心也空。但是，没用的杂念、欲望、自以为是的想法充斥着我们的内心。我们总是活在自我的状态下，心里面由于不空所产生的纠结在困扰着我们。我们的身也不空，里面充满了各种僵滞、滞碍、不松通，老是僵着。只有身体腾空了，松通了，才能气血流通、毫无滞碍。

　　通过无极桩功，我们回到本原的空的状态。我们不是为了空而空，而是要空出一个不空的真实来。

　　我们每个人的家里面，充斥着很多的衣服、鞋子，真正有用的、日常用的没有多少。那些占着位置而没有用的东西充斥着房间，可是又舍不得把它扔掉。我们不能腾空的时候，就像这个房子本来应该有更大的用处，却被这些无用的杂物充斥充满了。我们能不能下决心腾空它？当然，这个腾空，是需要工夫的，需要下狠心、下决心。舍完三年不用的，再看两年以上的，扔、舍，这样一步一步来。你腾空的是房子，丢弃的是一些用不着的物品，但是你得到了一个心里面的美妙的味道，很舒服。

我们人有形的身体充满了僵滞之力，造成气血不通，久而久之，必定会出现各种各样的病痛，所以站无极桩功，就是让自己要空。

这个空不是目的，是空出一个好的心情，一个好的意境，一个非常美妙的结果。无极桩功就是把无用的东西腾空以后，空出来一个有用的、内在的真实。

我们要让自己静下来，把自以为是的内心想法、念头统统去掉、放下。把它忘掉，彻底舍弃掉，才能回到了止、止念。

我们要把所有想法放下、舍弃掉，回空。怎么去找出来它是真的空了？就像杯子一样，用不空来检验空。这个杯子能够倒进水、倒进茶去，杯子就是空的。杯子是静的、不动的。在不动中、静中，有流动的水能够流进去，就证明杯子是空的。所以，用不空来检验你到底是不是真的找到了空、回到了空。

流进去了，就证明胸的这一点已经空了。我们放下的是念头，流进去的依然也是意，但是这个意不是自以为是的那个意，是经过了止、静、安、虑、得的过程的意。这个过程就是太极内功修为的过程，即腾空。最后得到的是那个流进去的水，是"知止而后有定，定而后能静，静而后能安，安而后能虑，虑而后能得"。得到的空杯子，里面装了最有用的生命之水。

3. 吞吐是拳之法

怎么让生命之水真实地在胸这个杯子中流动起来呢？当我们能静下来，空了以后，自然而然会空出不空的两种状态，一种是吞，一种是吐。有了吞也有了吐，是不是就是所求的含胸的含呢？不完全是。这个含是有吞也有吐，是用意把吞和吐合起来，合出的一个滋味。吞吐相含的味道，既不吞也不吐，既吞又吐。合起来，有吞有吐，但是它既不是吞也不是吐。丹的这一点不是横也不是竖，既是横又是竖，它是横竖相合出来的状态。这个状态是也不是，正因为是也不是，所以这种滋味在是和不是之间，是动态的。它是也不是，不是也是，这才是我们所求的含。

吞和吐，可吞可吐，吞而不吞，吐而不吐。含到底是一种什么状态呢？既吞又吐，既不吞也不吐。含这个状态，从太极内功的角度定义，就是中。因为中是阴阳之合，对立的两个部分合到一点就是中；合到一个最平衡的状态，就是中。当吐和吞相合到那个点上，既吞又吐，既不吞又不吐，就是中、是含。

因此，这一点是一，是中，是含。我们通过胸部来找含之意，也是求中。中即太极，是阴阳相济。我们就是要找到这么一种滋味。这种滋味不是想当然，而是身心相合以后的一种真实的觉知，是站出的一种真实的状态。这种状态是身心相合的，是空而不空的。

古人告诉我们，"发而未发谓之中"。要发但是它未发，是未发它又要发，发而未发就是中。具体来说，这一点吞而未吞、吐而未吐。这是中也是含，要找到一种真实的觉知和滋味。站无极桩功的时候，去体会含胸时所要遵循的次第、步骤，一步一步找到真实的觉知和感觉。

含是吞吐相间。用吞吐来寻求含之真义，是太极内功修为一个很重要的法门。胸，空而不空，空出一个含的真义来，是不是就是含胸呢？不是，我们是为了通过胸这个位置找到含，找到含的真义。通过含，我们找到吞和吐两个完全对立的状态。"动之则分、静之则合"，一动一静、一分一合，最后分阴阳、合太极。实际上对于太极内功来说，含就体现在吞和吐两种状态上。所以，含不是一个局部的问题，是太极内功修为的核心主旨。如果通过有为的功法和心法，不能体会到什么是吞、什么是吐、什么是吞吐相含的话，你就没有抓住太极内功修为的核心主旨。通过吞和吐的分和合来感知分阴阳、合太极，你才真的迈入太极修为的圣殿。

杨班侯指出，"太极阴阳少人修"。自古以来，修

第十六章 含胸和拔背

炼太极的人、想练太极拳的人，多如牛毛，比比皆是，但是真的用阴阳修太极、分阴阳合太极的人少之又少。修太极，要抓阴阳，因为阴阳是宇宙万物的大道、本原、规律的体现。"一阴一阳之谓道"，不从阴阳去体会太极，就违背了大道的自然运行规律，就不能把握住阴阳之道。

我们修阴阳，由阴阳来合太极。"吞吐开合问刚柔"，它给我们指明了路径，一是吞吐、二是开合、三是刚柔。《阴阳诀》这两句把修为的方向、目标和修为的方法、路径提纲挈领说得很清楚了，把内容摆得很明确了。太极内功的修为就要遵循着阴阳、吞吐、开合、刚柔，用有为的功法一层一层去把握和修为。阴阳、吞吐、开合、刚柔，是拳修内功的四个核心主旨和要素，它们有密不可分的关系。

阴阳指的是拳之道。我所传承的太极内功、太极拳内功的修为，是以拳证道。我们不仅是练一套拳脚功夫，而是通过拳脚的修为在身心实修实证阴阳的大道。拳小，但修的是大道。拳之道，谓之阴阳。阴阳就是拳中那个道，离开了阴阳，就离开了拳所遵循的道。

拳之道是阴阳，吞吐、开合、刚柔。开合是拳之理，阴阳具体在拳中的体现，就是一开一合。一开一合谓之拳。我们要在拳中遵循着这个开合之理，通过一个开一个合，寻求合一的开合。

拳之道是阴阳，拳之理是开合，拳之法门就是吞吐，所以吞吐是拳之法。我们在拳之道的主宰下，遵循拳之理的开合，又运用吞吐这个法门来修为太极内功。最后拳之用就是刚柔，结出刚柔的果。

无极桩功的含胸，就是在运用拳之道——阴阳来主宰，领悟拳之理——开合，遵守着拳之法——吞吐，最后修出刚柔相济的结果。柔中有刚、刚中有柔，刚柔相济。面对任何复杂问题的时候，我们才能刚正不阿、柔弱似水、随机而变。

我们要通过吞和吐、分而合寻求一个含的内涵真义。这就是含胸。

二、拔背必含胸

含胸和拔背是密不可分的两个部分，含胸必拔背，拔背离不开含胸。从人之一身来说，胸和背这两个位置是一前一后。如果胸叫前，背一定是后。因为胸对背而言是前，离开了背就没有前胸，背是对于胸来说是后。胸在前、背在后，一前一后，这两个合起来才是一个完整体，才是人的真实状态。所以，含胸就要拔背。

1. 拔是对拉拔长

对于拔背的背来说，从膻中穴到夹脊关有一条横线。在实中线夹脊关这个位置，是我们拔背要找到的那个点。跟含胸一样，先得把点找到，然后在那儿守那个意，找那个觉知的真实感觉。

拔背容易产生一个误区，就是把拔背练成了弓背。拔背是意上的真实。大椎、脊椎本身就要像一张弓背一样，所以要找到拔背的内涵真义，首先要对拔有一个真实的理解。很多人说拔是向上提，这只是从形的角度上讲。拔的真义不只是向上提，拔根的时候，你要向上拔的时候，这个根有一个向下拽、向下拉。所以真实的拔的味道和滋味不只是向上提和向上拉。从形上说是向上拉，从拔之真义来说是对拉。上是向上拉，在向上拉的时候，下边一定是同时向下。一个向上、一个向下，两个同时作用。上拉，下拽，合起来才是拔的真义内涵。所以，看得见的形所表现出来的状态是向上，但是真正的作用是上下两者之间对拉的结果，才是拔。看得见的是向上提，看不见的是向下拽。

站无极桩功拔背的时候，从夹脊关这个点上要体会一上一下对拉拔长。也就是我们通过虚中线这只大手在向上提的时候，又通过玉枕向上拉实中线，同时胯要坐下，松落坐，尾闾关有一个向下拉的感觉和滋味。所以一上一下，上边这只大手百会带动、拉动了实中线的玉枕关，下边的会阴向下拉，通过尾闾关又有一个向下拉实中线，上下对拉夹脊，这个地方产生了被拉以后一个拔的感觉。对拉拔长，背在夹脊这个位置给它拉开了。不是夹脊这个地方自己开，是上下对拉以后产生的状态和味道，拔背是上下对拉产生的结果。

拔背是在夹脊关这个地方，我们要"抱圆守一"，要在这一点上寻求拔的滋味。是不是就是上下呢？我们这张弓还要撑圆，要拉圆，除了上下拉以外，还有一个前后要拉。也就是从膻中穴这个位置，通过含的中那一点，还有一个前后要张，这张弓才能够对拉而拔长，撑圆了。所以拔的真义，不只是上下，还有前后。

2.合出中的状态

人身作为一个整体来说，不但有上下、有前后，还有左右。前后要张、左右要开，最后找出来一个滋味。这个滋味是被上下、左右、前后不同的两个点互相作用，要找到这个点的作用。这个点依然是合出来的。作用在夹脊这一点上就是拔，同时还有开和张，张拔、拔开、对拉，最后站的时候，含胸、拔背都合到中上，合到球的中心位置上，就合一、合出那个拔的味道了。

第十六章 含胸和拔背

拔背就是夹脊这个有形的位置上,我们要找到这个点,通过这个点,要把含胸、拔背合出来完整中的状态。这个中的状态既不在夹脊,也不在虚的膻中穴,是在虚空中合出来的中空而不空的状态。所以含和拔,当然是分着找的,最后是合出来一个味道,这个味道就是含、拔,说不清了。但是我们能够真实感觉到站的时候开了,同时合了。上和下、前和后、左和右,谁也离不开谁。但是它们又开了,由中那个地方去开,再向中那个地方去合。因此,我们站无极桩功含胸和拔背的时候,是要站出一种中的滋味,最终通过含胸、拔背得中。这种中的滋味是空而不空,但是里面由中向四周开,又由四周向中去合,所以开中要合,合中要开。开是中的开,合是中的合。合由中向内合,开由中向外开。这个开和合是同一个中的两种变化。这两种变化,不管是开还是合,都是在中主宰下的两种状态。

我们的意不要去管开,也不要去管合,那都是结果,我们只把意求在中上、求在一上。只要一在,就能够该开就开、该合就合。无极桩功的含胸拔背就是让自己的含和拔最后合出中的状态。

我们通过胸和背这两个部位寻求到什么是中,通过含和拔求出中来,得到一种真实的感觉和觉知。只有中得到一种真实的觉知,我们才能像拳论上所说的,"得中用中，妙用无穷"。因为所有的变化，不管开或者是合，不管吞或者是吐，都离不开中，所以变化是无穷的，我们是"抱圆守一"，就守这一中。守住了中，就能应万变，万变不离其"中"。所以老子告诉我们"多言数穷，不如守中"，也就是无极桩功通过含胸、拔背，达到守中的结果。

含胸和拔背，说是两个部位，实际上说的是一回事。含胸和拔背，这两者分而合，合出的中的滋味，需要慢慢去把握，去体悟。

学员A：我们在拔背的时候是在夹脊上寻求上下拉，前后也把它拉开，左右也开张，是在夹脊关这边。在含胸的时候，是在虚中线的丹田，就是中丹田去体会含胸之意。先把自己空了，然后去寻求这个自以为是的含，是自然之含。当这两个（含胸、拔背）意合在一起的时候，我们在哪里寻找这种合起来的意？

李光昭：含胸和拔背两个意合起来以后是合在中上，中就是丹。含胸要在丹上，虚中线一横一竖相交的点是丹，我们在那个位置体会吞和吐。因为背是实的，实中线是实的，我们就要在实的地方找一个点，去体会这种对拉以后出现的那种状态。这个拔背有上下拉、对拉，有前后、有左右。对拉以后再和含胸相合，合到了含胸的中之点上，最后拔背和含胸就是一，一就回到了中空的那个点上。那一点既是含的滋味，又是拔，都是由那一点开始，那个点就是中丹田的丹。

特别是拔背，我们通过夹脊要向后有一个张拔、有一个后拉。这个时候我们用意假想，借助身外意来寻求一个真实，比如上天这只大手向上拽我。当前后张拔的时候一样用假想的意，后面有一只大手在向后拉我，前面有一只大手向前拉我。除了上下对拉，还有前后对拉，后面拉的是夹脊这一点，再加上前头这一点，最终拉出的结果是拉到丹上。一前一后，合到一个状态、一个味道上，再合到丹田的中上。就像我们拉开了一张弓，把这个拉开以后那个中点空了，那个点是丹。吞和吐、开和合，无非是中丹田这一点上的两种状态的互相作用。

站的时候，从这个点上去体会。含胸、拔背，最后合到这个中上，也就是空出的丹，从那个点上去寻求它的真实的觉知和味道。

学员B：您刚才讲到在含胸的时候要让中丹田这个位置变得空起来，然后有一个方法来检验是否空，就是让水进去，水能够进得去它才是空。听到您讲这个的时候，那会儿我在试着站桩，我放空了以后，能够感觉到自己的心跳和呼吸。我给您这个反馈，想听听您说我感觉到的呼吸和心跳跟空和不空有什么关系？

李光昭：你这个反馈非常好。你的感觉是在站的过程中寻求含这个味道的时候，在丹那一点上找到的一种真实感觉。你能够静心凝神、周身松通的时候，实际上是在向内在反，因为你的意守是守在那个内在的空出的丹上，那个丹是空的。但是你有了一种真实的感觉，那个感觉是里面的真实。你感受到了心跳，甚至能感受到一收一放，也就是一吞一吐，实际上也是一呼一吸。呼吸是结果，但是你真的是能够感觉到了，去把握它，觉知它。这种真实的感觉是你在丹田空出来的一个真实的结果。感觉到它的内在真实以后，你慢慢就可以去调控它，就可以跟它产生一种共鸣，真实感觉到自己内在的变化。

第十七章　空腹和活腰

腹和腰是无极桩功十八个部位中两个非常重要的，又是密不可分的部位。从无极桩功开始，十八个部位是通过形来求这个意、练这个意、得这个意，同时要让我们的意能够主宰我们的形，让我们的形能够服从我们的意。形和意，一个君一个臣、一个主一个辅，要分得很清楚，但是要各司其职、合二为一。我们的意一定是一个能够主宰我们形的意，我们的形一定是能够服从我们意指挥的形，所以它们是君臣的关系。无极桩功就是要修为出这样一个形跟意密不可分的、又分得很清楚的内在的分而合一的关系，所以我们是练形求意。

一、空腹在意的真实

空腹、活腰依然是由形来求意，让我们的意能够主宰我们的形。"空腹"两个字，实际上是一个形一个意，腹（肚子）是一个有形的部位，空是一种无形的意、一种滋味。空这种滋味是一种看不见摸不着但是可意会不可言传的真实。这种可意会不可言传的真实，我们是通过腹部这个有形的位置，在无极桩功修为过程中得到的真感实悟。我们要想找这个空的感觉，就要通过腹部来寻求到这种无形的味道、无形的意。

大成拳鼻祖王芗斋大师很清楚地告诉我们，"离开己身无物可求"。离开有形的身体去寻求那个意，你求不到，无路可求。"执着己身更为不妥"。你练这个身体，拿住腹部不放，想在腹部修出一个空来，更为不妥。因此我们所修的内功既离开又不离开，又要从这个位置去寻求那个无形的意。空腹的空，跟肚子的空完全是两个概念、范畴。我们用腹部来寻求一种可意会不可言传的空的真感实悟，不是在腹部这儿求它的空，而是由形求出一个真实的意来。腹部是在横膈膜下、胯之上。作为腹部，我们要求空的意。太极内功是一种意的真实，不是常人理解的肚子饿了，没吃东西就空了。

1. 腹是形，空是意

在无极桩功修为过程中，我们所求的空又是一种什么样的可意会不可言传的真实的感悟呢？也就是我们所求出的空之意到底是一种什么样的真义内涵？这就需要我们对空有一个真实的把握和理解。

我们要摒弃常人的思维，用太极思维去理解，才能理

第十七章　空腹和活腰

解空的真义内涵。太极是阴阳两个对立的统一，一个阴一个阳，合起来才是太极。一说到空，我们用太极思维，应该马上反应出和空完全对立的方面。我们要从空的另外一面来寻求它。要想知道什么是阳，就要从阴中去找；要想知道什么是阴，就要从阳中去感悟。我们有时候执着，是"只缘身在此山中"。只有跳到另外一面去看它，才能够看到它的真实面貌。我们尝过了苦，才知道什么是甜。所以空也一样，一说到空，我们马上用太极思维要形成一个不空的内涵真义来。实际空，是在说这个不空，不是就空去说空，所以空一定还具有不空。腹是形、空是意的话，所求的这个意里面就包含了空与不空两个对立的要素。

空和不空这两个是相互为根的，谁也离不开谁，是一体的两面。无极桩功所求的所有意都应该是求得对立统一以后合出来的一个意。什么才是我们要求得的这个真义呢？一意是真义，不能够二意。二意不能合成一意，就不是我们所求的那个意。我们做任何事情，不能三心二意，一定要一心一意。所以无极桩功十八个部位，包括空腹，是求出一个意来，要找到这一意的真实。拳论告诉我们"有意无意是真意"，这两个合起来才是求得了那个真。真在有和无两者之间，是把有和无两个合在了一起，不是有也不是无，既是无也是有，是有无相生，此两者同出而异名，是一个事物。但是这一个事物里面是由对立的两个不同合起来的。对立的两个部分一个是有，另外一个就是无。

太极内功修为过程中，我们所求得的任何的意，都是有意和无意合二而一合出来的真意。我们通过空腹要求这个空之意，要找到真意，就要分清有意和无意，同时有意和无意要合二而一，合出来一个真意。这是我们对真意要把握的一个原则。

2. 空而不空，不空而空

站无极桩功求空腹的时候，要用太极思维，在有无两者之间去寻求它的真实。一个是空，一个是不空，不空就是无。我们所求的既不是空也不是不空，既不是不空也不是空。空腹的真义是我们在这个位置上要找到似空非空、空而不空、不空而空的感觉，空和不空同时存在的一个滋味。这个滋味很难说清，它既是空又是不空。空不空的这种滋味、这种意是可以意会不可言传的。如果不能进入太极思维，去修为寻求这个真义的话，很难品味它的真实。

空和不空两者之间的那种味道，是说不清的，所以它只可意会。我们的真实是说不清道不明，但是可意会、可真感实悟，冷暖自知，我们自己知道那个滋味。这才是它的真实。空腹的空是什么滋味，我很难说出来，不像把杯子给你，你拿走了。把我这个滋味、味道给你，很难，也

第十七章 空腹和活腰

不可能。

我经过几十年修为，真实地体悟到，就这种空出来的意可意会不可言传。这种滋味只有通过你自己去修，才能够真的得到真感实悟，才能变成你的。你要在有无之间、有意无意是真意之间、空和不空之间去寻求那种真意内涵的味道。你要找就得把握住这两个方面，一要空的杯子，二能装进水。我们把有形这部分作为杯子，就是我们修的那个空、那个杯子，同时要倒进去的那个水就是意。形如杯子意如水。当然这只是我们修为的一种假借的法门，是通过空和不空来寻求的一个味道。当然，不只是形要空，我们的心也要空，心里面不空装不进去水，意就流不起来，所以身心皆空。

我们在修为中，从有形的腹部去寻求空之真义，这是一个比较方便的法门，因为看得见摸得着。我们在站无极桩功的时候，在寻求空腹的时候，就要找到一种空而且还有不空。合一了，杯子里装进水了。

我们在修为过程中，首先要空，心要静。静则空，心乱动就不空。心要空、心无杂念，没有任何自己以为的执意拿住不放的东西，统统放下，让心静下来。同时，身也要静下来。身松则静，身要完全放松，周身松通，没有一点滞碍、僵滞之力。这样我们身心才能够修出空的有用的杯子。

这个空杯子，只有用意来感悟、证实，去验证它到底是不是空。这个意就像水一样，水能够流到杯子里了，这个杯子就是空的。当我们身心俱静的时候，空静的时候，我们的意要动，意如水，水要流。水只有动起来，在腹部感觉到它流动起来了，有动静了，才证实杯子是空的。我们身心俱松静，同时又松出来一个内里的意的动，从而证明这个杯子是空的，是空出来真实。

这种意动在空腹中是一种什么样的滋味呢？王宗岳在《太极拳论》中告诉我们"虚领顶劲，气沉丹田"。气沉丹田就是空腹空而不空真实的结果。腹这个位置是下丹田的位置。无极桩功把人分成了上、中、下三盘，分出了上丹田、中丹田、下丹田。下丹田这个位置在虚空处，整个腹和腰的位置是田，丹就在田之中。我们有一个虚中线还要画一横，这一横在脐下三指，叫气海穴。

我们用意，认为它是平的。不要用尺子去量，实际上，所有的横线，前和后之间一定要有一个意前低后高。平是结果，是不平而平，这是太极思维。不平才能够有平的结果，在不平中才能求得平。老子告诉我们"高下相倾"，分出来前低后高、后高前低，水才能流动起来，流动的结果是平。所以，动之则分，一定分出一个前低后高。后高于前，才能够流起来。中国地形是西高东低，长江大河才能够从发源地由西向东往大海流去。一定要分出高和低，高下才能相倾。

3.气沉丹田

气沉丹田，田有了，这个丹就在虚中线和横的连线的交点上。这个空不空的意就要在丹上去寻求它的真实。站无极桩功的时候，我们找到一个点，那个点就是丹。我们所有求的意都是在丹上结出来的，是结丹结出来真的意。前辈早就很清楚地告诉我们，"拿住丹田练内功，哼哈二气妙无穷"，也就是太极内功的修为，从无极桩功开始就是在修为内功。在哪儿修呢？在丹上修，在丹田上。那个意的点就在丹上找，这样就把它具体化了。不是泛泛地去寻求，而是把那个意注在了一点上，你就得到一种聚合出来的意的真实。

这一点是有和无，空和不空。意动起来以后，空的腹，得到气沉的结果。意的流动，好像还比较虚无，但是一说到气沉就比较好形象了。我们在生活中都对气和沉有真感实悟。气球充上气以后就飘起来了。气向上腾升，气是轻的。一个气、一个沉，气是向上的，沉是向下的。气是轻的，沉是重的，在丹田这个位置上要体会气和沉二者合一的滋味。那个味道就是我们要求得的真义。气很轻，但一定还有一个沉的东西跟它相反相成，我们在轻的气中要寻求沉的滋味。这才是无极桩功所要站的。既站出一个向上的气的轻灵，又有一个向下的沉厚，两者合出来一个味道。那个味道就是空腹空出的真实。空腹是空出一个丹田，田中有一个丹，丹又结出一个真实的味道，是轻而沉、轻而重，是上而下、升而降合起来的一种滋味。站无极桩功空腹的时候，就要站出这个味道来。站不出气沉的味道、轻而沉的味道、升而降同时存在的味道，就不是我们所求的空腹的真义内涵。

这种又上又下、又轻又重、又升又降的味道同时存在，它是动的、变的、化的，不是死的，不是不动的。不动的是我们的腹，是我们的杯子，是我们的身心。动的是内里所产生的气沉的状态。所以，它是一种静出来的动态结果，也就是外静内要动。什么是静出动势？站无极桩功就是要在静中站出这种内在的蓬蓬勃勃的变动不居的内在动力，它是我们生命的内动力。把它站强壮了，这才是太极内功所求得的十八个部位中空腹所空出的真义内涵。在站无极桩功时要站出这种内动的真感实悟，是所谓求得的空而不空的真义。空而出的实，实就实在这个意上，意的真实。

二、活似车轮

活腰和空腹是一样的，腰和腹是身体两个有形的部位。前为腹，后面才是腰，它们两个是分着的，一前一

第十七章 空腹和活腰

后，但是谁也离不开谁，合二为一，合出来一个人的完整状态。这本身就是分阴阳，合太极。分出来一个前一个后，前后相随，前一走后就要跟着，后一动前就要随。相随的意思是形影不离，总是相生相伴的。

1. 人之要素就在于腰

腹部空腹，它是发动机。气沉丹田，气因意的流动而产生鼓荡。没有发动机提供动力，我们这部汽车就走不了。发动机只管提供动力，它不参与别的，只是坚守着它的作用。它坚定地守卫着自己的职责，就是提供动力。所以，这个地方就是由精化气，以意而导气，而产生气沉丹田的结果。它产生的这个动力，要传动到前后驱动轴、轮子，汽车才能够转动。

谁把发动机产生的动力高效率准确地传递给前后驱动的呢？作为汽车来说，发动机动起来以后动力要进入变速箱，变速箱把动力传递到前后驱动。作为我们人体来说，如果腹部是发动机，腰就是变速箱。人的身体能不能灵活地运动，发动机很重要，因为动力是由它提供的。但是，如果没有变速箱高效灵活运转和传递，汽车依然动不起来。所以，人之要素就在于腰，动和不动、大动小动、左动右动、快动慢动都在腰上。"腰"字左边的"月"是我们有形身体。"腰"字右边是"要"，要是关口、要塞，是一个非常重要的位置。它是人体的变速箱，它主宰和指挥着我们身体的前进后退、左顾右盼。可以说所有的变化都源自腰的主宰。腰要主宰，就要灵活运转。腰一定是需要怎么样活它就要怎么样活，因为它指挥着身体。它发出了向左的指令，身体就会向左；它发出一个向右的指令，身体就能向右。身体能不能够前进后退、左顾右盼、灵活变化，全在腰的变动，全在腰能不能活。作为太极内功的修为，活腰这个活指的不是有形的身体能够自己活、自己动。太极内功、无极桩功对于活腰的"活"字所求之意，和我们理解的那个活是完全相反的。

2. 腰不自动，听命于意

要练腰的活，就要把有形的身体动起来，这是常人的理解。相反，我们要练腰的不动。无极桩功恰恰是练腰不动。我们所说的活腰的活是灵活，该怎么动就怎么动，是能够服从意的指挥。腰不自己动，需要松活。腰没有自己的想法，自己不乱动，完全松通听意的指挥。因此，这个活只是意活，腰能够听命于意。意怎么动，腰就怎么动。意怎么变，腰就怎么变。腰不自动、不主动、不妄动，没有自己的想法。可是生活中腰不随意，往往无法做到不主动、不妄动。特别是年岁稍许一大，腰就不强了。做任何动作，不管你承不承认腰都是主宰，离不开。举东西，抬

第十七章 空腹和活腰

东西，走、跳，各种各样的变化都是腰在主宰，但是往往是腰在主动、腰在妄动、腰自己在动。腰不松活，腰用力，因此它是僵硬的。时间一长，腰的两条腰肌老在僵滞用力，它就僵死了，弹性不够了，它就不能够保护这两个轮子的自由运转了。很多时候，这个人就会腰肌劳损、腰椎间盘突出。

无极桩功对腰的要求很清楚。腰作为一个形的重要部分，它一定是不自动、不主动。它不自动、不主动，就要静，就要松。它跟腹一样要空，它没有自己的想法，就是静静地待命。松下来才真正能活，越用力越不活。我们对腰一定要深刻地理解。它是不自动、不主动的。活是活在意上，意要活。

腰松静下来，这个意就一定能够灵活。也就是说，腰是静，意是动。无极桩功练的是腰的不自动、不主动，但是一定能够随意而动，听命于意。在意的统领下需要大动它就大动，需要小动它就小动，需要快动它就快动，需要慢动它就慢动。我们用灵动的意去指挥待命的松静的腰。

腰是军队的大旗。腰为纛，纛是军旗，也就是腰是军旗。军旗一挥，前进；再一挥，后退；再一挥，向左；再一挥，向右。到底是前进后退、左顾右盼，到底向哪儿去都取决于军旗。但是要注意，它尽管是纛、是军旗、是指挥，但是军旗自己不动，部队是听命于军旗的，可是谁挥动军旗呢？不是军旗自己动，军旗要听命于军旗手的。命令一传达下来，前进，军旗就向前挥，撤退，就向后挥。

腰为纛，是军旗，但是它自己不动。谁来挥它？是意。我们的腰就听命于意，军旗被意指挥。因此，我们在站无极桩功活腰的时候，关键是要站出来腰是静的、是松的、是空的、是通的，要把意在腰这个位置上找到，用这个意来指挥腰。在哪儿找这个意呢？在命门。杨氏太极有两个命门，肾俞，一左一右，像两个轮子一样，左右轮。这两个轮子合起来以后合出来一个动，合到了一点上，像车轮子一样，这才是活腰。这个轮子动完全是意。不是腰自己动，是意动。无极桩功要站出这两个轮子互相之间的传递、变转。意要灵活、要灵动。

我们全身能不能灵活运动，归根结底全在这个意上，在两个命门能不能够在意的指挥下灵活地运转。空腹，是"气沉丹田"，活腰，就是"活似车轮"，也就是像车轮一样活。活似车轮，活的是意，不是有形身体的活。有形身体的活是在意活的指挥下产生了灵动的变化，意不动它不动，所以它一直是不动之动，是静出来的动，它一直是静的。意一动，它跟着就要动，随动。

形如果是那个杯子，意就是流动的水，活是活得像水一样。古人说活是水的流动声，不是说活就是水、水就是活。通过它的声音就知道生命之水在流动。意的活，就要

第十七章 空腹和活腰

像水一样流动起来。

我们要求出一个活的真意来。活的真意是有意无意。站无极桩功活腰，意要像水一样动起来，但是水流动起来的真义是什么呢？是动之不动。也就是它是动，但是不是自以为是地去动，而是要遵道而为，该怎么动就怎么动，不是它用自己的想法，想怎么动就怎么动。要像水一样，水只遵循道。老子认为水是最接近于道的，因为它利万物，它永远是处于下，它永远不争，它永远没有自己的好恶和想法。它只遵循一个本原的规律，那就是前后相随，高下相倾，逢高就低。水不会倒流，所以它才是自然的。

我们通过活腰的"活"字理解它的真义内涵，不能只是停留在形是静、意是动上。更深一层的理解，就应该像水一样，没有自己的想法，该怎么动就怎么动，只遵循着道体本身的规律而去变动。我们在站无极桩功活腰的时候，首先要无了自己的想法。不但身、心要静，而且要无了我自己的想法，无了我自己的意念，有了该怎么样就怎么样的意念。那是有意。把我的意无了以后，有了这个意，这两个一个无一个有才生出一个真意。活腰的活之意是在真意的统领下，产生了一个对腰部的引领和指挥，腰才能够该进则进、该退则退、该快则快、该慢则慢，该怎么变化就怎么变化。这是一种自然而然的结果。我们修为就是让自己能够回到自然的状态。

3. 既空又活、既活又空

空腹和活腰两者之间的意，同样又是一个分而合，最后合出来一个真意。它的真义是什么？因为活腰和空腹是密不可分的分而合的内在关系，是统一成一个状态的。要想活腰一定要空腹，要想空腹一定要活腰。活腰是空腹的结果，空腹是活腰所产生的动力源，没有空腹就没有活腰。这两者之间互为因果关系，谁也离不开谁。因此，我们在站的时候，要把空腹和活腰分着练、合着找。分着体会空腹和活腰以后，又将空腹和活腰找出一个味道来。这个味道是空腹空出来的活腰。活腰是因为空腹而活。空而活，活而空，它们相互之间分而合，合出来的一种滋味。这才是我们要在无极桩功中通过空腹、活腰最后找出来的真实的状态、体会。我们既不是为了要空腹，也不是为了活腰，因为没有发动机，汽车就没有动力，光有一个发动机，但不能传递也不行。发动机跟变速箱这两个是密不可分的，是合为一体的，这两个是一。我们站无极桩功的时候，就要体会出空腹活腰相互之间的作用，此两者同出，同时存在，又合出来一个味道。无极桩功的空腹和活腰最终是求这一味儿，这个味道是合出来的。这个味道是既空又活、既活又空的一种可意会的真实存在的真感实悟。

很多人在修为过程中思慕经年，不能得门而入，总在太极内功门外徘徊的一个原因，就是思维方法、思路错了。差之毫厘、谬之千里。我们本来是寻求在两者之间既有又无的一种说不清的模糊的概念和滋味，可是往往有人非要在清楚中去就清楚而找清楚。妙就妙在非常清楚，但是说不清楚；妙就妙在可意会，不可言传。尽管我们假借了汽车、炒菜，包括齐白石的字画，包括其他所有生活中看得见摸得着的有形有象的具体事物，想来表达我们说不清道不明的真实，其实表达得都不对，都不是。我们只能借助它来把那个不是告诉大家。它的真实，就是说不清。这个真实，你体会到了、品味到了，通过修为以后证到了。

进入太极思维去修为太极内功，你就会得到内功的真实。得到真感实悟，你就在两者之间寻求到了变而不变、不变而变的一种真实状态。品味到它的真实味道，你就能在两者之间寻求它的真实体悟，把握住两者之间的内在关系，从容地面对顺逆，以不变应万变。

学员：我家小孩现在还小，有时候晚上我抱着她的时候，我会一边抱着一边看能不能练站桩，有时候盘一下拳架。可是在盘拳架的时候就不能动手，因为手是抱着小孩的，所以只能动脚，然后还有用想象，如果是站桩的话，我想说也是想成不是我在抱着这个婴儿，是这个婴儿拉着我或者是她坐在我的身上，让她的重量跟我自己的重量两个好像都是自然下落，也尽量让它落在两脚中间那个中点上，就跟落足讲的意思一样。上提的时候也是让那只大手提着我，把我们整体这样提起来。我是不是可以这样去体会？我抱了这个婴儿之后，如果以站桩的角度来看，我和她之间的关系是什么样的？

李光昭：你现在有了一个女儿，每天都要抱着她，是一个非常好的生活体验机会。你的体会是对的。你在抱着她的过程中去寻求一种滋味和状态，这本身就是在练功。其实，不是每天早晨起来在这儿站无极桩功或者站浑圆桩功就是练功，我们在生活中做任何事情的时候，都是要在这种状态下去体悟它内在的真实。特别是你现在有了女儿了，在抱孩子的过程中，怎么去体悟功态？很关键的一点，我告诉你是合一。你的女儿和你是两个人，女儿是女儿，你是你。尽管你女儿现在刚出生很弱小，但是她也是一个独立的人。你比她要强壮、要大，你是大人，她是小孩，但是你在抱她的过程中要寻求无，无就是合，你要把她跟你合到一上。很多女人在做妈妈之前，都不会抱孩子，但是有了孩子以后，都会抱孩子了。妈妈不会抱孩子她会很累，孩子也很不舒服。妈妈会抱孩子，孩子能够在妈妈的怀里面很踏实、很安逸，而且很放松，睡着了也很安详，因为妈妈和孩子合到了一起。

第十七章 空腹和活腰

把两个部分合到一上，怎么合呢？比如抱孩子，你一点儿不用力抱不起孩子来，这是肯定的。可是你用力的话，孩子很不舒服，所以你跟孩子之间的关系似抱非抱、似用非用。所谓的抱是跟孩子去合，让孩子成为你身体的一部分，同时你成为孩子的一部分，合在了一起。合的时候，你会合出来一个感觉，合出来的一种似有若无的滋味，这种滋味不是滞重，是轻、是沉。这种沉不是僵滞的沉，是很沉厚、很稳的沉。所以在抱孩子过程中，我倒真的感觉是一个练习桩功的好机会，在抱中去寻求桩功的真实感觉，一定能够从中得到新的体悟。

抱孩子是这样，男女之间、夫妻之间，会不会拥抱，也都是这样。会拥抱的夫妻之间对方感觉到非常舒适、舒服，跟你非常地贴、非常地合，不会抱得对方生疼，不会抱得对方非常僵紧、很难受。这个抱一定是把两者合到一起，似松非松、似紧非紧、似用非用、似有若无，在两者之间去感悟它。

你每天跟你的女儿相抱合的过程中，让女儿从现在开始就得到了你给她的一种非常贴切的、融合的、踏实的感觉，她会跟你依偎在一起。孩子都会主动跟你合，因为她没有想法。你可以从这个角度去体悟。

第十八章　坐胯和敛臀

胯和臀，是我们人身体两个很重要的部位，也是看得见摸得着的形体上的两个实的部位。太极内功是要通过这两个有形的看得见摸得着的实的部位去寻求那个虚的真实之意，把那个意实了。

一、站似坐

胯是我们身体有形的部位，通过无极桩功的修为，我们要寻求胯的坐之意。一个实的形是胯，一个虚的意是坐，形和意这两个合起来才是无极桩功所要求得的坐胯。只有通过胯找到了坐之意，才是无极桩功在这个部位所寻求的内涵真义。

站无极桩功的时候，如何在站的过程中通过胯找到坐之意、坐的滋味？从形上说，每个人都知道胯这个位置，但只有认识胯字本意是什么，我们才能更好地通过胯来找到坐之意的真实，品尝到这个滋味。

第十八章　坐胯和敛臀

1. 开合变化关键在胯

胯字，从字形上说是由两部分组成，一个"月"旁加上一个"夸"字。其实这两部分就已经涵盖了形和声、意的关系。胯字所发出的声是夸，加了一个月旁，月代表肉。胯本身发的声是夸，实际上是用它的声，同时也有它的意。这个月表示的肉代表两条腿。胯指两条腿分开，分开以后胯背骑马。

两条腿从胯开始分，胯分左胯和右胯。同时，这两个胯分别使左右两条腿都分开了，分了以后还要合。我们所有的动作实际上是一开一合——站着的时候两条腿、两个胯是分开的，同时由两个胯把两条腿又合在了一起，谁也离不开谁。我们一迈步，腿分开，两个胯把两条腿分开的同时还要让它们合在一起，所以腿的分和合全在胯的主宰上。如果胯分不开了，两脚就不能够灵活地迈步前行。当身体在扭转的时候，实际上转的是胯，所以胯直接关系到我们身体能不能够圆活地运转。

孙禄堂大师很精辟地告诉我们，一开一合即为拳。拳就是一开一合。实际上不只是拳，宇宙万物无非一开一合。中国传统文化的灵魂就是太极文化，太极文化就是阴阳学说。所谓太极就是阴阳的分合、开合，所有事物的变转都在这一开一合的变化中，这才有了事物的繁衍、生存、变化。所以从开合的角度去把握，我们就把握住了所有事物的内在运行的变化规律。各种各样的顺利、挫折，都是开合变化过程中的具体表象。

同样，生命的运转，一开一合，从整个生命来说，就是一生一死。作为我们人来说，每天都是在一开一合的过程中，每一个瞬间也在一开一合。从生命的角度，心脏是在一开一合，呼吸也在一开一合、一收一放。每天我们的意实际上也在收放开合的过程中。只要把握住开和合，我们就把握住了事物运行的轨迹。

从有形的身体来说，生命主旨的内在变化是开合。身体所有的运转、变化都是一开一合，走路是一开一合，坐下、站起来是一开一合。只要一动，一动就是开、分开、离开。从有形的身体来说，主宰着开合变化的关键在于胯，所以身体不管是前进、后退，不管是进攻防守，都在这个胯上。如果胯不能灵活地开合、变化和运转，身体就无法完成它所有该完成的动作。所以，这就要求胯能够自由地运转、开合。

首先，胯之所以能够自由地运转开合，因为胯本身的结合决定了它的作用。从有形的身体来说，胯骨之间灵活开合和变化，这样主宰着全身所有开合的变化。

胯的三块骨头，一是髂骨，二是坐骨，三是耻骨，这三块骨头合成胯，胯骨也叫髋骨。胯这个部位之所以能够

第十八章 坐胯和敛臀

主宰全身的开合、变化，是因为人身最大的三块骨头，是以开合运转相连接的。如果这三块骨头不能够自由地开合了，胯就不能主宰全身的开合运转。

人出生离开母体来到了人世间的时候，这三块骨头是开的。百会也叫天门，本来是软的、开的，但是随着年龄的增长，它闭合了。其实婴儿是有天眼的，它跟天自然相通，但是迈入后天以后就闭合了。我们就是要通过无极桩功让天地人合为一气，还得让它开，开才能够合。

人的这三块骨头，在婴儿出生的时候是分开的，但同样是开中合，就是在这三块骨头之间有软组织、软骨，把分开的三块大骨头又相互连接在一起。为什么婴儿那么柔软、那么灵活呢？就是因为三块骨头之间连接部分的软骨、软组织非常有韧性、有弹性，能灵活地开和合，圆润地运转。随着后天各个方面的原因，特别是生理、心理的变化，包括后天各种习惯的改变，已经背离婴儿出生时的自然状况了。老子告诉我们，要柔弱像婴儿一样，在面对万物变化的过程中才能屹立不倒。柔弱胜刚强，大风能够把大树给刮掉，但是它刮不倒一根小草，可见柔弱代表生命的顽强。可是我们后天越来越把柔弱变成了刚硬。

我们身体里的结构也是这样。胯部三块骨头之间靠柔软的软骨、软组织连接，把硬的三块骨头连在了一起，这样硬的骨头才能够灵活变转。如果连接这三块骨头的软骨、软组织变硬了、不柔软了、没有弹性了，那这三块骨头就不能自如随意地开合了。随着年岁越来越大，特别是中老年以后，从生理的角度上就是该柔软那部分的弹性变硬了、变脆了，就不能像小时候那样灵活地开合运转了。

一个小孩，怎么摔也摔不坏，可是老年人往往就因为摔一跤以后就起不来了，生活不能再正常运转下去，最后很快就走掉了。这三块骨头管着身体的开合。让它恢复弹性，还能够弹性地连接，这是修为的关键。如果老了，三块骨头之间还有弹性作用，就还能保持住年轻时候的灵活变化。人老先老腿，腿老先老胯。腿能不能够灵活，就看胯能不能开合。如果不能开合了，分不开了，就没有弹性的变化了。我们做到不老是不可能的，但是能够主宰衰老、老化，让我们自然而老。太极内功其实就是要解决这个问题。

我们人像婴儿一样能够活回去是不可能了，但是我们能够用功法去延缓它的衰老、恢复它的弹性。我们人衰老，看表象是皮肤松弛、有皱纹了，实际上关键是在骨肉之间。人的有形身体有两大部分，一个是外在的皮肉，一个是内在的骨、筋骨。人身体能不能骨肉自由开合变化，既不在骨也不在肉，而在骨肉之间的筋膜。筋膜有弹性的话，骨肉既分又合、既合又开，能够产生各种各样灵活的变化。我们要想让这两者之间产生这种弹性变化的话，就要用意。太极内功，是用意来恢复它的弹性。

2.开胯，恢复胯的弹性

很多修炼的人，包括练瑜伽、练其他门派的武术，对于胯有一个说法，叫开胯。从太极内功修为角度来讲，开胯是结果。如同很多门派和修为都讲，肩要沉肩，可是我所传承的太极内功要挂肩。也就是说，沉肩是结果，就沉肩练沉肩，练不出真正的沉肩来，或者说很难练出来。我们要抓因结果，因是挂，肩在这儿挂，它就自然沉垂。所以意在挂，不在沉，沉是结果。

胯也一样，最终的结果就是开胯，因为现在我们的胯已经闭合了，胯的三块骨头间已经弹性很差了，也就是开不开了。本来它们之间是有缝隙的、是开的，是有弹性的，现在中间连接的软的部分已经变硬，所以它们等于焊在一起了。尽管焊得不那么严重，但是已经不一样了。它的弹性已经很差了，必须要打开。只有打开以后，才能够变化。

很多人是劈开两腿来开胯。他们是通过有形身体去练、去拉伸，从而达到开胯的结果。当然这是由外而练，最终也一定达到骨和骨之间有恢复弹性的变化。太极内功的方法是反其道而为，是由内向外练。我们是由里面直达骨和骨之间那个弹性连接的部分，恢复它的弹性。

要想恢复胯的弹性，首先肌肉一定不用力、放松。从太极内功的角度来讲，身体中的筋膜变硬，骨和肉之间的弹性连接变得僵硬、硬化，是因为肌肉总是在用力，久而久之造成的。开胯的关键，首先肌肉不要用力，要周身松通，这样骨和肉之间才能开、分。

所以太极内功的修为，要做到不用力，不像练形体要用力去拉、用力去伸。肌肉不用力了，骨和肉之间本来已经死死绑在一起，分而有缝，有了间隙才能够开。要想肌肉不用力，改变用力的习惯，就要建立一个用意的习惯。我们通过用意做到不用力，就得对这个意有真实的把握。

恢复骨和肉弹性的连接，同样是肌肉不用力。我们要用坐之意，意在坐上，使得有形的身体不用力。这就需要我们了解坐的本意，需要对它有一个正确的认知。坐的本意是臀部跪坐，落到脚跟上。古时候，人们都是席地而坐，就地一坐，双膝一屈，臀部落在自己的脚后跟上。现在有了家具、沙发、凳子、椅子，很少像以前那样坐了，连椅子都嫌硬，得坐沙发、坐软椅。以前是通过胯把臀部落在脚后跟上，现在是落在凳子上、沙发上、椅子上。

从甲骨文来看，坐是两个膝盖，坐在地上、落在地上，后来又引申出两个人对面而坐。坐的本意是要把它落在实处，也就是要向下落。我们站无极桩功的时候要找坐之意，就要让这两个胯向下松落，落在一个实的地方。我

第十八章 坐胯和敛臀

们不能跪在地上，而是要求出坐胯这个意。只要是由胯松落到臀部，就是坐之意。我们的意就在虚中虚出一个真实来，虚出一个坐的滋味。无极桩功就是要求出坐胯之意，要坐出一个真实的味道来，就是落在一个实的上面。我们把无的要无而生有、虚的要虚而变实，由胯落下来的时候，在虚空处似乎有椅子，或者是落在一个弹簧上。我们就要把这个落实，这个实是没有、是虚，要虚而实之、无而有之。因此，无极桩功坐胯之意在虚空处出真实，意既在胯又不在胯，是通过胯要寻求坐的状态，找到一个滋味，又要在虚空处找到一个胯向下能够松落在实处的支撑，把这个意想实了。

很多人站无极桩功只是在实上求实，在胯上找这个坐，这不是无极桩功关于坐胯的真义要领。要使胯完全不用力，就要松落，但是一定要在虚空处找到一个实的，是能够落坐的真实，这才是我们求得的坐胯的核心要领。站无极桩功坐胯的时候，一定要有一个既向下松落，又有一个在虚空处和它相合的、相反相成的真实，这是意。

无极桩功都不是就实练实，而是在虚空处求真实，这是修为的要领。它的真实是这儿没有这只大手，但确确实实如同找到了一只大手上提我一样那个虚而实的真实感觉。只有这样，虚的这只手实了，实的我才虚了。如果用实来练实，有形的身体永远得不到周身松通，得不到虚而

无极桩功

实、实而虚、无而有、有而回无的结果。

我们没有这个凳子，但要坐出一个真实的凳子来，所以我们对坐胯的要求很明确。特别是太极内功中，一个重要的要求，就是站似坐。站着要站出坐着的滋味来，这才是我们所求的那个真义。因此，如果站着的时候能够站出一种坐着的滋味、状态，从形上看着你是在站，但是你自己确确实实心知肚明感觉到是在踏踏实实地落坐，这才是坐胯的真义内涵。

静态的时候，能站似坐，动起来要做到犹如不动，也是在坐着动，你就始终如一了。别人都在练坐着是坐着、站着是站着、走着是走着，我们是练合一——站着就是坐着，坐着就是站着，走着就是站着，站着就是走着，走着就是坐着。虽然走着是动，但是和静的时候同样是在坐着，我们就得到了一。如果能够始终遵循不变之一，我们就能以这个一去应万，就能抱圆守一，回到最本原的状态。我们不是去练这个变，而是练不变。我们所练的不变的一不是不变，是以一能够应万变，所以抱圆守一。找到了一，我们就能应万变。不是在应万变中练应万变，而是回到一上来，回到本原最自然的状况、最简单的境地。不管它怎么变，我们自己能够独立守神、独立不改，就能笑对一切复杂的变化。当世人都在忙忙碌碌应对万变，在万变中以变去应变的时候，我们反回头来回到最本原的自然状态，笑对这些万变。以一去应对这些万变，我们才能从容自然，才能战胜一切不可预知的变化。太极内功拳虽小，道很大，我们是要把抱圆守一这个大道通过有形的身体、自己的身心得到真实的体悟。这个一不在别处，就在自己的身上、心里。我们从自己入手，让自己合成一的状态来找到一、得到一，把握和运用一。

要想胯落坐，就要让肌肉不用力。当肌肉不用力的时候，骨挂肉，提的是骨、落的是肉。提骨落肉是挂，也就是肉挂在骨头上，这是自然沉垂了。所有受到地球的引力作用，都有一个重力，这个重力是要沉垂向下的，这才是自然的状况。

二、敛臀，松落而内收

坐胯、落坐，关系到一个重要的部位，就是臀部。臀是人身体最大的两块肉，要想让胯恢复弹性，这块肉不能用力。肉一用力，它们之间的缝隙的连接就变得僵硬了。要想坐胯，其中一个关键就在这个肉上，不能用力。怎么才能够把臀部和胯骨分而合，这是我们能不能够真正站似坐的关键。这两块肉配合，才能真的实现坐胯这个结果。

对于这两块肉，很明确，我们要用敛之意。这两块肉，因为受到了重力，向下沉垂、向下落。胯要想坐，臀部就向下自然松落，这两个要合在一起。我们需要用意把臀部和胯相合。敛是向内收，是用意把它和胯的三块骨头合在一起。这样用意坐胯的时候，这两块肉起到了重要的作用，把胯向下沉坠。坐胯必须是臀部向下松落，而且和胯骨头一起向下落，这个胯才能坐下来。正是臀部这两块肉向下松落过程中同时又跟胯合着，胯向下让它拉，让它落。所以要想坐胯必须敛臀。敛臀、坐胯是一回事，是谁也离不开谁的。一个胯是骨，一个臀是肉，这两个是分又要合，所以产生了敛臀而坐胯的结果。

1.向内敛，向下坐

坐胯的时候，我们在意上臀部要向内收，收到胯骨上，同时这两块肉不用力，要自然垂落。这样胯就自然随着臀的敛和落，坐下来了。敛臀和坐胯是一回事。

把向内敛、向下坐的两个意合成一个意，才是我们所求得的既落胯又敛臀的意。这一个意是一横和一竖，向下坐是竖，向内敛是横。本来是两个意，一个向内敛，一个向外放，最后要合起来，合出一个意的滋味。动之则分，分出两个意来，同时分而要有合，这才是我们所求得的得意忘形。无极桩功求的那个真意，就是由两个不同的意相分而合的结果。

前辈告诉我们，有意无意是真意。也就是有无之间，一个有一个无，既有若无，既无若有，两个对立的东西合到了一个意上。这一个意不是有也不是无，而是合出来的真实，是既有若无。一横一竖既是横也是竖，既是落坐也是内敛，合出一个滋味才是我们求得的真意。这两个部分分着找、合着求。分着练，体会一个落坐、一个内敛，最后在站的时候要站出一个滋味来，那个滋味是站似坐。

一横一竖，两个意合到一个意上，最后得到一个结果，就是内劲。懂劲了也就是王宗岳《太极拳论》指明的方向，"由着熟而渐悟懂劲，由懂劲而阶及神明"。通过无极桩功、浑圆桩功、开合桩功有劲了、懂劲了，有了这个劲，就用劲去从容地面对一切变化。

2. 龙虎相合

"阴阳相济，方为懂劲"，劲是一个阴一个阳合起来的。具体到太极内功的修为，我们用对立的一横一竖去体会一阴一阳。

我们在坐胯过程中体会横和竖相合，特别是合出的内劲。我们就在胯和脊柱上来寻求横竖相合，左右胯是一横，这条脊柱就是一竖。这是人身体上实的部位。这条脊柱过尾闾、夹脊、玉枕三关，和髋（胯）这三块骨头紧紧地横竖相交合在一起。我们在用意对这条脊柱上下对拉拔长，上要提、下要落。对于胯来说，同时还要有一个开，最后合出来一个劲。

当年我师爷和我父亲跟我讲，太极内功所求的劲叫龙虎劲。进入太极内功懂劲的门里面，关键就在于能不能练出龙虎二劲，二劲合一，叫龙虎劲。这条脊柱就是大龙，实中线，通达三关。下盘是虎，指的是横的胯。胯如虎，脊似龙，一龙一虎，一横一竖。龙是灵活的金刚，虎是浑厚的凶猛，它们两个合起来到一个劲上，就是阴阳相济，方为懂劲。

过去都讲传拳不传桩，传桩不说劲，宁教十趟拳，不教一把胯。师父带你练各种各样拳的套路，就不给你讲胯，讲龙和虎内在的关系。那时候因为要靠这个谋生，它不是为了传承。我们没有秘密，就是要把前人总结出来的奥秘揭示出来，要让能够掌握的人掌握，而且传承下去，这样才能把拳门好的东西代代相传。我们在站桩的时候要把龙虎劲站出来，这一横和这一竖是分合的关系，是横竖作用的关系。特别是在浑圆桩功中，更是告诉你怎么产生开合和得内劲。无极桩功只是打下基础，寻求这个意。如果由这个意真正出了劲，就非得进入浑圆桩功的学习不可。

我们从一横加一竖这个角度去体会它互相之间的分和合的内在关系。我们通过有形的部位，更多的是用意，去寻求它内在的变化，在形静的情况下找出里面意的动，这是修为的关键。

学员A：老师讲的空腹活腰，修习中感觉可延伸上含胸拔背的教导，腹空之后注入下丹田一意，一意是否也可以在丹田延伸横与竖做开合，类似牵扯与提落之动态修炼？

李光昭：这个问题很切中修为要害，其实你自己已给出了答案，也就是你的体悟。你说，这个意是要沿着横与竖做开合，就类似牵扯与提落的动态修炼，这就是答案。

我进一步解答，所有内功的修为，是由形来求意。太极内功修为不是就意修意、离开形体修意，也不是就形练形，练有形身体的灵活、力量，而是由形来求这个意，以意引领形、主宰形。在处理形和意关系的时候，我们紧紧把握住在形中寻求这个意，这个形就是求意的工具和载体。特别是无极桩功开始分出来上、中、下三个盘，这三个盘有三关三穴，百会、膻中、会阴三穴贯穿了虚中线，还有尾闾、夹脊、玉枕三关，它是实中线，一个虚一个实。实际上在身体里面，都是在具体的可以看得见摸得着的地方来寻求那个虚的意。我们在这里分出虚和实，这个意虚实相合才是我们求的真义。既是虚又是实，既是实又是虚，虚实相合，合出来一个丹。特别是杨氏传承的太极内功，核心就是炼丹。道家也是炼丹、炼金丹，太极内功和道家的炼丹异曲同工。太极内功是以自己的形和意修为出自己的内丹，这个内丹不是玄妙的、虚无的真实所在，而是虚跟实相合，合出来的那个点。我们不要把它理解成很玄妙的东西。这个丹就是一个阴一个阳、一个虚一个实相合而成。像老子所说的，"万物负阴而抱阳，冲气以为和"，一个阴一个阳，冲和出一个丹来。杨氏太极拳的传承就告诉你，"拿住丹田练内功，哼哈二气妙无穷"，一哼一哈，两个气合为一气，丹就在这一气周流上。这一气又是由对立的两个部分合起来。我们要在开合中，既开又合、既合又开去结那个丹。因此，我们的意就在丹上求。

无极桩功分了上、中、下三盘，每盘都有一个丹田，上丹田在印堂，中丹田在膻中，下丹田在气海。也就是说，这三个丹田主宰着开合。身体的开和合所有的变化，都由丹的开合而产生。中丹田这个丹，意在那个地方，它的开合产生了含胸拔背开合的结果。同样，下丹田，这是我们的气机，冲气以为和就是在这个地方，它有冲和、开合的变化，意就在开合变化中产生了内气的鼓荡。这个内气鼓荡是意开合的结果。

我们就要在这个地方（那个丹）去寻求它的开合。当然下丹田是气机，从丹这个地方产生了动力。到底我们的意是一个丹，还是三个丹？不要就形来束缚我们的意，也就是说我们在这个地方找这个丹、找这个滋味。这个丹是由前和后、虚和实、开和合，相分相合出来的那个点、那个滋味。也就是说，只要是虚和实两个对立的部分，横和竖相交，阴阳相济，济出来的那个点就是丹。我们用有形的身体分出来三个丹田，这是人为分出来的，但无处不丹田。任何时候都可以结丹，只要你把一虚一实、一无一有、一横一竖两个对立的部分相冲和以后，合出来一个既有又无、既虚又实的点，就是结丹，那就是丹。我们修为的时候要在有形的地方找这个滋味，运用的时候把有的要回无。太极拳的修为是在似有若无、似虚又实的状态下去寻求那个结丹以后的真实变化和味道。

学员B：上周课程将结束时，您提到了道家结丹，请问结丹的含义是什么？同时您说无处不可结丹，不同部位结丹的目的性和含义是否一样？

李光昭：结丹这两个字很简单，但这是一个挺不简单的问题。如果要展开讲结丹，确确实实有很多需要去探讨、研究。当然我们现在主要是结合无极桩功修为去理解、体悟结丹这两个字的内涵真义。

道家的修为主旨就是炼丹结丹。道家把他修为高的境界结出来的果，称为结丹。修炼就是炼丹。当然道家在修炼过程中有具体的方法、具体的内容。太极内功修为结的果也是要结丹。这个丹就是果，果就是丹。太极内功修为就是通过有为的心法、理法、功法，最后也是要达到结丹的结果。

不只太极内功修为，实际上人的一生中所有的修为、修炼，都从不同的角度、运用不同的方法去结这个果，我们把这个果叫丹。这就需要我们对"结丹"两个字的意思有一个深入的了解。

道家修为是要结这个丹，太极内功修为也是结这个丹。其实所有的修为，都是一个结丹的过程。丹就是万物的中心，丹就是中。什么是丹心？就是中心。太阳系以太阳为中心，是围绕着太阳来旋转的。太阳是这个运行轨迹的中心，它就是丹。结丹就是要结出一个中、一个中心来。

为什么要结出这个中心呢？因为所有事物，不管它多么复杂，多么千变万化，有多少的表现形式，归根结底，无非是两种对立的力量冲和而成。万事万物的生存、发展、变化、灭亡，本质上都是两种力量变化的结果。这对立的两种力量在冲和过程中出现了各种各样的表象，祖先把这两种力量命名一个阴一个阳。现在我们要去掌握这个事物的发展变化，就要知阴阳。不管它怎么发展，实际上所有的事物，都是由生到死、由无到有的过程中，出现了各种各样的曲折变化，各种各样的反应。这个过程中所出现的不同变化和反应，都是由于一个阴一个阳两种力量在冲和过程中所产生的各种各样的状态。阴多了阳少了，阳多了阴少了，它们互相在冲和中一个快一个慢。虽然是在一起冲和，但是总是在相生相变的过程中，才产生了各种各样的复杂的或者是千变万化的表象。我们要想掌握事物的变化，寻求它的变化规律，就要透过现象抓本质，透过表象直达内里的根本。内里的根本就是一个阴一个阳相冲和所产生的结果。

阴和阳是对立的两个方面，这两个谁也离不开谁，是一个事物的两端。我们要认识这两个变化，就要在一中去认识它们。不论它们怎么变化，多了也好少了也好，大了也好小了也好，实际上这个一并没变，还是一，这一就体现在两者之间。所有的变化都是围绕着这两者产生的，只要找到了一点，我们就能把握和了解到底它们在这个过程中是怎么相生相变的。

对立的两者之间必有一中。如果是两端的话，一个左一个右，左右之间叫中；如果是上下的话，上下之间叫中。古人讲执两用中，这两端就是对立的，无非大小、左右、上下、前后、内外，只要是对立的两个方面，就一定有一个中。所以要认识事物的根本规律，我们就要从中上入手。把两端找到以后，中就自然在其中了，把这两端往一起一合就是中。

我们现在给这个中定了一个名，叫作丹。丹就是中。从太极的角度来说，这个丹叫太极，分开是两端，合是太极。一有太极，是生两仪，这是太极，出现了两端。两端往一起一合就是太极，就是丹。这个中，是分而合，合出来的。要找到这个中，就要结这个丹。怎么结？就是把对立的两个部分连接到一起、连接到一上。拿绳子连接、打结，一个横一个竖，横竖相交才交出这个结。横和竖相交这个动态的变化就是结的过程。动态变化结到一个点上，结成了一。两个绳子结到一起了，结出的这个果就是丹。丹就是一个阴一个阳，两个完全不同的对立的部分合二而一，合到一个点上。道家的结丹就是在阴阳之间去修为它。一个水一个火，这两个相生相克，但是这两个互相之间要能够合起来的，水火既济就能结丹。

无极桩功分出来了上下、前后、左右、曲直。分不是目的，其实这两个是分不开的。常人的思维习惯总是认为这两个是对立的，但是这是事物的表象。我们要透过表象抓住事物的本质。它里面不管怎么变，都有一个不变的中。抓住了这个中，就能认识它的变化，就能主宰、调整它的变化。这个过程，从道家讲叫结丹，太极内功修为叫求中，叫阴阳相济。也就是说，把两个对立的东西要向一块儿找到它们的交点。

这个丹是空、是无，因为它是对立的两个部分相交出来的。有没有？有，有一上一下，但是它们交合到一点的话，这一点无上无下。因为这一点既是上又是下，既不是

第十八章　坐胯和敛臀

上也不是下，因此它结出的是空无。

它结了半天结了一个空无，什么都没有，怎么来体现结丹了呢？恰恰太极内功修为是让你修出一个空的体，但是修空要空出不空的内在的真实。这个内在的真实虽然还是空，是看不见摸不着，但是它又是真实的一种体悟，是可以意会、可以感悟到它的真实存在的。因此它是空，但又是不空。它是虚，它是无，它无中无出来一个有，虚出来一个真实，那就是丹。它不是一个位置，就是一种滋味，就是一种空而不空、无而生有、虚而真实的感觉，不可言传的一种真实的存在和主宰。这就是丹。

要通过有形的身体去体会结出丹的滋味，我们得找到一个实处。我们不能就虚去说这个虚，因为丹本身是空的、无的、虚的。我们练的过程中、结丹的过程中，就得找一个摸得着、抓得住，能够帮助我们感受到的载体，这是人为规定的。我们修为的功法，也就是过河的船，用它去找到那个滋味，找到那个丹。百会、膻中、会阴，正好在我们人体的虚中线，是虚中出来的真实的横竖相交的一点，我们通过那一点找这个味道。

为什么又说无处不丹田、无处不结丹？这三个丹田结的丹，是过河的船，把我们渡过去。水火既济，阴阳相济，"济"这个字，就是渡。既济就是渡过去了、成了，我们坐着船过去了。阴阳、水火，两者是对立的，把这两

无极桩功

个渡过去，合到一上了，这个丹就结出来了。

太极的无极桩功，只是一个功法。从无极桩功到浑圆桩功，我们要八面支撑，立身须中正安舒。太极内功修为，修出一个浑圆的状态，就是八个方面的完整，有上有下、有左有右、有前有后、有内有外，最后这八个方面一合起来合出来一个球。不是一个圆、不是一个环，这个球是由上下、左右、前后、内外合起来的。一合起来以后，是有而回无，无了上无了下、无了左无了右、无了前无了后、无了内无了外。这个球是圆的，它是360度的，是触之即旋的，所以这是上也是下、是下也是上，它是无。它无出来一个球心，球的中心，这个球的中心管着上下、左右、前后、内外所有的变化。丹在这个球的中心上。无极桩功、浑圆桩功、开合动桩功都是过河的船，太极内功修的是我们的身跟心，既不是修这个身，也不单纯修那个心，是身心双修，修出来一个空无。无了身无了心，最后修出一个球。杨健侯祖师告诉白师爷，"体似悬球"，最后就修出这么一个可意会的球。怎么就是可意会的球呢？只要我们有上有下、有左有右、有前有后、有内有外，前后相随、上下相随、左右相合、内外相合，就是一个球。分了能够合到一上了，合到一上是无了上无了下、无了左无了右、无了前无了后、无了手无了脚、无了肩无了胯。它们合了，手就是脚、脚就是手，就是一个球。成了球以

第十八章 坐胯和敛臀

后，丹自然就在其中了。最终修为的结果，是用意修为成这么一种只可意会不可言传的真实的体悟，形成一个球，结出一个丹。也就是说，丹就在球的中心，只要成球就有丹。

从无极桩功、浑圆桩功开始，用我们有为功法结出这个丹来，是一个漫长的过程。任何时候分出两个对立的东西，只要把两个东西往一起一合就结出一个丹来。身体的任何一个地方、任何一个空间，都可以画出一横和一竖，两个对立的东西往一起合，不是在有形的身体上，是意。动之则分，一分，这个意就可以分出一个大一个小、一个快一个慢、一个有一个无。把这两个意往一起合，合出来一个意。你只要体会到合出来的这个滋味，是虚无，有而回无了，那就是丹。所以，无处不结丹，结丹只是一个过程，结出这个果是真实的，但是它是虚的、是空的。结果，果是实，它是一个空无的真实。

不要一说结果，一说丹就把它想象成是一丸药，是一个有形的东西。这个丹不管有形、无形，都是一个结果。现在这个有了结果了，树上结一个苹果看得见摸得着，这个事结了果了，那也是果，就是有了结论了，有了最终的结局，虽然看不见摸不着，但是它是真实的，就是果。因此，果是实、实就是果。从这个角度来说，结丹两个字确实有它很深刻的内涵。

我们也借助道家的结丹进行太极内功的修为，这个过程就是结丹的过程，因为最终要分阴阳合太极，阴阳要相济。从太极内功的修为去体悟它的真实。太极内功修为的核心，也可以说是丹田的修为。特别是杨氏太极拳的传承，前辈就告诉我们"拿住丹田练内功"，说得太明确了。太极内功怎么练？拿住丹田。怎么拿住丹田？结这个丹，结出这个真实的果实。

第十九章　扣膝和舒踝

一、扣膝意在竖屈横扣

从无极桩功开始，扣膝也是通过膝这个有形的部位来寻求扣之意。膝是大腿和小腿两个骨头间的一个关节，腿能不能灵活地发生屈伸转动变化，全在膝上。如果膝盖不能产生屈伸和开合的变化，腿就不可能完成折叠、屈伸动作。所以，九大关节，节节都是枢纽。膝承上启下，把所有的上和下都连在一起。同时它也承载着膝上所有部位承接的重量，所以膝很重要。

膝盖对于老人尤其重要。膝盖一旦受伤，就无法自由行动了，身体就不可能保持一种健康的状况。人老先老腿，特别是膝盖有病的老人比比皆是。人到了40岁以后，身体每况愈下，膝盖在长期用力的磨损下会受伤，而且受伤后无法修复。当然，现在的医学可以置换一个人工的关节，但是这个毕竟不如原装的。所以我们要爱护它、保护它，不要过早地把它磨损掉。现在很多练太极拳的人，膝盖都出问题了。因为对膝盖到底应该怎么去运用它、保护它、调整它,他们没有一个正确的认知和正确的功法。

前些年有一个小女孩,13岁,跟一个很有名的太极拳老师学太极套路动作,参加了国内、国际的比赛,拿了很多大奖,结果膝盖受伤了。在练太极的时候,如果练不好就会把膝盖练坏。从无极桩功开始,如何合理正确地去运用膝关节,把握它、调整它,避免对它的伤害,这是我们修为的重点。

1. 扣是牵

如何正确合理地运用膝盖,同时还保护它,减缓对它的伤害,延长它的寿命呢?扣膝的"扣"字运用得非常妙。"扣"字是杨氏太极拳传承的一个非常绝妙的提法。很少有用扣膝来对膝盖进行修为的,在功法修为中,经常说的是屈膝。可是我所传承的太极内功,是抓因而结果,很多提法跟其他门派、流派不一样,有它的独到之处。

沉肩、坠肘,是绝大部分武术门派的说法,但说的是结果。我们提的是挂肩。"挂"字用得非常妙,沉是一种滋味,是一种只可意会不可言传的体悟,拿着结果去找沉,往往不是沉,没有真正体会到沉,反而适得其反,倒滞重了,用力了。它是悬挂在这儿,在挂中自然挂出一个沉来。这就是太极内功的独到之处。

扣膝,妙就妙在这个扣字上。《说文解字》中讲得很

第十九章 扣膝和舒踝

清楚，扣字的本意是牵马。为什么扣是牵马的牵？怎么理解扣和牵之间的联系？

肩是挂，牵和挂之间有密不可分的关系。经常说牵挂一个人、一件事情。我们牵挂着自己的孩子，父母牵挂着我们。牵挂是一竖一横，牵挂这个词其中的一个内涵就是横和竖，挂是竖，一个挂着一个，上下为挂，前后为牵。我们可以这么去理解它。

可以这样去理解牵和挂，古人用牵马来说扣。在古时候，牛牵鼻子、马牵头，牵着牛走是牵着牛的鼻子，牛鼻子上挂一个环。牵着马走，往马脑袋上套着一个套，然后牵着它的头。为什么牵马的头马就跟着你走？牵着牛的鼻子，牛能跟着你走？是因为你牵动了它的中和重（中心和重心）。牛鼻子是中，马头是中。同时通过中以后牵的是它的重。重是重心，是所有物体都有一个自然之重，它是受地球引力重力的作用，垂直向下的。你要想牵它走，要牵这个中，通过中要牵这个重。这个重被你牵定了就动了，牵着的是中，结果牵的是重。牵重才能动，也就是重心动了。

竖上是重，所有的物体受到地球的重力作用都有一个竖向的力。你横向一牵以后，牵的是这个重，这个重就会偏沉则随，随着你又动了。垂直受到重力的时候，横一牵，如果一百斤的重，你牵到这个中重的时候，不用一百斤的力，你横向一牵这个竖的重，你四两的力就够了。这就是牵动四两拨千斤的大力。

2. 一横一竖相合

只要牵到了横竖相交、中重相合的那个点，就能达到四两拨千斤的效果。这个扣是一横一竖，一横一竖相合才是扣膝。一横一竖对立的两个要往一起合，才是扣。中重一相合就是结的那个丹。

膝要微屈，但是微屈如果不扣合的话，就不能把左和右合到中上。只有屈的就没有横竖相交，就不是扣，只是屈膝。我们还要把它的左右向一起合到一个中上，正好这个中是重锤所在的点，正好合到了中重上，合到了这一点上。合到扣这一点跟牵有什么关系呢？当我们一屈膝盖时候有一个意向前牵中和重这一点，也就是说，有一个横的意要向前牵拉。我们在站无极桩功的时候，只有屈膝，如果没有横向牵拉、扣膝的话，膝就会受到重力的作用。当我们在重的基础上有一个横向的力牵拉以后，横上一牵引，一扣一牵，这个膝合在了那个点上，是横竖相交的点，这个点是无力之点、是空之点，是虚空的，重力自然下垂了，这个地方就不受力了。很多人在站桩或者盘拳架、打拳时，把膝盖打坏了，他有竖没有横，没有扣膝，没有向中上去扣。没有分出来对立的两个部分，同时没有

第十九章 扣膝和舒踝

合到中点上，没有求到这个中，所以必然要受力。

因此，要扣膝，就是把它左右不但相合，还有一个横向的牵拉的意。竖上的重不需要我们练，自然之重完全是自然地受到地球重力的作用。那个自然之力不需要练。现在由于我们自己身上的僵滞、用力的习惯，这个自然之重的重力始终被阻断、阻碍。我们要想周身松通，恢复到这个自然之力，我们自己不用一点力，竖向的自然之力就顺着虚中线，中重相合了。中重相合时，会一点一点叠加，就要叠加到膝盖。如果不能解决这种力的叠加，膝盖就要受到力的作用，久而久之，加快了它的磨损。

我们要周身松通，不加一点儿额外之力，不加肌肤之力，只是体悟自然重力，在这个基础上重力不再叠加到我们的膝盖上，怎么办到？一屈一扣。一个是微屈、一个是扣膝，扣的过程中就同时有了微屈，一屈一扣，一横一竖，竖上加了一个横，改变了它的方向，所以以很小的力就解决了一个很大的问题。

当然这是意。这个重力是真实的、是实的力，是称得出来的，横向不是用力去合，是用意和它相合，因为我们自己不用身体的力，而是用一个意把它有一个横向的牵拉。太极内功一横一竖打天下，为什么加这一横呢？一横一竖就是完整的体，就是最好的稳定的状态。我们生活中都有这个经验。太极内功中，叫直来横走，就是对手来一个直的力，我横走就是化，就化解了他的千斤之力。所以杨澄甫告诉我们，不要惧怕牛力，巧内功不能够战胜牛力，何必练内功。千斤来力我能够让它落空，化为乌有，它什么用都没有。它来的力再大，我轻轻地，直的我横着一走，哪怕轻轻拍他一下马上就把他的力化没有了。曾经有个小孩从楼上掉下来了，结果一个保安做好事，去接这个小孩，小孩倒没问题，受了轻伤，但是这个保安全身骨折，因为他直着去接小孩，所有的重力再加上速度，加倍地作用到他的身上，他能不受伤吗？如果在接的过程中，是横接这个竖的话，就把竖上来的力给化掉了。太极内功修为在两个人接手的时候，直来横走，以横解决竖。竖，是自然之重，不以人的意志为转移。每个人都有竖这个自然之重，地球的引力作用谁都有，但你缺的是横。竖是真实的，横是虚的、无的，我们现在就要用意来补横。

3. 合到一个完整体上

桩功就是要在竖中找出这个横来。对膝来说，就是把对立的两个部分合到一上，然后用意在一上产生牵的作用，就把自己形成了一个完整状态，横竖相交合到了一起。无极桩功分十八个部位，实际上是在找一个结构，这个结构是间架结构。字写得好坏，关键在把握它的结构。字是一个完整体，结构把握不好，就散乱了。我们是分了

第十九章 扣膝和舒踝

有横有竖、有上有下、有长有短，但是要合到一个完整体上。同样人也是，关键是要练结构，太极内功的基本功，就是要把自己的结构先打好。一个房子装修得再美观，但其关键问题是能不能够经久稳定，在于它的内部结构。结构是由一横一竖组合而成的，就是由两个对立的部分合在一起的。

中国古代的房屋，比如故宫、庙宇，千年屹立不倒，经受各种各样大到地震一样的自然灾害依然岿然不动，是因为其结构稳固。人身的结构和房屋的结构，异曲同工，两个对立的部分要合二而一。中国房屋的结构，是一横一竖、一榫一卯、一凸一凹，像太极文化的一阴一阳、一虚一实，同样是两个对立的东西合到一起的。

榫卯结构，就是两个部分，上面是凸的、底下是凹的，一凸一凹合在一起。过去的老家具全是榫卯结构，就是一个榫一个卯，这两个一阴一阳、一虚一实，合起来了。为什么这个结构是最稳定的呢？因为它们是分而合的，是不同而合的，不但合出来一个整体，而且其中含有二，有间隙。它们是一个整体，但是还因为有间隙，可以在任何变化过程中留有伸缩的余地，它们做到两者之间在变化过程中还能保持稳定的状态，去从容面对、应对所有的变化。这就是太极文化的一个具体体现。房屋、家具是这样，人的结构也是这样，就是榫卯、凸凹，就是分而合、不同而合。杨澄甫在《太极拳术十要》第六要"用意不用力"中说"万物皆有隙",万物都有缝、都有空隙,但是这个空一定是虽有而无、无而有,也就是《太极拳论》上说的"无过不及",大了不行,小了不行,这样合不上。不多不少、不大不小,正好合上,才能有非常微细的空间,达到最佳状态。如果房屋能够做到这种状态的时候,面对大的地震、狂风骤雨,它依然屹立不倒。我们人如果是这种结构,就能够面对任何大力小力的变化,我自岿然不动,保持住这种状态。如果在为人处事中,也能够保持这样一种结构,我们依然既有原则性,又有灵活性,就能够合到一个完整体上,应对一切的变化。由于是两者相合,能够有弹性变化的话,就能从容面对一切。我们通过太极内功修为出这么一种太极结构,用我们的身心体会到这个结构以后,我们在为人处事等生命轨迹运行过程中,就能够无往而不胜,面对一切复杂的变化从容地应对。修为是拳,合的是道。我们找的是一种具体的、有为的、能把握住的真实体悟。

扣膝就是在这种对立的过程中,把它们向一起合。"扣"字就体现在一个凸一个凹、一个虚一个实上。如果一个是榫的话,那另一个就是卯,两个都是凸就扣不上了。这两个一定是一个凸一个凹、一个榫一个卯,才能扣合在一起,这样才把我们结成一个完整的状态。所以,扣的含义如果只是屈，屈离开扣，就不是太极内功对于膝的真义内涵的要求了。

屈是曲，扣要扣出一个真的意来，横的意是直，也就是说屈是看得见的，屈膝，屈是形，意是扣，扣是直、直截了当。一个是屈、曲，一个是直，一个是竖，一个是横，我们必须把它们紧紧地合在一起，横竖相交。扣膝在站无极桩功过程中，要去体会一屈一扣、一曲一直，形是曲的、意是直的，一横一竖，总是两个对立的。一个阴一个阳，阴阳相合，合二而一，才是扣膝的真义内涵。这两个相交以后，会感觉到膝盖不受力了。这个重力不是作用在膝盖上，膝盖整个是松通的。不但保护了膝盖，还能随意产生各种各样的进退、屈伸的变化，能够灵活地运转。这才是扣膝的真义内涵。

二、舒在开展，意在转换

在《说文解字》中，舒是伸、是展，是舒展。所有的重力通过膝盖顺利地垂直向下的过程中，最后一个关节是踝。踝关节能不能很顺利地把大地来的重力还给大地，能够和大地相通合，关键在于踝能不能通畅，能不能跟膝一样要展要伸。重力是向下的，竖来横走，也就是说竖向的力我们要用意横向去散、去开、去舒展的话，这个踝就活了。

关键问题，怎样才能够让它舒。"舒"字很有意思，它是一个舍字、一个予字，也就是，不但要舍，还要予。舍就是放下、放弃，予是给予、给出去。一个舍、一个予，加起来就是舒。想要舒踝，就得放、散出去、给出去。要舍得给。关键问题是看你能不能舍，舒是舍的结果，舍掉自己的力，舍掉自己的想法，回到最自然的松通状态。我们往往在站无极桩功的时候，站着站着，脚脖子那个地方酸胀了，是因为受到的力在这里堆积了。一受到力的堆积，不通了，你就会要用力去跟它相抗衡、抗争，用力去跟它作用。由于自己用力，跟自然重力相抗争，结果是，脚脖子不但不灵活，而且还不通，会产生酸、胀。所以我们要让脚脖子灵活，就要和下面的脚是分而合，脚下是平松而落的。脚下平松而落，踝这个地方就能够舒展开。

有的时候由于错误的用力习惯我们崴脚了。崴了脚是崴了脚脖子，就是踝。当力不能让它直接冲过去，这个地方再受力一动很容易把脚脖子崴了。我们要想让它灵活地运转，这个地方要舒展开，而且要让这个地方活。

踝子骨要像装两个轴承一样。有一种轴承是压力轴承，当经向受力的时候，轴承在旋转过程中把这个经向来的压力给分散掉。这个地方就像装着轴承一样，越压它，

第十九章 扣膝和舒踝

它越能够把这个力给它舒了、舍掉，不接受。它不接受，就活了、松通了，力自然就过去了。舒踝是足下平松而落，和大地相融合的最后一道屏障、最后一个关键。这个地方要舒的话就得完全不用力，没有任何自己的想法，不自作主张，自己不要乱动。但是它又非常灵活，一受力它就要转。力一来，它就会有一个舒的变化。在站无极桩功的时候，要认真地去体会它。舒踝和落足，是一回事。

无极桩功十八个部位，都是在找一个结构，一横一竖、一曲一直。横来了要竖走，竖来了要横走，竖来靠横来解决它，直来要靠曲来化掉、平衡它。舒踝就是把来的直，用曲化解掉、平衡它。所以脚脖子这个地方，要非常灵活，能够随需要而产生各种变化。当我们落足的时候，足下是平松而落，要化的话，由踝来产生这种转变。如果踝不能产生转变，就僵死了。

太极不动手，手不动，脚也不动，这里说的不动是不自动。手不自动，脚也不自动，但是都能够灵活地变化，都能够对于来的力产生相应的变化。当然其他部分都很重要，但是对于手和脚两个连接部位的这种变化，尤为关键。一个是腕，一个是踝。当手变的时候，这个腕起到了一个重要的作用，手不是自己动，手随腕动。脚也是，脚不自己动，但是踝可以随意地产生各种各样的变化。曲也好、伸也好、旋也好、转也好，腕必须要灵活地产生各种变化。

学员A：请教老师一下，舒踝有没有比较具体的想象，或者是去修炼它，让脚踝能够比较疏通、松通，有没有一些特别的想象，可否请您给一点参考？谢谢！

李光昭：所有的修为，实际上是通过这个位置要寻求到意，比如舒踝的舒之意。这个意是意会、不好说，是一种滋味。首先说这个舒的滋味，舒的滋味是很舒展、很舒服。也就是说，你站的时候，站得很舒服、很舒展。要找到这么一种味道。舒展一个重要的要求，是活的，它随时可动、随时能活。我们从意上就感觉要找到什么，它是处在一种似动非动、可动而没动，形没动但是里面意老是在保持动态的平衡的过程中。因为这个地方依然是一横一竖，竖上要有一个上提，节节要相挂，头挂着肩、肩挂着胯、胯挂着膝、膝挂着踝。提的时候，要体会到一直提到踝这儿，但是这种提是一节一节的提。提，把肩提起来了，肩一提挂两胯，胯也被提起来了；膝挂在胯上，踝挂在膝上，一节一节地挂、一节一节地提。同时，节节上提、节节松落。既然是挂的，它还得要往下松落。我们要体会这一提一落，是一种弹性的状态，要找到弹性的滋味。

所有的修为，最终要得到一个结果。我们要把握到

第十九章 扣膝和舒踝

一种虽然看不见、摸不着,但是能品出来的真实的、弹性的味道。因为所有的修为,归根结底是修为一个弹性。因为生命的象征,就是有弹性,就是在两个冲和的过程中产生了这种开合的、屈伸的变化。太极内功是阴阳相济产生的一种内劲。前人也告诉我们,弹簧劲、弹性劲,就是内劲。内劲就会产生了一种弹性变化。生命特征的一个主旨就是弹性,有了弹性就有了生命,就有了内在生命的活力。一失去弹性,生命就衰弱了,一直到没有弹性而完全僵化、僵死了。当人生命结束的时候,就变成僵尸,身体僵硬的。人活着的时候,越年轻越有弹性。

修为是由形来求意,最后找到一个真实的感觉。就是要在弹性上去寻求,也就是看有没有弹性。人越老弹性越差。要想老当益壮,就得让弹性一直保持住。有弹性,就有了韧性,能够屈伸开合。"吞吐开合听自由",能够自由地变化。

在舒踝的时候,就如同在弹簧上一样。这个弹簧一受力以后它会随着这个力产生变化,这个变化是随屈就伸的、随伸就屈的,是动而欲出,是虚而不屈的。在站的时候,假想是在弹簧上,其实我们整个的修为都应该在弹簧上去体悟。具体的,我们站的时候,要在踝和脚之间找出弹簧中动态平衡的状态。

我们在站的时候,脚踝这个地方如同装上了弹簧一样,找这种感觉、这种假借,求这种味道、这个意。所有的站,不是站死,而是站在一个动而欲出的、动态平衡的、似有若无的弹性状态上,这才是我们真要站出来的那个意境、那个滋味。我们要借用弹簧去体悟它。当然我们还可以有各种各样的假借,但归根结底是在自己的修为中找到这种弹性。

学员B:我学习八段锦多年,习惯把动作与呼吸做配合,在修习站桩时意念动起来,例如提以后,常常不自觉呼吸就配合上去了,提落的感觉好像比较真实。但是我清楚地记得老师说呼吸自然就好,我也刻意地去改正,意念似乎变得轻盈灵活,但相对也缺少那份真实感,呼吸节奏也变得不自然。在自己走错方向、养成坏习惯前,请老师纠正解惑。

李光昭:既然我们所要求的一个中心、三个基本点是呼吸自然,呼吸自然和呼吸与动作配合,它们到底有没有联系和关系?实际上,很多太极拳老师都在讲呼吸和动作的配合。我们经常讲开是呼、合是吸,一开一合、一呼一吸。当你一做到开的时候就要呼,当你向内合的时候就要吸。呼吸和动作是密不可分的,是要配合的,最终的结果是呼吸能够和动作协调配合起来。这个不容置疑,不用怀疑它。但是,关键是呼吸的节律和动作的节奏之间的配合,是各自独立的配合,是不同而合。我们所说配合,就

第十九章　扣膝和舒踝

是所有动作的变化都不会干扰我的自然呼吸，这就叫配合。也就是说，呼吸是独立的，动作跟呼吸的配合是不同而合的。动作该怎么动就怎么动，呼吸该怎么呼就怎么呼，该怎么吸就怎么吸，动作自然，呼吸也自然，达到了自然而然，这就是配合，而不是呼吸和动作互相制约，互相不可分离。我们平时的习惯，所谓呼吸和动作的配合，它们的一致是不可分离，呼吸总是受动作变化的约束，当动作慢的时候，呼吸节律也慢；当动作快的时候，呼吸就会快。我们对呼吸只遵循着"深、细、匀、长"四字的要求，呼吸要匀、要深、要细、要长。也就是说，不管动作快或者是慢，呼吸的深细匀长不受动作的约束和干扰。常人的呼吸和动作是分不开的，一快都快、一慢都慢，随之呼吸急促、憋气、堵气就全来了。我们恰恰是要把它们两个分开。太极拳所说的合，一定是动之则分、静之则合，是不同而合，是一个阴一个阳，它们之间谁也不离开谁。它们是对立的，但是又是同时存在的。这个合，合到一个自然的状态，也许动作非常快捷，但是呼吸还是深、细、匀、长；也许动作非常缓慢，呼吸依然还是深、细、匀、长。它只遵循着自己的规律，不受外在所有因素的干扰。我们通过这样的修为，就达到了自然呼吸。这种自然不是人为的，是自然而然的。由于你多年练八段锦，你在站桩的时候不自觉地呼吸和站桩意念的变化就合起来了，你感觉到这时候很真实。你不是有意识地用呼吸去配合动作，恰恰是因为你不自觉才自然。你没有觉察到，没有用自己人为的意识去调整和控制呼吸，反而呼吸跟你的意的提落的节奏配合得非常真实了，所以你是对的。

怎么才能达到自然呼吸呢？怎么让呼吸和动作不同而合，真正达到自然而然的配合呢？我们要怎么练才叫自然？一个字，忘。我们练什么？练忘。无极桩功要得这个意，要练忘形。忘掉它，反而倒合到真意了。忘不掉它，拿着它不放，那个意跟它不分。形和意这两个互相是束缚的，忘了形而得了意。

同样要得这个意，不但要忘形，忘掉呼吸，忘掉呼吸以后的意念。修为的核心主旨，就是得意。太极内功核心可以说是意的修为。前人告诉我们，凡此皆是意，就一个意。抓住了意的修为，调整和改变形体各个方面，达到真正灵活的相应的变化，反而得到了一个能够灵动的随意而为的形。忘掉呼吸了，反而得到了一个深、细、匀、长自然而然的呼吸。

我们修为自然呼吸，是要忘。无极桩功的修为是得意忘形，得这个意就得忘形。除了神、意、气以外，其他全是外，全是形，包括呼吸。呼吸也是形，有一呼一吸，有具体的形的变化和反应。当然所有的动力是气，主宰是神，可是离开了意的话出不了神，也得不了气。所以修为的内是内在的神意气。意气神的核心是意，修为的过程要牢牢抓住意。除此之外都是形，都要忘掉。

通过多年的修为，你自觉不自觉地已经把呼吸形成了自己的习惯。你在原来的基础上，进到太极内功修为桩功的时候，还需要对呼吸通过忘形达到自然而然的呼吸。不是用意识有意识地去训练它的配合，而是让它能够非常自然地达到一个相互不同而合的结果。也就是说，呼吸不受任何外在变化的干扰，只遵循自己的自然运行的规律。

遇上紧张的、恐惧的事，你的呼吸就不自然了，就急促了，实际上呼吸的急促、不自然，是因为你心态的改变，是因为外在各种形式的变化，使得你内在产生了这样一种不自然的结果。这种不自然的结果使得你整个身体不能松通，不能自然地去应对一切变化。身心全紧张，久而久之造成了对身体的内在气血运转的伤害。我们要做到任何时候，不管有什么样的变化，顺也好逆也好，都能够守住那个自然的状态不受干扰。这是功夫，这是我们修为的主旨。我们修为，就是要在任何时候都能够把握住一个中心，中正安舒，让自己做到静心凝神、呼吸自然、周身松通。以这样一个身心的完整状态应对一切可知和不可知的变化，在任何时候都自然而从容。

太极内功的修为，反复强调自然呼吸。我们要达到这种自然的呼吸，修为的方法是忘，忘形。怎么才能忘？得意。意的周流运转，就能够让我们的呼吸达到忘而自然，所以在意不在气，不在呼吸而得到了自然呼吸，这是很重要的修为主旨。

第二十章 圆 裆

无极桩功十八个部位，最后一个部位是裆。无极桩功圆裆的核心主旨，就是紧紧围绕着这个裆部求得圆的意。

圆裆这个裆，就在胯下，它和两腿、胯、臀一样都有一定的有形的实体的关系，但是又不是形体上的任何一个具体的实的位置。这个裆是由实而合出来的一个虚空处的位置，所以裆和其他十七个部位不完全一样。

一、圆的真义：无凸凹，无断续，无缺陷

无极桩功修为就是要得意而忘形，练形而求意。十八个部位，最终都是为了得到一个意，把无形的虚的意求真实了。无极桩功最终要修为的这个真实的意，就是圆之意，就是要圆。太极内功修为最终的结果，就是修圆。

圆谓圆满。圆满，事业圆满、家庭圆满、生活圆满，人生最终圆满。圆才满，圆才满而全。我们要想圆裆，对这个圆要进一步理解它的真义内涵。什么是我们求得的圆之意呢？圆是有无，有无相生，有和无两个是不同而合。

为什么说它是既有又无？因为所有的事物有始有终，始和终是一个事物的两个端点，这两个端点合到了一上，始终如一了，就是圆了。合不到一上，就不是圆。

我们的人生有开始、有结束，有生有死。始于生，终于死，这是规律，谁也违背不了，谁都是这样一个过程。虽然都是始于生、终于死，但是每个人最终的结局是不一样的，有的人是圆满的，有的人是不圆满的。圆满是始和终是一，是无始无终。不圆满即始是始、终是终，这两个是对立而不合的。我们做任何一件事情，有初心，要从这个地方出发到那个地方，由起点到终点。最后到了终点，达到出发的时候所设定的那个终点，这就叫始终合一了。往往有的时候，你有很美妙的初衷和想法，最后的结果却事与愿违，甚至结局是相反的。这个始和终就没有相合，这就是不圆满。做任何一件事，没有一个人不希望得到一个圆满结局的。把始和终最后合一，达到你开始时所想要达到的那个点，这个结局就非常圆满了。

每个人都有这样圆满的想法，做到始和终合一，这是太极内功修为要把握的要旨。我们不是空谈理论，而是要让自己在身上体会出来始和终这两个对立的最后是一，是一个圆满。我们把始终如一的理论，通过实修实证，在自己的身心中得到实践。我们要把这个理论变成可操作的有为方法，用自己的真感实悟所提炼和总结出来的内涵真义

第二十章 圆 裆

去处理生活、生命中所遇上的每一件事，这就是我们修为的核心主旨。

圆的一个重要的方面，就是始和终是合一的。也就是说，我们通过太极内功修为所要达到的圆不是形上的圆，而是意上的圆。我们求的是意，要得这个意，就不要这个形，也就是要做到、达到圆的内涵品质。圆的内涵品质是始终是一。我们不是在形上去找圆，而是要符合圆的内涵真义。

圆把两个对立的东西合在一起，它是有而回无，既有，若无。有了两头，一个开始、一个结束，一个正一个反、一个前一个后、一个上一个下，肯定得有对立的两部分。但是要把它们往一起合到了一点上，因为它是由前和后、左和右合起来的，所以它有这两个部分。但合起来到一上以后，它又回到了无上，无前无后，既是前也是后，既不是前也不是后，是前后合一。只要把这两个部分合到了一个有而回无的状态，就找到了这个圆。

我们在修为过程中不在形上去想这个圆，而是形成一种意上的圆，也就是把凡是对立的两个部分都合在一起，这个圆就有而回无了。本来是有凸有凹、有断有续、有圆有缺，合起来就无凸无凹、无断无续、无缺陷了。所以前人在拳论中讲无凸凹、无断续、无缺陷，就是圆。

我们要向这个有而回无的主旨去修为。前面十七个部位都是在有上寻求，我们有上、有顶、有足、有肩、有胯、有手、有脚、有膝、有踝，分得很清楚了。但是分的目的是要把它们合到这个圆上。这样把上跟下、手和脚、肩和髋、肘和膝，合到了一个圆有而回无的状态、滋味，我们求的意就是这种味道。我们站桩，站出了一个无的状态，这个无的状态就是圆。

因为它是无的、有而回无的状态，合出来一个既有若无虚出来的真实。我们在裆这个地方来体会，找出来这个合出来的圆。站无极桩功，前面十七个部位最后要往一起合，合到这个裆下，我们体会它是一个圆的。

站似坐，我们站着、坐着，就是同样一个人的两种对立的状态。常人都理解站着就是站着，坐着就是坐着，这是两种不同的味道。把它们合到一起，站着和坐着合出一个味儿，那个味儿就如同坐在了一个球上。这个球是虚的、假的，我坐出一个真的滋味、味道，坐出来一个似乎有球的滋味。没有球，坐出来一个真实的球，这个球是圆的真义，无而有的真义。我们要找到它。

为什么在裆这个地方呢？因为裆部是虚空的，没有球，我们要在虚空处去找到它。所有的圆，一定会有一个圆的中心，你只要找到中，就能够找到圆。这一个中心是定的，这个圆是变的，可大可小，可以不停地变化，但是不管怎么变，只要拿住这个中，就可以得到无数个圆。这个中是合出来的。中就是对立的两点，上下合出来一个中，左右合出来一个中，前后合出来一个中。整合出来的是这个圆的中心，这个中心是空的，是一种滋味。

我们在无极桩功中找到一个位置，比如脐下三指下丹田，这个位置是人体的中。但是中不是仅仅就是这个位置，中是一种结构，是一种滋味，是一种对立统一以后的交合点。只要对立两点合起来合到一个点上，那个点就是中。有形的身体一合以后，恰恰是合到了这一点上，即是中。

我们通过这个位置在无极桩功修为过程中找到一种滋味，那个滋味始终存在才是中。因为找到一个位置，你容易在这个地方去体会它，否则在虚空中、想象中，往往是假的、不真实的。我们在一个实的地方找到一个有形的位置，容易找到。但是通过位置不是为了找有形的位置，而是为了找无形的味道。离开了这个位置，但还是这个味道就是中。一定要从这个角度去理解它。

二、调重守中，中重合一

我们在站无极桩功的时候把中丹田、下丹田规定为人身体的中。为什么要在这一点找中呢？作为我们有形的身体，重心就在这一点上。也就是说，这一点恰恰是中和重合到了一上，合到的这一点既是中也是重。中是空的、是虚的，完全是一种无形之意；重是实的、是真实的，是地球对于人身体的重力作用的真实状态。一个是虚一个是实，这两个合起来恰恰合出来一个中和重。这两个合到了一起，在虚空的中的滋味中，我们真正体会到它里面有一个不空的实有，就是那个重。

这一点既是中又是重，中重是合一的。中和重是一个虚一个实，一个是杯子一个是水，也就是空杯子里面装有实的水。中是那个空杯子，重是里面装的实的水。尽管是用杯子装水，我们喝的是水，不是这个杯子，杯子只起到装水的作用，它们之间是体用的关系。

杯子里面不装水，什么用都没有；没有杯子来装水，我们又无法去真正用它，所以它们是合一的，是谁也离不开谁的。因此，我们要把握和体会中重之间相互的体用关系。是什么关系和作用呢？我们要得中用重，要想用这个重就得这个中，得这个中才有可能用这个重，所以一得一用。我们要守住这个中，就得要调这个重，调这个重才能守住这个中。因此，中是体、重是用，一个得一个用、一个守一个调。中是定的，重是动的、要调的。人不能失中，在任何时候都要把握住中，"多言数穷不如守中"。碰到任何事物你守住了中，在发生变化的时候你都能够从容面对。中是一种平的状态，中医就是用阴和阳这两个调

第二十章 圆裆

中而平,从而达到阴平阳秘,一气周流,百病皆消。

要想守住这个中,得要调重,不是死守,死守守不住。作为人来说,我们要守住人身体这种中、平的状态,随时调的是我们的重。怎么调?圆裆就圆出来一个和中相合的重锤,这个重锤就吊在虚空的圆裆的中上。在中上吊着,也就是把重提起来,吊在了裆上,这个重就可以随意而调了。调重,我们才能守住平衡的中。我们在站无极桩功的时候用圆裆圆出来一个悬吊着的重锤。我们所有的变化,前进、后退、左顾、右盼,动急则急应、动缓则缓随,因敌变化,都是调重,才能保持住守中的状态。因此,我们调的不是有形的身体,身体是随它而调,所以在意不在形,意在虚空处的这个重上。

十七个部位的意一合,合到了这个重锤上,也就是拿住了这个重锤,我们就能够守住中。该提、该落,提中有落、落中有提,该摆则摆,所有的方向、所有的动作、所有的快慢都受它的左右,所以这个重锤要真实。它是秤砣,平衡不平衡完全在于秤砣的调整、变化。古人管拳叫权,权就是秤砣。也就是,同样一个秤砣可以决定着不变的变,不变的秤砣通过它的变能够调整平还是不平,决定着最后达到什么结果。所以,拳修、处事不在这个事物的本身,而在于你能不能找到这个秤砣。圆裆,就是要吊出来这个重锤。吊出来这个重锤,我们就能做到中重合一,合出来一个圆。这个圆的中心也是重心，中重合一了，在守这个圆的中的时候，通过调整重能一直保持住中的相对稳定。不管它是大圆小圆，这个中定了以后，可以应对无穷的变化。圆裆的一个重要的要求，就是要吊出来这个重锤，也就是权。因此，拳者，权也。练拳，实际上是找这个重锤。

  无极桩功的修为目的是练形求意，最终通过一步一步的功法，找到圆。实际上最终要形成的圆，不是一个平面，而是一个体。我们要从面上找到这么一个圆，找到这个圆的真义内涵。我们要在虚空处找到这个重锤。实际上这个重锤是大地给我们的具体、真实的重力作用。大地对我们的重力作用，就体现在重锤上。要这个重锤真实地起作用，关键就是把我无掉，有形的身体要松通、自然。大地的重力作用对于每个人都是公平的，都是自然而有的。现在我们需要找到它的本原。关键是对它所有的阻碍、对抗、干扰都要去掉，这样大地对于我们重力的作用，就能完全自然地展现和体会出来，也就是为我们真实所用。

  我们修为的结果，要想它真实地体现出来，让它有了，就得把我无了。所以无极桩功修为的主旨就是无形、无我，我的身体不能有一点儿僵滞之力，要完全松通，要无我的形，也要无我的心。我们要求的那个意是无而有的意。我们每个部位都要有意，最后合出来一个真意。这个真意不是我自以为的那个意，是合出来的一种真实的滋味、意味，那个意味是自然的，不是我人为想象的、人为造出来的。无极桩功就是要有而回无，把形无掉。因此，十八个部位的十七个部位都是为了先有，最后合出来一个无，最后体会这个重锤的真实存在。

当然，最终的修为是要把我们打造出一个纯自然的太极球，因为宇宙万物的本原就是一个圆球的、自然的、永恒的状态。任何一个星球，都是一个悬浮的球，能够永恒地存在。我们最后要修为出太极，就是要形成这么一个球。

再次强调，最后是形成一个无我之球，不是把有形的身体变成一个实球，是无了这个身，无了这个心，无出一个球的滋味和状态，无出一个符合球这种品质的结果。这才是太极内功修为的核心主旨。

想形成这样一个球，要找到这么一种真实的球的滋味和结果，有这么一个合太极、合道、圆满而完整合一的球的状态和境界，是我们要一步一步修为的。

我们是不是通过无极桩功，就能找到这个球了呢？无极桩功只是形成这个球的第一步，是初级功夫和阶段，如果把整个修为比作制造一部性能良好的汽车，汽车有发动机、变速器、轮胎、主轴，各个部件都是很完整的。人身体有上有下、有肩有胯、有肘有膝，无极桩功是先备料，

◐ 无极桩功

这是第一步。第二步，把它们组合出一部完整的汽车来。虽然各个部件都有了，但要形成一部完整的车，要把部件组装起来。浑圆桩功就是要合成这部车，把我们浑圆成一个完整的太极体，这是第二步。第三步，上试验台。汽车组装起来以后，出厂前，先得在试验台上检验、检测是不是符合标准，各个部件能否协调运转。就太极内功修行来说，第三步就是开合动桩功。这三步完成以后，一部完整的汽车可以出厂了。试验台检测完以后还要在各种路面上、路况中进行检测，爬山、过沟、转弯、加速、减速，甚至是破坏性试验，最后这部汽车才能够真的使用了。前面都是体，到了司机的手里面，才能够正式上路运行。同理，太极内功也是一步一步的功夫，每一步和每一步都是紧密相衔接的，缺了哪一步都不行。

在无极桩功修为过程中，分着找，一步一步地体会。每一步都非常重要，提顶、落足、竖颈、收颏、叩齿、挂肩、垂肘、塌腕、展指、含胸、拔背、空腹、活腰、坐胯、敛臀、扣膝、舒踝，最后合出来一个裆，站似坐。圆裆，实际上是十七个部位合出来的最终的状态。离开了哪一个部位，你都没有圆裆真实的体悟。这个膝只屈不扣，胯不坐、臀不敛、踝不舒、肩不挂，和胯之间没有一个相挂相牵的状态，没有一个整体上提之意，就不能合到这个圆裆上。只有这些部位最后一合，合到了裆上，体会到了这个圆裆，中、重相合了，你才会体会到这个重锤可以提落，可以前后摆动，可以有各种各样的变化，形不动意可以变。你得意忘形了，这个时候你可以不用再去想各个部位到底是什么样的状态，因为通过圆裆、重锤，你所得到的结果就已经体现了各个部位的真义内涵。所以，十七个部位最后要合到第十八个部位圆裆。它是一个最终的结果，是无极桩功的一个具体的体现。

无极桩功贯穿整个功法的始终，是基础的基础。浑圆桩功离不开无极桩功，开合动桩功离不开无极桩功，所有的修为都离不开无极桩功。但并不是说只站无极桩功，而是要等站好了无极桩功，再去修为浑圆桩功和开合动桩功。所谓的无极桩功真正站好了，就是站出了浑圆状态，就证明你的无极桩功已经有了收获和结果。站不出浑圆状态，你的无极桩功还是停留在初级的了解和认知的基础上，还没有真正能够造出一部完整的汽车来。我们的修为就是这样一步一步循序渐进，环环相扣。

无极桩功的课程就要结束了，但无极桩功并没有结束，功法的修为也没有结束。在站无极桩功的过程中，一定还要不断地去消化和吸收无极桩功课程的所有内容，通过无极桩功的学习，自己能有相应的体悟和收获。

学员A： 请教老师，我们是在前面十七个部位上去寻求每个部位的滋味，到圆裆的时候，我们是应该忘记前面的那些部位，就在圆裆上面寻求我们本来在很多地方找到的那些滋味，比如说提顶、落足，就不在提顶上去找那个滋味，而是在圆裆那边去找提顶、落足、叩齿、挂肩，所有部位的这些滋味合到圆裆上，还是在身体的各个部位上面去寻求到这个滋味的时候，然后去想象它合到圆裆这个位置上？

李光昭：前面十七个部位最后合出来一个圆裆的结果，当我们得到这个圆裆的结果，也就是得到这个滋味的时候，反回头来看，一定是前面十七个部位都已经能够合出来一个圆裆的滋味。离开了前面的十七个部位，你就合不出这个圆裆的滋味。

到底合出这个圆裆的滋味是什么滋味呢？很重要的一点，就是站似坐，坐在一个无而生有的球上。你坐在这个球上，那个味道是圆裆的结果，它产生了这么一个味儿，这个味儿就代表了圆裆。当你体会了这个滋味的时候，你就得到了圆裆这个结果，就真的能够站似坐了。我们的开合桩、浑圆桩，以后的功法包括盘拳走架，当年我父亲就讲过坐着打。在做任何动作的时候，看似站着，实际是坐着，也就是这个球一直是一个完整的状态。这个状态不管形上怎么变化，都保持一个不变的味道，而这个味道是怎么来的呢？是由提顶、落足、挂肩、坐胯等最后合出来的状态。你现在找圆裆是在

第二十章 圆裆

十七个部位不断地合的过程中形成的这个味道。不是你一想这个味，这个圆裆就圆了，这个球就出来了，而是要反复去合，在合中去找，找了以后还要再合。这是一个互相交融的过程。我们的目标是找圆裆，但是要不断修正其他十七个部位求得的意，最终是圆裆的意越来越真实。当越来越真实的时候，你会感觉到其他十七个部位的意已经合到这里面了。也就是说，最终是炒出这么一盘菜，这一盘菜里面分别有各种各样的原料，最后合出来了一个味道。合出来的这个味道要符合这盘菜最佳的味道，就要不断地调整，咸了要去点盐，甜了要去点糖，或者是加点其他的调料，最后找出一个味道来。它们是相辅相成的，是互相之间的不断调整。我们在修为中，也要经过这么一个过程。

在修浑圆桩功的时候，对十八个部位，不只是合成一个圆裆的球，而是要形成一个整体完整的球。无极桩功是通过裆下这个圆来找这个滋味。要合出来一个完整的球，在这个过程中对十七个部位和圆裆都是一个检验和一个组合的过程。

要不断地在过程中找滋味，不是固定在某一个点上，因为它是不断在变化的。我在圆裆的过程中，也还不断地根据各种各样情况的变化来调整我其他十七个部位所含的那个意。那个意所追求的真义是不变的，但是里面的内容的变化是要随时调整的。通过它的变化使圆裆产生了一个调重守中相应的滋味。所有的修为都不是一成不变的，它是在动态变化中寻求一个不变的目标、一个中重相合的状态。

很多时候是你在过程中自己去把握，在动态中、在调整过程中、在变化中去寻求那个相对不变的味道。那个味道最后是一个原则，是一个追求，是一个目标，是在具体的体用合一的过程中因时因地所得到的一个结果，是这么一个过程和状态。

学员B：老师，我有两个问题，第一，在圆裆和十七个部位之间要相互不断地修正，来来回回动态的调整，我就觉得这里面有很多的意在动。可是老师讲过一个忘，最终的目的是忘，就是说这个忘是在很后面才是忘记、忘我那个状态，而不是在修炼过程中去忘了，是这样吗？第二，讲到圆裆的时候有重锤，我好像还是不太懂重锤和圆裆这个球的关系？还有这个重锤和我们整体的合是怎么来的？

李光昭：第一个问题，是关于忘。忘是最后要达到的一种状态，但是这个忘在修为过程中是要有意而修，你先要有意，比如要想忘掉了这件事，就得要有一个意集中在另外一件事情上，你才能忘掉前面那件事。所以有和无这两个是同时存在的。就像你在看一部好的小说的时候会废寝忘食，有的时候会忘掉时间，甚至忘掉了平时忘不掉的事。你为什么能够忘掉它呢？因为你当下有一个忘不掉的能够让你的意转移和集中到的那个点，那个点让你忘了其他，所以它是一个修为的结果。我们要想忘，就得要不忘，拿到一个不忘才能忘了。我们要忘形，忘掉有形的身体，比如在无极桩功中要想忘掉我们的形，这个意必须得集中在这只大手上。当这只大手真实了，这个时候我得到的才是一种被提起来的滋味。这时候我精力能集中到这只无形的大手上，无而生有，把我有形的身体忘掉了。忘掉它以后，我才得到一个被提起来以后的状态。所以这个忘是有无相生的结果。有也好，无也好，都是意。我们要有意修，最后达到一个无意而忘的结果。

"凡此皆是意"，太极拳的修为，就是修为这个意。但是，这一个意是有无相生出来的，无了这个、有了那个，有了那个、无了这个，有和无两者是同时存在的。老子告诉我们，"故常无欲，以观其妙；常有欲，以观其徼。此两者同出而异名，同谓之玄，玄之又玄，众妙之门"。就是有和无这两个实际上是一回事，是在一个过程中。因此，拳在太极内功修为中也有一个重要的提法，叫拳无拳，意无意，有意无意是真意。我们所求的那个意，是有意和无意两个同出才出来那个真意。也就是说，无了这个有了那个，因此忘是在有无之间修为的过程中要达到的结果。它是一个结果，怎么修为这个忘，你就得要把意转移出去，拿起一个要拿起的意，才能够放下那个该放下的部分。

第二个问题关于重、重心的问题。我们修为这个重锤，通过圆裆把这个重锤要独立出来，和我们的中相合以后，能够不再受我们有形身体的制约。重锤，是地球对于我们身体的重力作用，这是真实的。但是常人的思维，认为重心就在有形的身体上，重心离不开有形的身体。所有的运动，如打球、滑冰、游泳，都调整重心。怎么调整重心呢？我们在有形身体上去调整重心，当重心在左脚的时候，移动时要把重心向右脚移动，落在右脚上。可是太极内功的修为，恰恰不是常人的这种认知和习惯，而是要把重心独立到一个虚空的地方，不在任何有形的身体上。因为有形的身体、实的身体，实上实了。别人抓住了我的实体，就拿住了我的重心，拿住了我的重心就造成我的失中，不平衡了。我们受到外力作用以后或者是对手的作用，被人打倒了，就是失中了。

失中的原因是让对手通过有形的身体破坏了我的中重相合的状态。我们通过修为，把重心不放在身体实的地方，而放在虚空处，对手在摸我身体的时候就拿不住我的重心。我的重心总能够调重而得中、守中，所以在受干扰、侵犯的时候，还能保持住我自己的中定平衡。这是我

第二十章 圆裆

们要通过圆裆把重锤这种假借之意来调整出一个不在有形身体实的地方上，而在虚空处的能够灵活调整守中的重。这是我们修为的结果和目的，也是区别于和其他各种运动对于重心调整的本质不同。

因此要把重锤放在虚空处。怎么就到了我的裆的虚空处呢？我有形的身体不用力，本身实的身体就虚了，但是虚的重锤确实在这儿吊着，又吊出一个真实的重来。对手摸我任何有形实体的时候，他摸到的都是虚。这个重锤在我的虚空体中是随时可以调整的。对手拿不住我的重，就破坏不了我的中。这是修为中很重要的一点。当然在无极桩功中，只是先感受到这个重跟中的关系，浑圆桩功、开合动桩功都是要达到中重相合，在面对任何破坏、阻碍的时候，还能够调重而守中。

后 记

我16岁起跟父亲学练太极拳,就是从站无极桩功开始,当时父亲就告诉我:"无极桩功要站一辈子!"几十年来,我始终遵循父亲的教诲,做到无极桩功天天站、月月修、岁岁研。无极桩功已经融化到我的生命里,我的生命也因无极桩功而升华!

我所传承的无极桩功,来自正宗正门的杨氏太极拳,最早可追溯至民国初年。当时杨健侯祖师受聘北平警察厅任总教练,白旭华师爷与田兆麟同在警察厅消防队,杨健侯祖师把杨家门内的秘功无极桩功,亲传给了他们二人。从此,杨氏太极拳秘传的无极桩功在白旭华及田兆麟的后人弟子中得以传承!白旭华师爷传给了父亲李树田,父亲传承给了我!据记载田兆麟传承给弟子叶大密(据说当年在上海期间,叶大密又得到杨澄甫无极桩功的亲授),此后叶大密把杨氏无极桩功传给弟子蔡松芳。蔡松芳于1959年征得老师叶大密的同意,在香港、澳门开展了无极桩功的传播教学,杨家秘传的无极桩功开始在港澳地区流传!

无极桩功

父亲曾对我说无极桩功救了他的命！青年时期的父亲不幸染上了肺痨，大口吐血，无药可医。在朋友的推荐下拜白旭华师爷为师学习杨氏太极拳，开始习练站无极桩功。为了活命，他严格地遵照白师爷的吩咐一丝不苟地站。三个月后奇迹出现了，吐血止住了；半年后面色红润了；一年后完全恢复了健康！用母亲的话说："你父亲又活过来了"！

多年来，在我的传授下，许多身体有各种病疾的学员，通过坚持站无极桩功都解决了病痛，收获了健康！同学们以切身体会反馈于我：无极桩功是健康长寿桩！无极桩功是生命益养桩！

我曾亲眼目睹白旭华师爷与人打手发人丈外的神奇功夫，多次问白师爷其中的奥秘。白师爷故作神秘地告诉我："小子，记住基本功赢人！"进一步追问什么是基本功，白师爷捋着胡子一字一句地说了三个字："无极桩！"据说，昔日杨澄甫走遍大江南北，无逢敌手，其功夫就是来自"无极桩"！

如今，我依然遵循祖训，教拳先站桩，站桩先站无极桩！我牢记父亲的告诫，没有桩就没有拳；没有无极桩功就没有太极拳！我依然对我的学生大声疾呼："无极桩功要站一辈子！"

在《无极桩功》一书即将出版之际，衷心感谢关心、支持和帮助我的人，感谢为本书出版作出贡献的朋友、学生和编辑人员，感谢为传承、传播传统太极文化作出努力的同道。

李光昭
2024年10月

图书在版编目（CIP）数据

无极桩功 / 李光昭著. -- 北京：华龄出版社，2025. 1. -- ISBN 978-7-5169-2888-2

Ⅰ. G852.1

中国国家版本馆 CIP 数据核字第 2024MD6292 号

策划编辑	南川一滴	责任印制	李末圻
责任编辑	史悦丹	装帧设计	武守友

书　名	无极桩功	作　者	李光昭
出　版 发　行	华龄出版社 HUALING PRESS		
社　址	北京市东城区安定门外大街甲 57 号	邮　编	100011
发　行	(010) 58122255	传　真	(010) 84049572
承　印	北京七彩京通数码快印有限公司		
版　次	2025 年 1 月第 1 版	印　次	2025 年 1 月第 1 次印刷
规　格	880mm×1230mm	开　本	1/32
印　张	13.25	字　数	233 千字
书　号	ISBN 978-7-5169-2888-2		
定　价	54.00 元		

版权所有　侵权必究

本书如有破损、缺页、装订错误，请与本社联系调换